社会的
動機づけ
の心理学

Social
Motivation,
Justice,
And
The
Moral
Emotions
An
Attributional
Approach

他者を裁く心と道徳的感情

B.ワイナー［著］

速水敏彦
唐沢かおり［監訳］

Bernard
Weiner

北大路書房

Social Motivation, Justice, and the Moral Emotions:
An Attributional Approach by Bernard Weiner
Copyright©2006 by Lawrence Erlbaum Associates, Inc
All Rights reserved,
Japanese translation published by arrangement with Lawrence Erlbaum
Associates, Inc through The English Agency(Japan)Ltd.

なぜ，われわれはそれほどまでに自分自身のことを記憶に残しておきたいのだろうか。まだわれわれが生きている間でさえも。われわれは自分の存在を主張したい……。額縁に入った自分の写真，卒業証書，銀皿のカップを飾ったり，名前をシャツに刺繍したり，木に刻んだり，トイレの壁に落書きする。それはすべて同じ衝動である。われわれはそれにより何を望むのか，称賛か，妬みか，尊敬か。あるいはわれわれが得られるあらゆる種類の単なる注目か。

　われわれはせめて証拠がほしい。われわれは自分の声が，ラジオの音が消えていくように最後に押し黙るという考えにがまんできない。

マーガレット・アトウッド

『盲目の暗殺者（The Blind Assassin）』（p.95）より

◆ 日本語版への序文 ◆

　出版されてから5年，10年を経て，内容が古くなってしまってから翻訳される本が多いなかで，本書『社会的動機づけの心理学』は英語での出版と同じ年に翻訳作業が行なわれているということに，大変感謝しています。また，単に，出版後すぐに翻訳がなされたことのみならず，翻訳の丁寧さにもうれしく思っています。翻訳の過程で，私自身が見逃していたようなあいまいな記載についての問い合わせを訳者から何度も受けました。細部にわたっての入念な作業から，訳者がこの本が扱っている問題について十分に理解したうえで翻訳作業を行なっていることが伝わり，その内容について全幅の信頼をおいています。

　社会的動機，正義，そして感情について論じている本書は，日本の読者の方々に対してどのような意味をもつのでしょうか。結局のところ，私はアメリカ人ですし，日本における動機づけ，認知，感情は，アメリカにおけるそれらとは多くの点で異なるのは確かです。その一方，私は動機づけと行動に関しての普遍的な法則があると考えています。個人，文化，時代を超えてあてはまるような一貫した法則を見つけ出すのが，動機づけ研究者の仕事です。本書では，そのような一貫性が多少なりとも明らかにされ，出来事の原因の認知，原因の理解により引き起こされた感情反応，そして感情がもたらす行為をつなぐ法則が述べられています。動機づけの背後にある法則，またはその「深層構造」は，アメリカだけではなく，日本でも同様に通用するものであり，読者の皆さんが本書のなかに事実を見出すことを望んでいます。

　日本語版の出版に携わった方々には心より謝意を表したく思っております。称賛と感謝の気持ちをもっています。将来，正義のはかりにかけて等しくなるように厚意に報いるつもりです。このような「原因（大きな努力）―感情（称賛と感謝）―行為（厚意に報いる）」という動機づけに関する過程も本書が述べている理論の一例であるのは喜ばしいことです。理論は著者の行動をも説明してしかるべきですから。

2006年10月1日
バーナード・ワイナー

◈ 序　文 ◈

　拙著『責任性の判断—社会的行為理論の基礎』（Weiner, 1995）が上梓されたのはおよそ10年も前のことである。その後の10年の間に，そこに示された理論や実験の成果は多くの方向に拡張された。これらの広がりが本書のタイトル『社会的動機づけの心理学—他者を裁く心と道徳的感情』に反映されている。

　本書は次のように組み立てられている。短いプロローグの後に，主にこれまで受け継いだ理論的，実験的成果を示す5つの章がきて，エピローグで結ばれる。第1章では社会的動機づけと正義の理論の論理的発展と構造について考える。いかに人が裁判官にたとえられ，人生が法廷にたとえられるか，原因の統制や責任性の概念が，どのようにして達成評価，スティグマ，援助，違反者の反応や攻撃に関連した現象を説明する理論を提供するのかを検討する。そうするなかで，私はそれら概念の広がりや関連性の豊かさを明らかにする。それらが生み出す責任性や感情の推測は理論のなかでは鍵となる媒介変数である。第2章では次のことを検討する。（a）援助提供や攻撃の文脈内での理論の検証，（b）文化差や個人差，特に政治的イデオロギー，そして（c）他の動機づけ理論と比較したときのその理論の広範な特徴や特筆すべき特色。そして第1章で示された理論に対して詳細に実験的，概念的検討を行ない，媒介変数と並んで調整変数を導入している。感情は第1章や第2章では怒りや同情に限定されているが，第3章のテーマは感情であり，いわゆる道徳的感情に焦点をあてて討論がなされている。私がこれまで考えてこなかった，称賛，妬み，感謝，嫉妬，後悔，他者の不幸に対する喜び，軽蔑を含む感情の分析も行なっている。私はまた，認知された傲慢さや謙遜，これらの特性の推測を引き起こすコミュニケーションを検討する，というのはそれらが道徳的感情と関係するからである。これはまた，この理論的視点からはこれまでに考えられなかった新しい方向である。加えて，第3章では印象の形成や管理が言い訳や告白，他者の原因に関する信念や感情を変える別の社会的コミュニケーション文脈のなかで考えられる。第4章は報酬と罰について論じているが，この2つのテーマは社会的正義に密接に結びついている。この章は理論の広さを検証し，動機づけの伝統的話題を異なった立場からいかにうまく説明できるのかを

示そうとしている。この章に含まれるのは功利目標と報復目標の間の区別であり，帰属の違いがいかに罰の目的の違いを引き起こすかである。その後，第5章で，私はこの理論の日常的問題への応用を示す。この応用の対象は学校の文脈や，夫婦間葛藤，精神的・身体的疾病の人をもつ家族，組織のカウンセリングにおいて，攻撃的な親や若者に対してである。これらの5つの章の後には，本書に「心地よい対称性」をもつエピローグを追加し，そこではこの理論の主な成果とその欠点を示すことによってプロローグとバランスをとる。

全章を通してグループなり教室場面で実施されうる13の実験が紹介されている。これらの研究は，読者がこれらの実験を行なうことで得たデータにより本書に報告された実験を再現することで，理論の妥当性を納得するためのものであるとともに，抽象的な議論を具体的に理解するためのものでもある。このように書くと大胆にみえるかもしれないが，プロローグで述べているように，私の著述方略の1つが大胆さなのである。

本書は動機づけ心理学者や社会心理学者に最も関係が深い。しかし，カヴァーする話題の広さという理由で，臨床心理学，教育心理学，組織心理学そしてパーソナリティ心理学を含む多様な学問に携わる人が利用できる。これは主に専門家や大学院生のために書かれているが，文章の水準は学部学生にも理解できるやさしいものである。本書は帰属理論，社会的動機づけあるいは社会的正義に焦点をあてたセミナーの教科書として利用することもできる。加えて，目次に示した攻撃，感情，援助，印象操作，罰そして他の話題を検討するコースの補助教材としても役立つだろう。

謝　辞

多くの方々にお礼と感謝を申し上げたい。多くの学部生，大学院生そしてさらには何年もの間私とともに研究し，本書の知見に貢献したポストドッグの仲間たちに対してである。クリス・クランドールとナンシー・アイゼンバーグは校閲者として多くの重要な示唆を与えてくれた。加えて，編集は献身的なクリス・ウイリアムのおかげであり，彼は私に書くための重要なルールを教えてくれた。そして私の妻，ヤナ・ユブネンは貴重な助言をくれ，その部分を書き改める結果となった。ヤナと私の娘ミナはいつものようにこの種の努力が実る望ましい場を作っ

てくれた。これはまぎれもなく私が世に出す最後の本であり，この目標に到達したことに私は十分な充実感と満足感を感じている。

目　次

日本語版への序文　ii
序　文　iii
　　謝辞　iv
目　次　vii
プロローグ　xi
　　主張 対 正直　xi
　　理論的焦点 対 経験的焦点　xi
　　　　理論志向／データ志向
　　従属変数 対 独立変数としての因果信念　xiii
　　　　従属変数としての原因／独立変数としての因果信念
　　理由とは異なるものとしての原因の説明　xvi

第1章　社会的動機づけと正義の理論：理論と展開　1

　　比喩の役割　3
　　　　人は裁判官である
　　達成評価　6
　　　　帰属的解釈
　　スティグマとみなされる人に対する反応　16
　　理論的統合　21
　　援助提供　22
　　権力ある他者への服従　26
　　攻撃　30
　　　　原因統制と意図性は同義か
　　責任性を加え，それを統制と意図から区別すること　33
　　社会的行為の予備的理論　34
　　感情の役割　35
　　　　責任性と怒り／責任性の欠如と同情／感情と行為
　　社会的行動のより完全な理論　38
　　責任性や感情についてさらにつけ加えること　40
　　　　自由意志の受容と決定主義／行為の究極の源よりも具体的感情的決定因が重要である
　　まとめ　43

第2章　帰属理論の検証と文化差・個人差の組み込み　45

動機づけ過程の順序　46
援助提供と攻撃行動に関するメタ分析　48
　採用の基準／文献検索／研究のカテゴリー化／援助行動に関する結果／攻撃行動に関する結果／援助行動のモデルと攻撃行動のモデルの比較
文化差　64
　肥満に対する反応の民族差
個人差　68
　政治的イデオロギーと貧困に対する帰属／政治的イデオロギーと動機づけの順序性
理論の特徴　79
　調整変数ではなく媒介変数に基づいた理論／非歴史的なアプローチではなく歴史的なアプローチ／「表層」構造ではなく「深層」構造／弱い理論ではなく強い理論
まとめ　85

第3章　道徳的感情とポジティブな道徳的印象の形成　87

道徳的感情の識別　88
　記述から分類まで／能力（統制不可能）関連感情／努力（統制可能）関連感情／道徳的感情の分類／帰属―感情―行為理論
ポジティブな道徳的印象の形成に関して　100
傲慢さと妬み；謙虚さと称賛　101
　傲慢さと謙虚さの推論／真実であるかどうかは影響するか？
印象形成と言い訳　110
　言い訳／正当化
告　白　117
　なぜ告白は効果的か？
説明提供に関して最後に述べておきたいこと　126
まとめ　127

第4章　報酬と罰　131

動機づけを低下させる要因としての報酬と高める要因としての罰　133
　伝達される感情や行動から原因推論への影響過程／伝達される感情もしくは推測される原因から自己帰属への影響過程
罰することの目的　142
　報復／功利主義
帰属的な視点からみた罰することの目的　147

原因の安定性／原因の認知が罰の目的と判断に与える影響についての実証的研究／まとめ
報酬の期待と罰の脅威が責任判断に与える影響　158
　　さらなる実証的な証拠と社会的規範の役割／既存の理論による解釈
まとめ　166

第5章　審判のとき：理論は役に立つのか　169

法廷としての教室　170
　　実用性についての議論／教師のトレーニングコース
人生の法廷における精神疾患と他のスティグマ　174
　　表出された感情／現場での実用／肺癌と他のスティグマ
法廷での配偶者　181
　　研究の目的と研究知見／理論の応用
法廷におけるビジネス　185
人生の法廷における攻撃者と被害者　188
　　虐待する母親と子どもの身体的虐待／青少年の攻撃行動
まとめ　196

エピローグ　199
　　長所について　201
　　欠点について　202
　　理論の寿命　204
　　素朴理論か科学的理論か？　205
　　次に来るものは？　207

引用文献　209
索　引　225
監訳者あとがき　231

◆ プロローグ ◆

　本を書く際にはいくつか落とし穴が待ちうけているものである。それらを避けるために，私はまず，この仕事の内容を明確に定義すると同時に書き方のスタイルを決めた。これらの決断は，両極にあり対立するようなことがらを含んでいる。

‖ 主張 対 正直 ‖

　本書は2つの葛藤し矛盾するルールを考慮することによって導かれる。
規則＃1　取るに足りないような長所も記述すること。セールスマンに徹し，そして「全力をつくせ」。力強く確実であること。
規則＃2　どんな欠点も隠さないこと。正当化された批判を意識すること。限界と欠点を認め，現実的で正直なこと。
　これらのルールはみたところ一貫しないものだが，私はそれらを対立し，矛盾したものとみなさない。まったく逆である。訓練された鉱夫は偽の金と純金を区別できる。もし人がその偽りを明らかにすることに率直であるならば，その時，現実は受け入れられやすい。

‖ 理論的焦点 対 経験的焦点 ‖

　本書にはみたところ矛盾するような言述により記される他の特徴もある。そのなかには理論志向的アプローチとデータ焦点的アプローチの間の区別がある。

理論志向
　本書は主に理論について書いている。動機づけ心理学者としての人生で，私は2つの相互に関連し，重なり合う帰属概念を展開してきた。1つは**個人内動機づけ**についての帰属概念であり，もう1つは**個人間動機づけ**についての帰属概念である。個人内理論は達成努力に焦点が向けられ，思考や感情は自分に関係し，成功への努力欲求のような行動は他人を含まない。逆に対人的理論は社会的行動，

主に援助や攻撃，そして社会的正義や罰などに関係し，そればかりか，服従，印象形成，スティグマを含む他の社会的現象を説明する。この理論では，思考や感情は他人についてのものであり，援助，攻撃，罰の行動は他人に向けられる。本書は対人的あるいは社会的動機づけの帰属理論を提案するものとして書かれている。

この概念は限定された数の構成概念で広範囲の観察をまとめようとしている点で，クラーク・ハル（Hull, C.），ケニス・スペンス（Spence, K.）（動因理論家），そしてジョン・アトキンソン（Atkinson, J.），クルト・レヴィン（Lewin, K.），ジュリアン・ロッター（Rotter, J.），そしてエドワード・トールマン（Tolman, E.）（期待×価値理論家）などによって提案された動機づけの「グランド」セオリーの伝統の範囲内で考えられている。私は理論と仮説を明確に区別する。社会心理学や動機づけのいわゆる理論の多くは，理論といえるものではなく，むしろ仮説に似ている。というのは相互に関連した概念の足場が存在せず，研究されている特殊な現象を超えた一般化をしていないからである。

自ら理論だと主張するのではなくて，「理論」というラベルに値すると認められねばならない。そして私は単純化された構成概念システムをもち，かつさまざまな分野を超えた厳しい——詳細な予測ができることをこのラベルを正当化する基準であるとみなす。私は本書の帰属理論が「理論」の名に値すると信じている。私の執筆の主な目的は，読者にもこのことを納得してもらうことである。

データ志向

本書は主にデータあるいは実験的観察に関するものである。これらの経験的法則は理論的にどう解釈されようとも，受け入れられねばならないし，関連する理論的システムが存立するためには説明されなければならない。私は理論の鍵となる予測が実験により繰り返し確かなものとして証明されなければ理論が妥当だと主張することはおかしいと思っている。

本書には提案した帰属理論の核となる予測に関係した13の実験の材料（質問紙，調査など）が含まれている。これらは常に確証されるだろうし，教室場面のデモンストレーション実験として問題なく利用されうる。読者は予測が常に証明されるのは，仮説が取るに足りないもの，あるいは実験が現実の行動というよりも役割演技や想像を含むからだと考えるかもしれない。これらの研究や批判は後

ほど検討する。今のところ，本書は経験法則，すなわち理論あるいは説明の盛衰にかかわらず，変わらない法則について述べていると伝えれば十分である。

要するに，本書の焦点は概念的分析であると同様経験的法則でもあることが逆説的に示唆された。主張 対 正直の執筆法則にあてはまると同様，私はこれらを一貫しない矛盾した信念とはみなさない。そもそも提案した帰属理論を強化するのは研究予測の信頼性であり，確証データの重要性に光をあてるのは理論による疑う余地のない予測である。読者には理論とデータという説明がどちらも同じくらい重要であることがわかるだろう。

従属変数 対 独立変数としての因果信念

因果信念の研究で，帰属はそれらの決定因と関係づける従属変数として，あるいは，その効果に興味をもつ場合には独立変数として扱われうる。

従属変数としての原因

フリッツ・ハイダー（Heider, 1958），エドワード・ジョーンズ（Jones & Davis, 1965）やハロルド・ケリー（Kelley, 1967）のような初期の帰属理論家により検討された問題は，原因決定の先行変数や規定因に関連している。意図的原因 対 非意図的原因を考えたハイダーの後に，ある出来事が内的（傾性的）か，外的（状況的）で，よりよく説明されるかどうかといったより詳細な研究がなされた。この問題は状況的原因の相対的無視あるいは傾性的原因の過剰割り当てなどの「基本的帰属の誤り」の研究が関心の焦点となっている。帰属理論内で他によく研究された問題も，傾性的帰属 対 状況的帰属を軸に展開している。たとえば，行為者は状況的帰属をしやすい一方，観察者は人を原因とみなしやすいということについて議論されている。「彼が私を怒らせたので私は彼をぶった」ということとは反対に「彼は攻撃的なので私をぶった」ということは，行為者／観察者の因果信念の違いについて予想される反応の一例である。帰属理論によって導かれるもう1つのよく知られた話題は，いわゆる快楽バイアスである。それは，人は自分の成功を手柄とする傾向（内的帰属）がある一方，失敗を外的要因にする傾向があるというものである。したがって，帰属理論というテーマのもとで最もよく研究される話題は3つある。基本的帰属の誤り，行為者と観察者の違い，

そして快楽バイアスである。これらはすべて人が状況的帰属ではなく傾性的帰属をしやすいか，反対の状況的帰属をしやすいか，またどのような条件下でそのような帰属をしやすいかを問題にしている。関連した研究ではこれらの帰属傾向が，たとえば認知的負荷や妨害課題などによって変えられるかどうかを考察している。

従属変数として帰属を考えることや傾性的原因 対 状況的原因に集中することは，注意の焦点が狭く，原因思考の心理学的重要性や原因帰属が関係する問題の広さの多くの部分を無視している。帰属の研究は原因思考が意味ある行為を生じさせるという認知的機能主義のもとに包摂され，そこでは，帰属は従属変数というよりも（あるいは従属変数に加えて）独立変数として，概念化するほうが適切なのである。

独立変数としての因果信念

帰属が従属変数というよりも独立変数であるとき，心理学としての問題は何が原因帰属を決めるかから原因帰属が何に影響するのかに移る。たとえば，子どもの失敗を親が努力不足に帰すときと，逆に能力不足に帰すときの違いは何なのかを考えるのである。これは動機づけの問題であり，何が子どもの失敗を引き起こしていると親が信じているのか，またなにゆえそのように信じるのかに関する認知的推測の問題とは異なる。それはまた因果信念の心理学的な重要性に関する実用的質問である。原因思考の結果に関する答えは本書の心臓部を形成する次の問題への注意を必要とする。

1．異なる因果信念は独自の結果をもたらすだろうか，それとも原因思考過程は同種の原因が同じような心理的状態を引き起こすようなある特徴を所有するだろうか。この質問に対する答えを前もって示すと，それぞれの原因は限定された数の特徴を共有し共通の効果をもつ。しかし，いくつかの特徴を共有する一方で他の特徴については異なっている。多くの原因を比較すると共通の効果と共通しない効果がある。この問題や簡潔な答えが本書で徹底的に検討される。
2．因果信念は何に影響するのだろうか。思考，感情，行動（認知，情動，意欲）の心理の3つの側面に関してどれが原因帰属に影響されるものだろうか。

子どもが勉強不足で失敗したことについての親の決定は，後の子どもについての思考や感情反応，行動に影響するだろうか。3つの側面はすべて影響を受け，これがまた本書で探求する中心的問題であると結論づけることは直観的に理にかなっている。

3．今，行動への結果だけを考えると，行動は因果信念によって直接決定されるのか（私の息子は勉強しようとしない，私は彼のお小遣いを減らすだろう），間接的には原因帰属によって，直接的には感情によって決定されるのか（私の息子は勉強しようとしない，それゆえ私は怒る，怒りゆえに私はお小遣いを減らすだろう），あるいは原因思考と感情が同時に行動を決定するのだろうか（私の息子は勉強しようとせず私は怒る，これらゆえに私はお小遣いを減らすだろう），さらにはその他の先行変数の構成や順序によるのだろうか。この疑問は動機づけのエピソードの順序に関する基本的問題を生じさせる。この疑問は「それだ」というようなある単純な答えを受け入れない。本書のなかで私はその答えが何によっているかを述べている。たとえば，援助行動は主に気持ちによって決定される（すなわち，感情は行為により近いところにある）。一方，攻撃的仕返しは直接的には頭と気持ち（すなわち，感情だけでなく思考）によって影響される。

4．帰属理論によって明らかにされた関係は，個人と文化の間で不変なのだろうか，それとも個人差と文化差は考慮されねばならないだろうか。つまり，動機づけを変数が順に連続する過程と考える媒介アプローチ内で，仮定された結びつきの強さや方向を変える調整変数はあるのだろうか。本書で原因に関係する調整変数の例として政治的イデオロギーを検討する。私は，政治的イデオロギーの個人差が因果信念や社会的行動に同じように重要な効果をもつと結論づけているが，その効果は一般理論を変えることなく説明することができる。

要するに私はここでさまざまな因果信念の帰結や結果を考察する。これは原因思考の機能的重要性に焦点をあて，帰属の問題に豊かさと活気を加えることになる。

理由とは異なるものとしての原因の説明

このプロローグでなされるべき最終的な区別として，原因による説明と理由による説明を比較する。もし，ある人がなぜ映画Xに行ったのかと尋ねられるなら，その答えは「私はそれがよい映画だと聞いた」「私は家から出たかった」「私は無料入場券をもらった」「家の近くの遊びである」「私はミステリーが好きだ」などいわゆる**理由**とよばれるものでありやすい。同じように，学生がもしなぜある心理学授業に登録したのかを聞かれたら，「私の主専攻としてそれが必要だ」「私は教師がすごいと聞いた」「それは私のスケジュールにぴったり合う時間に開講されている」「私はこの科目が好きだ」「私の友達がとっている」等々である。これらの説明や正当化は選択を理解可能なわかりやすいものにする。日常の行為を説明するにあたって，人々は典型的には誘因（コストと利益）や意志的選択に結びついた理由に焦点をあてる。

本書に含まれる原因帰属理論は原因の分析に基づいている。しかし，日常では理由を用いた説明がなされている限りにおいて，帰属理論は素朴な人の思考をとらえていないかもしれない（Malle, 1999 を参照）。また，帰属理論は単に理由を軽視してきただけでなく，理由と原因の間の区別を混同させたとも論じられている（Buss, 1978 を参照）。

私は，理由は原因と区別されねばならないと思うし，帰属理論の焦点は原因であると信じている。本書で討論されるような帰属分析はある結果で始まり，行為というよりも結果や結論を説明するためのものである。それゆえ，この帰属の視点から，人はなぜ，ジェーンが心理学の授業に登録したのかを問わず，むしろ彼女がなぜ成功したのか失敗したのかを問うのである。

このような視点からみると，理由は意図的行為や自由意志と思われることに関連する。人は自由な選択をし，そして理由を生じさせることによってその決定を正当化する。一方，原因は時には意図的な結果状態（たとえば麻薬を吸う）に適用されるし，またすべての非意図的な結果状態（たとえば盲目である）に適用される。人はふつう盲目の原因については語るが，盲目であることの「理由」については語らない。盲目であることに対する「なぜ」の疑問に対する答えは，正当化というよりも先行条件を意味する。

要するに理由と原因の間には，不明確で哲学的複雑さや混乱を伴うこともある

◆◆プロローグ◆◆

が，妥当な区別がある。当面の目的として本書は原因を扱っているのであり，理由ではないことに注目すれば十分である。そして行為でなく，結果についてふつうの人々が行なう説明に関することを扱っている。原因は理由よりも理論の範囲を限定する（後に繰り返されるように，社会的動機づけの理論は，多くの動機づけ概念の問題の中心となっている，なぜ飢えたネズミがえさを求めて通路を走るのかという問いに答えることができない）。しかし，原因に着目することで帰属的視点内に含まれうる多くの現象が出てくる。続く章でいくつかの応用分野にふれる。

第1章

社会的動機づけと正義の理論：理論と展開

　人間の動機づけの研究には3つの区別しうるアプローチがある。これらは多くの点で，特にめざしているもの，あるいは要求水準といわれるようなものが異なっている。序論で述べたようにあるアプローチは「グランド」セオリーを作ることであった，つまり，人間（とおそらく人間に近い動物の）行動の多くの側面を含む概念的システムを構築することであった。これはアインシュタインの公式 $E = mc^2$ と等価の心理学的研究である（その限界と社会科学であることの制限をきちんと認めたうえでだが）。

　普遍性を極度に求めるような理論では，人間を機械のように行為を起こすためのエネルギーを必要とし，ホメオスタシス（均衡化）に達する目標をもつもの，それゆえ（機械と対照的に）快楽の感情を生じるものとして特徴づける。この記述に含まれる理論としてはフロイト（Freud, 1915/1948）の精神分析的理論，ハル（Hull, 1943）の動因理論，レヴィン（Lewin, 1938）の力学理論がある。これらの概念は人間の動機づけの理解に大いに貢献している。にもかかわらず，読者はそれらすべてが動機づけ心理学の歴史において比較的早期に現われていることに，さらにそれらの要求水準があまりに高く，「動機づけ心理学の完全理論」の発展が実行可能な目標ではなかったことに気がついているのではないだろうか。

　動機づけ研究の第2の道はよりつつましいにもかかわらず高尚なものである。それは，それぞれの動機づけ領域に対して別々の理論を作り出すことである。たとえば，アトキンソン（Atkinson, 1957）は達成行動の理論を，あるいはバーコヴィッツ（Berkowitz, 1993）は攻撃の理論を発展させようとしてきた。達成行動の理論は，達成のすべての側面を説明しようとはするが，攻撃行動を説明したりはしない。これらの理論は，いわゆるグランドセオリーと違って人間行動の理解を進めるうえで大きく貢献したし，今でも存在している。

最後に，科学における最も謙虚ともいえるアプローチは達成や攻撃の1つの決定因を理解することである。研究している動機づけ領域内のすべての行動を説明しようとはしないのである。ここに含まれる研究としては，たとえば中程度の主観的成功期待が達成努力を増大させることや，あるいは攻撃は暑い時，夏に生じやすいことを立証したものがある。心理学研究の大部分はこのアプローチによるし，このようなアプローチは理論構築型よりも仮説検証型として記述されるかもしれないが，理論の進展に必要な実験的基礎を固めることによって概念を展開することもできる。

　本章では理論の一般性と特殊性について，今述べた第1と第3の伝統を取り入れる。一方，達成や攻撃のようなすべての動機づけ分野の説明を採用する第2のアプローチを拒否する。私は動機づけの諸領域にまたがる一般的な動機づけ理論を作ることが可能だと信じている。つまり，たとえば攻撃に関することと同様，達成に関することを説明しうる理論である。しかし，この理論は前に概観した第2のアプローチの目標である達成努力のすべてや攻撃のすべてのように，ある領域内の行動のすべての側面を説明することはないだろう。むしろ，その理論はそれらの領域内の限定された行動を説明し，同じ概念は同様に他の動機づけ領域内の特定の行動のある側面を説明することに適用されうる。それゆえ，動機づけ領域を超えた一般性があるが，特定の分野や動機づけ内の一部分の行動について説明することとなる。

　たとえば私が動機づけの一般理論の礎石として責任の分散の概念を提案したと仮定しよう。この概念は，なぜ，助けることができる人の数が増大するにつれて，人を助けようとする欲求が起きにくくなるのかを説明するだろう。さらに，それはなぜ人の攻撃が群集の数に伴って増大するかを説明するだろう。つまり，援助や攻撃（2つの動機づけ領域）はグループの大きさに影響され，そして同じ概念で説明される，あるいは少なくとも扱われるのである。しかし，この概念は，なぜ人がよい気分のときに援助行動が増大するのか，なぜ，攻撃が暑い日に多いのかを説明しない。それゆえ責任の分散は限定された数の援助行動や敵意関連行動を明らかにするが，他の経験的観察はこの理論が扱うことではない。

　本章は，動機づけの一般理論を提出しているが，それは中程度の一般性をもつものであり，複数の動機づけの分野にまたがる行動の決定因を明らかにしている。この理論は広範囲の心理学的に意味のある多様な行為を統合する。しかし，この

理論的目標へ到達するためにどのような概念を選択すべきだろうか。複数の動機づけ領域にまたがる行動の一般的決定因を見出すにあたって，比喩が重要なよりどころ（指針）となるのである。

比喩の役割

比喩（ある場所から別の場所に運ぶことを意味するギリシャ語に由来する）は実際には正しくないことでも，正しいふりをして扱うことである。たとえば，人間はサメであるということを主張したとしよう。これは人間がサメの属性を共有することを意味する。もちろん，これらの特徴は現実にはサメとして分類されるのに十分ではないが。そのときこの比喩は，レンズやものをみる枠組みとしてはたらき，以前に不透明であったものに光をあて，新たな事実を明らかにすることでその世界は新しい光のなかで眺められる。つまり，比喩によって密接に関連した概念やイメージが，馴染みのないものの理解を促進する。たとえばサメの比喩は，結果としてサメの意味と結びついた狡猾さや攻撃，強さに注目させる。対比的なものとして，「彼は猫である」という比喩は，まったく異なる属性に注意を向けさせる。その人は楽しく愛嬌があり，リラックスしており，人を幸せにするなどである。

比喩は行動の説明に並行して存在する。それゆえ，ある女性，たとえばジェーンはサメや岩として描かれるとしよう。サメの比喩は彼女の達成努力や攻撃，権力の希求に対するある洞察を与える。しかし，それは援助行動には光をあてない。岩の比喩はまた，達成失敗や他者の攻撃に対する彼女の反応を理解したり援助行動に関する彼女の態度を理解するのにも役立つかもしれないが，権力への関心とは無関係である。多様な比喩が同じ動機づけ領域に適用されうることもある（サメも岩もジェーンの達成努力に適用される）。そして，所与の比喩は異なるいくつかの領域に適用されるが，必ずしも動機づけのすべての分野に対してではない（サメはジェーンの達成努力や攻撃を特徴づけるが，援助提供は特徴づけない）。このような複数の原則とおのおのが限定された（制限された）一般性や適用可能性をもつということは，私が提唱している動機づけアプローチにあてはまるのである。

要するに比喩はわれわれに密着して存在し，桁違いの観察によって支えられて

いる。フロイトでさえ，彼の科学的な発見において比喩を使って認識した。彼は次のように書いている（Freud, 1926/1959）。「心理学ではわれわれは類推の助けによって物事を描くことができるだけである。これは特別なことではない。それは他の場合も同じことである。しかし，われわれは類推のどれも十分に長くは続かないという理由で常にこれらの類推を変化させ続けねばならない」(p.195)。私は本章では絶え間のない変化を求めたりはせず，「十分に長く」続く比喩で描こうと思う。

人は裁判官である

　本書で展開する社会的動機づけや正義の帰属に基づいた理論の基礎として，どんな比喩がよいのだろうか。最も有益な比喩を探すために，比喩がとらえやすいのはどのような行動の側面か考えねばならない。人間は機械であるという比喩は行動主義者が学習された行為を説明するのに役立つ。そして人がコンピュータであるという比喩は認知科学者が思考過程を理解するのに役立つ。私が必要とする比喩は社会的行動や正義について記述したものでなければならない。たとえば「人間は機械である」は，社会的行動や正義に関する現象をとらえるのに有益とは思われない。私の目標を満足させることができるよりよい比喩は「人は裁判官である」というものである。そしてこの主題のバリエーションとして，人生は法廷であるともいえる。

　裁判官の特徴は何か。なぜこの比喩がうまい説明につながるのだろうか。裁判官は合理的に証拠を解釈し，人の申し立てた悪事に関する決定に至らねばならない。人が悪事に従事したか，そしてその行為に責任があるかどうかが決定されねばならない。これは多くの情報の統合やモラル基準の賦課，そして文化的規範を必要とする。加えて，裁判官は犯罪を犯したとされる人々に感情をもつ。これらの感情はどのような判決がなされるかを決定する可能性がある。要するに，裁判官の比喩は認知，感情，行為を含み，社会的正義や道徳行為に関連した問題にうまくあてはまるのである。

　同じように，人生は犯罪に関するドラマが演じられる法廷と考えられる。たとえば，あなたがデートで待っているのに，時間になっても彼女が現われない日常的状況を想定してみよう。あなたは10分，15分，20分待つ。この間，あなたは多くの感情を経験する。何かよくないことが起こるのではという恐れ，間違った

場所にいるのではないかという心配，その人が遅刻していることへの怒りなどである。最後に待った人が到着する。彼あるいは彼女は30分遅れている。予期しないネガティブな出来事に対してその原因を究明しようとして，即座に尋ねる。「何が起こったの，なぜそんなに遅れたの」。これは無罪か有罪かに関する証拠を求める裁判官と同じである。その時，違反者は言う「あまりに天気がよかったので遠回りしてここに来た……」（これは一例にすぎないのだが，多くの違反者は自分が悪かったとは言わない）。この説明はおそらくあなたを怒らせるだろう。あなたはその人に罪を宣告する。そしてあなたはある刑を申し渡す——「私は帰る，そしてあなたとはもう二度とデートしない」と。その時，罪を犯した側は許しを求め，刑を軽くするように求める。たいへんな出来事が起こり（「私は自分が望んでいた仕事につけないことを知ったところだった」），デートを台無しにしないよう気持ちを落ち着けるのに時間が必要だったと言う。この責任の軽減が受け入れられると，刑が減り，もしかすると完全に撤回され，そして違反者は仮釈放される（デートは継続する）。

　人を裁判官と考え，人生を法廷と考えることは社会的動機づけに光をあてる対人的場面での一連の思考や感情を呼び起こす。比喩は本章を通してのテーマ——社会生活は道徳生活であり，道徳的配慮は社会的行為を支配する——をとらえている。したがって，公平さや正当さ，欠点，非難，責任性に関する判断は社会的行動の本質である。いくぶん異なる言い方をすれば，社会生活は宗教的原理によって支配されており，それは法をも導くものである。私の課題は動機づけの諸分野にまたがって，このアプローチの妥当性や一般性を証明することである。しかし，比喩というのは厳密に定義されるものでもないし，正確でもないことを覚えておかねばならない。したがって，人はその使用については慎重であらねばならない。比喩は説明でも理論でもない。それは理解を進展させるための本質的はたらきをするイメージや広い解釈を生むものである。

　どのような比喩が社会的動機づけや正義の理解に有用な理論の発展に役立つかを決めねばならなかったのと同様，社会的動機づけや正義のどの側面が最もよくその概念によりとらえられるか，理論の焦点（実証していることの中心）や適用の範囲（広さ）を選択する必要がある（Kelly, 1955）。ここでの選択の助けになったのは社会という広い世界の雛形である教室場面の観察である。教室のなかで社会的動機づけに関係することで何が起こっているのだろうか。おそらく最も重

要な点は，教師が生徒を評価しているということである。彼らが成功か失敗かを決め，「よい」か「悪い」かを決め，どんなフィードバックを与えるべきかを決める。教室における上記のすべては裁判官としての教師による学力評価である。しかし，教室で，またもちろんより広い社会においても，たしかにスティグマ，援助，権威への服従，攻撃，罰，多くの社会的，道徳的感情が存在するのである。これらや他の話題については，私が裁判官の比喩から，前に使った「デート遅刻」シナリオを説明するために理論をきちんと記述するときに議論する。

達成評価

何年か前，私は達成場面での他者の判断に関する研究の共同研究者であった（Weiner & Kukla, 1970）。この実験結果は多くの文化，多くの状況で再現されており，データのパターンは「事実」とみなせると思う（Weiner, 1986 を参照）。きちんと実証されることは理論の構築には不可欠である。読者が読み進む前にやってみることができるようボックス 1.1 にその実験が掲載されている。読者によるデータはワイナーとククラ（1970）により報告された知見と同様であると思う。動機づけ理論の提唱者が頻繁にすることではないが，私はこれを事実の「大胆」な主張であると考えている。この研究は，私が職についた頃，およそ 35 年前になされたが，私はその知見を説明しようと研究生活を費やし，多くの解釈を提出した。私は常に自分の考えの基盤としてのこのデータセットに戻る。

この研究の質問紙のなかで，学生は試験で異なる程度の成功と失敗を経験するものとして描かれている。この結果情報は達成成果の主要な決定因である学生の能力レベル（高いか低いか）と費やされた努力（多いか少ないか）の説明が要因として組み合わされている（Weiner, 1986 を参照）。そして，たとえば，ある条件では学生は高い能力，少しの努力で失敗する（ボックス 1.1 の 4 行目の学生），一方，別の条件では低い能力，多い努力で成功する（5 行目の学生）と記載されている。回答者はこれらの仮想的学生を評価する（フィードバックを与える）ように言われる。そのフィードバックは + 5（最もよい評価）から − 5（最も悪い評価）の幅をもつ。

ワイナーとククラ（1970）によって報告されたある研究からのデータは図 1.1 に示されている。試験結果は優秀から普通，そして境界線，やや失敗，明らかに

◆ ボックス1.1　達成評価の決定因 ◆

次の研究で8人の異なる生徒が描かれています。彼らはほんの今テストを終え，高い（成功）得点あるいは低い（失敗）得点をとったとしましょう。これらの生徒の教師として，あなたは各生徒の能力水準やテストを受けるにあたってどれほど努力をしたかを知っているとします。今あなたは各生徒に評価をフィードバックする必要があります。これは星の形で表現されています。金星はよい評価であり，そして赤い星は悪い評価です。あなたは5つの金星（「＋」で表示される）から5つの赤い星（「－」で表示される）をどのようにも与えることができますが，同じ人に金色と赤色の星を同時に与えることはできないし，評価は1つに決めねばなりません。

学生	能力	努力	結果	学生へのフィードバック（評価判断）（＋5から－5）
1	高	高	成功	
2	高	高	失敗	
3	高	低	成功	
4	高	低	失敗	
5	低	高	成功	
6	低	高	失敗	
7	低	低	成功	
8	低	低	失敗	

主効果の計算　　　　　　　　　　　　　　評　価
成功（1，3，5，7行目）＝ ＿＿＿＿＿＿＿＿＿＿
失敗（2，4，6，8行目）＝ ＿＿＿＿＿＿＿＿＿＿
　差異　　　　　　　　＝ ＿＿＿＿＿＿＿＿＿＿

努力高（1，2，5，6行目）＝ ＿＿＿＿＿＿＿＿＿＿
努力低（3，4，7，8行目）＝ ＿＿＿＿＿＿＿＿＿＿
　差異　　　　　　　　＝ ＿＿＿＿＿＿＿＿＿＿

能力低（5，6，7，8行目）＝ ＿＿＿＿＿＿＿＿＿＿
能力高（1，2，3，4行目）＝ ＿＿＿＿＿＿＿＿＿＿
　差異　　　　　　　　＝ ＿＿＿＿＿＿＿＿＿＿

失敗の範囲で操作されている。図1.1は予期されたように，これらの結果の原因が一定だとすれば，よい結果は悪い結果よりもより多く報酬を与えられる（罰は少ししか与えられない）。つまり，原因がどうであれ，結果がよいほど，評価が高い。これは図1.1の結果の主効果の計算に示されており，分配に関する正義の

公平原理である。つまり得るものはある程度は行為の結果によって決定される。失敗だけを考え，裁判官と法廷比喩を用いるなら，「罰は違反に対応する」と言うことができるだろう。これは正義の**違反行為**の原理として知られる。いくぶん異なる言い方をすれば（そして再び失敗にのみ着目する），罰はつり合いという考え方によって決まる。これは裁判官が要求する「目には目を，歯には歯を，手には手を」（出エジプト記, 21:24）を述べた因果応報の原理からである。したがって，試験の点数が低ければ低いだけ，受ける評価は低い。この罰の報復目標は第4章で詳しく検討する。

加えて，現在の目的にとって重要なことは，多くの努力または高い動機づけの場合のほうが，努力不足または低い動機づけの場合よりも（図1.1の一番上と下の2つの線を比較しなさい）成功に対してより多く報われ，失敗の場合も罰せられることは少ないということである。これは試験結果のすべての水準で支持される。つまり，処せられる正義の厳しさは学生が「罪の心」をもつかどうかによる。これは法律では**犯意**の原理として知られている。

逆に，低い能力は高い能力に比べてほとんどの結果のレベルにおいて，より大きな報酬を受け，より少ない罰を受けることにつながる（図1.1の1番上および3番目の線と，2番目および4番目の線を比較せよ）。この一見不思議にみえる

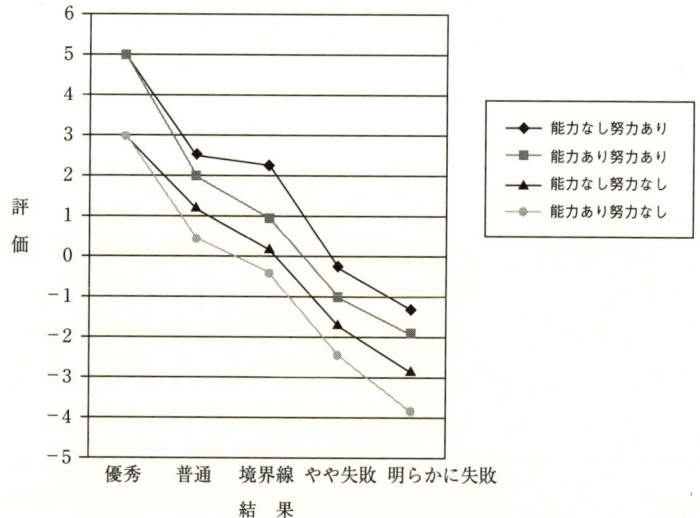

図1.1 生徒の試験結果，努力，能力が教師の評価に与える影響（Weiner & Kukla, 1970）

知見は，低い能力で多くの努力をした場合（特に中程度の成功を仮定したとき），大きな報酬が与えられるために生じる。実際，成功するために障害を乗り越える人は，文化的ヒーローとみなされるが，これはアメリカ合衆国（他の国々と同様に）の人々によって支持されるプロテスタント倫理に関係した鍵となる価値が表面化したともいえる。一方，努力をせず，能力を使わず失敗する人は最も罰せられる。（努力が期待され，義務とみなされると仮定できる場面では）彼らは文化的，道徳的違反者である。独立変数のこの設定により，能力不足は，他人による評価という観点からは，ポジティブに価値づけられた属性として現われる（しかし，成功や努力と同程度ではない）。もちろん，人々は低い能力をもつことを切望はしない。そして能力と結果の間に関係があるので，高い能力はポジティブな評価結果をもつ。

失敗結果に注目して認知された原因と評価の間の関係を考えると，ワイナーとククラ（1970）により報告されたデータから理論構成の基礎をなす2つの一般原理と動機づけの過程が出てくる。

1 失敗—原因としての努力不足—重い罰
2 失敗—原因としての能力不足—軽いあるいは（まったくない）罰

これらの実験から得た結論は自明であるが，それらの説明は自明ではない。

帰属的解釈

この知見を理解するために，私は回り道をして現象としての原因を分析したい。帰属理論は内的 対 外的原因の区別（あるいは原因の所在）によって導かれていることを思い出してほしい。しかし，能力と努力はともに行為者にとって内的なものである。したがってこの原因の区別はこれらのデータを説明するのに不適切である。結果のパターンを理解するためにより細かな因果信念を理解せねばならない。そのためには原因の性質，ある分類法内での特徴や型を確かめる必要がある。

もちろん，能力や努力の他にも達成結果に対しての多くの原因があり，そしてそれらを明らかにすることは原因分類の構成に役立つ。ネガティブな結果を考えると，失敗は方略のまずさ，不運，教師の偏見，仲間からの妨害，病気などによるものとみなされるかもしれない。同様に，親和的場面で考えてみると，社会的

失敗（拒否）は，対人的技能の低さ，関係をもちたい相手が多忙ですでに何らかの予定がある，相手があなたを魅力がないとみなすなどによるかもしれない。私が現象としての原因，すなわち達成失敗や拒否についての認知された原因について論じていることに注目してほしい。これらは「実際の」原因と同じものだったりそうでなかったりする。

　これらの多様な，表向き異なる原因は共通の特徴や性質をもつ。それらは顕型としては異なるが元型としては同じである。したがってそれらは質的に異なるが，それらを量的に比較することは可能である。われわれのよく知っている区別で始めると，達成領域で能力，努力や方略などの成功や失敗の原因はすべて人（内的なもの）に関係する一方，運，教師の偏見，仲間の妨害はすべて環境に関係するもの（これらの原因は人の外にあるもの）である。前に示したようにこの区別は帰属理論の多くの研究の基礎となり，そのなかには「基本的帰属の誤り」というテーマで行なわれてきたし，また，自尊感情やその維持を考えるときにきわめて重要である（自尊感情が上下するには行為者である自分に原因が帰属されねばならない）。したがって，数学の能力不足や勉強の不十分さによる失敗は，その人にとって内的なものであるという点で類似している一方，その人にとって外的なものである教師の偏見，仲間の妨害とは異なっている。同様な分析が親和場面に適用できる。そこで人が魅力のないために拒否されることは内的原因を意味する。一方，相手が忙しいから拒否されるのは外的原因を意味する。この次元に関して，原因は動機づけ文脈の間で比較され対比されうることに注目してみよう。たとえば，能力の低さのために失敗することと，魅力のなさのためにデートを拒否されることは行為者の内的な性質である。したがって，異なる動機づけ領域の行動を説明する原因は具体的には異なっているが，じつは類似しており概念的には同等である。この領域を超えた比較可能性は帰属的視点からの動機づけの一般理論を構成するのに重要である。

　本書におけるまさに中核となる第2の原因の性質は統制可能性，あるいは原因が意志により変わりうる程度である。努力不足は統制可能で個人の力により変化しうるもの——「努力することができたはずだ」として認知される。しかし，適性がない場合はこうではない。同様の区別は親和的場面にも適用されうる。たとえば，人が「だらしがない」という理由での拒否は他者によって意志的統制下のものとして認知され，あまりに背が高いからとか，低いからという理由で拒否さ

◆◆第1章◆◆ 社会的動機づけと正義の理論：理論と展開

れるのとは違う。

　統制可能性は時々混同されるが，原因の所在の性質とは論理的に分離されうる。しばしば使われる「統制の内的所在」という表現は，そのような混同の表われであり，内的ではあるが，統制可能ではない原因があるので概念的混乱を招く。たとえば，適性は内的なものであるが，統制不可能なものである。これは欲望や理性によって直接変えることがむずかしい。一方，努力は内的で統制可能である。特別な事情もないのに，努力しないことは自由意志である。統制可能性の性質は，社会的場面での帰属のもたらす機能を考えると，本書で一貫して述べているように道徳判断と直接関係するという理由で，おそらく統制の所在よりも大切である。

　先ほど論じたように，内的原因は統制可能なもの（努力），統制不可能なもの（適性）がある。これはまた外的要因についてもいえる。しかし，統制可能で外的という考えは行為者の移行，行為者を認知する焦点の変化を必要とする。学生が試験に失敗した場合，すべての外的原因は明らかにその学生には統制不可能である。しかし，その原因は本人以外の外的な行為者によれば統制可能である。たとえば，仲間の妨害は失敗した学生にとって外的であり統制不可能だが，仲間によれば統制可能である。本書では，統制可能性の概念を「焦点を移行させる」やり方で使う。これは他者により統制可能な外的原因は他者非難や怒りの先行変数であり，多くのさらなる社会的結果をもたらすという理由で重大である。

　因果の特性を表わすもう1つの性質としての可能性があるもの（そしておそらく唯一のもの）がある。それは原因説明の時間を超えた一般性に関係するもので**原因の安定性**とよばれる。たとえば，数学の失敗の原因としての一般的知能の低さは時間を超えて安定している。他方，不運による失敗，あるいは風邪をひくことによる失敗は一時的なものとみなされる。原因の安定性は，動機づけ行動の最も重要な決定因の1つとして受けとめられ，成功の期待を含む将来の信念に影響する点で注目に値する。原因の安定性の性質は，第4章で，罰の目標を考える際，詳しく検討される。

　学習性無力感の研究者たち（Peterson, 1991）は，もう1つの原因帰属次元として状況を超えた全体性（「グローバリティ」）があると論じているが，多くの研究で所在，統制可能性，安定性だけが再現可能な因果の性質であることが示されている（Weiner, 1986 の展望を参照）。私は全体性が存在するという主張を（強くは）支持していない。なぜならそれは直感的には魅力はあるが，グローバルな

11

性質は原因の特性に関する実験的研究で見出されないからである（Weiner, 1986の展望を参照）。加えて，この研究はこれまでほとんどすべてアメリカで実行されてきたので，基本的原因の特質が3つなのか4つなのかを明言するには比較文化的実証がさらに必要とされるからである。

　なぜ，3つ（あるいは4つ）だけの原因次元なのかよくわかっていない。因果性はちょうど時間や空間のように人間思考の基本的概念であり，生得的なものであり，使用のために「準備されている」と論じられている。原因の次元もそうなのかもしれないが，そのことを示す証拠がない一方で，何らかの経験に基づいて時間とともにカテゴリーが学習される（乳児はものを取ろうと近づくとき，統制可能な原因として努力を学習するようになる。一方，ある対象が取れないとき，ある環境下で原因は統制不可能であることを学習する）という説明がなされている。しかし，これらに関する議論は本書の話題から大きく離れている。現在の目的にとっては現象的因果性の3つの性質が所在，統制可能性，安定性であり，統制可能性は行為者あるいは外部の行為者の観点からみなされうることを提案すれば十分である。

　この討論を考慮して，ワイナーとククラ（1970）からのデータと，努力不足による失敗は教師からの罰を引き起こすが，原因として能力の低さが考えられる場合はそうはならないという結果に戻ってみよう。どのような点で努力不足と能力不足は異なるのだろうか。表1.1は2つの原因とそれらの背後にある性質を示している。表1.1から努力も能力も行為者にとって内的であることは明らかである。したがって原因の所在は失敗の原因としての能力 対 努力と結びついた評価の相違を説明できない。一方，2つの原因は統制可能性において異なっている。努力不足は統制可能であり，能力不足は一般的に統制不可能と考えられる（ここで能力を学習された技能というよりも適性に似ているものと考える）。また，努力は通常不安定で一時的なものとみなされ，他方，能力（適性）は永久的なものとみなされる。（これをもう少し控えめにいうと，努力は能力よりも不安定と考えら

表1.1　努力と能力の原因の性質

原因の性質	能力	努力
所在	内的	内的
統制可能性	不可能	可能
安定性	安定	不安定

れるというものである。)

したがって，能力不足に対して与えられる評価が努力不足に対して与えられる評価と異なるのは，統制可能性か安定性か，どちらかの違いによるものである。

しかし，安定性よりもむしろ統制可能性がこれらの原因から生じた評価の違いの主たる決定因であることを証明するのは容易である。努力は安定的（ある学生はいつも怠惰である）であったり不安定的（学生はある場合には努力しない）であったりするし，能力も安定的（その学生は低い一般的知能をもつ）か，不安定的（その学生は要求された技能がまだ発達していない）である。そのような違いが導入されると，努力に関連した原因の場合のほうが能力に関連した原因の場合よりも，それが安定していようが不安定であろうが失敗に対してより多く罰せられる。つまり，怠けていることは知能不足（両方とも安定した原因）よりもネガティブな評価をもち，あるときに，またはある場合に努力しないことは，技能不足（不安定で一時的な原因）よりもネガティブに評価される。したがって，評価的相違を生む鍵となる帰属の違いは原因の統制可能性である。学生が意志的に行動を変化させることができるかどうか，それが結果に結びついたかどうかである。

この結論から，前に述べた評価的，動機づけ的原理は因果性の統制可能性の次元を含めて次のように改訂できる。

1．失敗―努力不足（統制可能な原因）―重い罰
2．失敗―能力不足（統制不可能な原因）―軽い罰あるいは罰なし

失敗を引き起こした行為者の意志のもとにある原因はどれも罰や非難を生じさせる一方，統制不可能な原因は叱責を引き起こさない。たとえば，親和的領域で個人的だらしなさ（あなたはもっと身奇麗にできる）のために拒否される人は非難されるが，拒否が魅力のなさによるときその人への非難は非常に起こりにくい。それゆえ，ネガティブな達成結果（あるいは他の領域）の際の因果性と制裁の間の関係に関するより一般的法則を提示すれば以下のようである。

1．失敗―統制可能な原因―他者からのネガティブな評価反応
2．失敗―統制不可能な原因―他者からのネガティブな評価反応なし

したがって，努力不足は統制可能な特徴をもつという理由で罰につながる多くの原因のうちのただ1つの原因にすぎない。統制不可能な失敗が他者からのポジ

ティブな反応（たとえば，同情や援助行動）を引き起こす可能性はまだ検討していないことに注意してほしい。この点は後の議論で詳細に吟味する。また，人はなぜ報酬を与えたり，罰を与えたりするかを十分に論じていない。この問題は第4章で考える。さらに努力しないことに対して与えられる罰についての軽減事由もまだ論じていないが，これは第3章で検討する。

● **評価的ルールの公平さ**　達成場面で他者をいかに厳しく判定するかを決めるのに統制可能性が考慮されるべきことが示された。しかし，統制可能性を考えることが「公平」ということだろうか。努力をしないことは他者に対して悪いことをしているわけではないという理由で，努力を払うことや個人的統制についての推測が達成評価では考慮されるべきでないと主張することだって可能である。それは犠牲者のいない犯罪である。加えて，結局のところ問題なのは「つまるところどうだったのか」，つまり結果（法律での「厳格な責務」として知られるもの）であると主張することもできる。

公平さの知覚についての問題を探求するために，共同研究者と私（Farwell & Weiner, 1996）は達成評価状況での公平性の判断を直接検討した。その一部がボックス1.2に示されているので読者も実験に参加してほしい。

フェアウェルとワイナーによる研究で（1996，ボックス1.2と同様に），生徒は努力不足（個人的統制可能性），能力不足（統制不可能な原因）で試験を失敗した（悪い行ないをした）として記述される。この情報は教師の−1から−5までの評価と対にし，その評価を系統的に変化させた。たとえばある条件では能力不足で失敗した生徒は−1のフィードバックを受けた一方で，努力不足の学生は−5を受けた（ボックス1.2の3行目の生徒を参照）。他の条件では両者とも−5あるいは−1のフィードバックを受け（2行目と4行目の生徒），別の条件では能力不足で失敗した人は−5と評価された一方，努力不足でよい成績がとれなかった人は−1のフィードバックを受けた（1行目の生徒）。われわれは実験参加者に教師の評価の公平さと厳しさを＋3から−3までのペアにされたスケール上に判断するように求めた。

私は，読者の回答が，多くの実験研究の参加者である典型的な大学生の回答と類似しているものと確信している。図1.2（公平さと厳しさの両方の評定を示している）にみるように，失敗が努力不足によるものでネガティブなフィードバッ

◆◆第1章◆◆　社会的動機づけと正義の理論：理論と展開

◆ ボックス1.2　教師評価の公平さと厳しさ ◆

学校での試験の点数が悪い2人の生徒を思い浮かべてみましょう。教師は試験の点数に加えて，成績が悪いと赤星の印でその生徒にフィードバックします。ある生徒は能力が低くて失敗し，別の生徒は努力しなかったので失敗しました。教師は1から5（あるいは−1から−5まで）の赤星を与えます。下には多くの異なる評価が示されています。それがどれほど公平でどれほど厳しいか評定してみましょう。空欄にあなたの評定を書いてください。評定は＋3（非常に公平，非常に厳しい）から−3（非常に不公平，まったく厳しくない）の範囲でつけてください。

	能力不足（赤星）	努力不足（赤星）	いかに公平か（＋3から−3）	いかに厳しいか（＋3から−3）
1.	−5	−1		
2.	−5	−5		
3.	−1	−5		
4.	−1	−1		
5.	−4	−2		
6.	−4	−4		
7.	−2	−2		
8.	−2	−4		
9.	−4	−1		
10.	−1	−4		
11.	−1	−1		
12.	−4	−4		

以下のときの評定の計算	公平さ
能力＞努力　4ポイント　＝（1行目）	
能力＞努力　3ポイント　＝（9行目）	
能力＞努力　2ポイント　＝（5行目）	
能力＝努力（2, 4, 6, 7, 11, 12行目）	
能力＜努力　2ポイント　＝（8行目）	
能力＜努力　3ポイント　＝（10行目）	
能力＜努力　4ポイント　＝（3行目）	

クが与えられたとき，能力不足による失敗の場合よりも，公平なものとして評定された。最も公平なパターン（最も大きな負の数）は努力不足の学生を−5として，能力の低い生徒を−2として，あるいは−4と−1として評価した。逆に能力不足が努力不足よりも悪いフィードバックになるとき，評価は最も不公平とされた。厳しさは評価の差異により決定されるというよりも，対にされた原因の組のフィードバックのネガティブさの強さの合計と結びついていた。

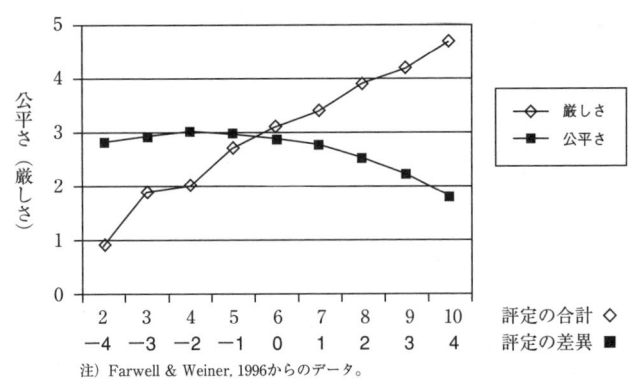

注) Farwell & Weiner, 1996からのデータ。

図1.2 能力不足の学生 対 努力不足の学生に対するネガティブフィードバックが厳しさと公平さの評価に与える影響

達成場面で公平性が重要であることにより，達成評価も道徳評価であることがまたもや示された。古典的な本である『プロテスタント倫理と資本主義の精神』で，ウェーバー（Weber, 1904/1958）は達成努力と道徳性の間の結びつきを示した。彼は成功するために努力し，がんばることは道徳的義務であると論じた。つまり，達成は，なすべき，当然，そして義務の考えと結びついており，大きな道徳的義務の一部である。フェザー（Feather, 1999）が指摘したように達成場面では，努力なしの成功は「価値あるもの」として認知されず，不正義の感情を引き起こす。それゆえ「人は裁判官」という比喩は達成努力や達成場面での他者についての判断の研究に十分適合する。また，この章で示されたように，この比喩や能力・努力の区別は親和や他の領域に同じように適用される。

‖ スティグマとみなされる人に対する反応 ‖

ここでは異なる社会的領域——スティグマ（訳者注：本来は社会的に差別される存在であることを示す肉体上の烙印をさす言葉，ここではその属性をもった人に対して差別することの社会的含意がある客観的属性を意味する）とスティグマとみなされる人への反応——について考えてみよう。ここでも非常に簡単な研究で始め，次に，学校場面に関する別の知見を報告する。ここで示された研究で私は2人の共同研究者（Weiner et al., 1988）とともに，最もよくみられるさまざまなスティグマとスティグマをもつ個人の責任や非難，好意，怒り，同情などの認

◆ ボックス 1.3　スティグマとみなされる人への反応

　次の各スティグマに対して，あなたがどう思うかを数値で答えてください。答え方は，各質問に対して 1 ＝非常に低い（たとえば，統制不可能，責任を感じない，怒りなし，同情なし），7 ＝非常に高い（十分に統制可能など）となっています。各スティグマに対して 1 から 7 までの数値を使い判断してください。

スティグマ	統制可能性	責任性	怒り	同情
エイズ				
アルコール中毒				
アルツハイマー病				
盲目				
癌				
小児虐待				
麻薬中毒				
心臓病				
肥満				
下半身麻痺				

データシート：データの合計，各カテゴリーにつき5つのスティグマ

スティグマ分類	統制可能性	責任性	怒り	同情
統制可能なスティグマ エイズ，アルコール中毒， 小児虐待，麻薬中毒，肥満				
統制不可能なスティグマ アルツハイマー病，盲目， 癌，心臓病，下半身麻痺				

　知と感情反応との間の関係について検討した。その手続きは非常に簡単である。読者の皆さんもボックス 1.3 に掲載している同様の研究に参加してみてほしい。

　検討されるスティグマと評定結果は表 1.2 に示されている。表はアルツハイマー病から下半身麻痺までのスティグマを含む上部とエイズから肥満までの範囲を含む下部に分けられる（アルコール中毒はこの実験には含まれていない）。表の上半分に含まれるスティグマは責任や非難を引き起こさず，相対的に好意，多大な同情，怒りの抑止を引き起こす。表 1.2 の下半分部分については，反応は大いに異なり，責任や非難に伴い，好意や同情は少なく，怒りが喚起される。

　この実験的結果はいかに説明されうるだろうか。ここでまた帰属理論がその答えをもたらす。スティグマは原因と同様に特定の性質をもち，これらの特徴に基

表 1.2　責任性に関連した変数の平均値

スティグマ	責任性	非難	好意	同情	怒り
アルツハイマー病	0.8	0.5	6.5	7.9	1.4
盲目	0.9	0.5	7.5	7.4	1.7
癌	1.6	1.3	7.6	8.0	1.6
心臓病	2.5	1.6	7.5	7.4	1.6
下半身麻痺	1.6	0.9	7.0	7.6	1.4
エイズ	4.4	4.8	4.8	6.2	4.0
小児虐待	5.2	6.0	2.0	3.3	7.9
麻薬中毒	6.5	6.7	3.0	4.0	6.4
肥満	5.3	5.2	5.7	5.1	3.3

注）Weiner et al., 1988, p. 740 からのデータ。

づいて分類できる。たとえば，スティグマは病気としての深刻さ，それらが隠されうるものかどうか，永遠的なものか，一時的なものか，また，ここでの議論において最も重要なのは，その起源が生物学的か，あるいは行動的かの点で異なる（Jones et al., 1984 を参照）。

表 1.2 に示されたデータは，アルツハイマー病や盲目のような身体上（遺伝上，生物学上）に起源がある問題をもつ個人は，小児虐待や肥満のような行動上の問題をもつ人よりも，ネガティブな反応を引き起こさないことを示唆している。エイズや肥満，アルコール中毒，薬物中毒等を含む行動上の問題をもつ人に対しては他と比較しても，また絶対的にも否定的な反応が向けられることは多くの研究で報告されている。そしてちょうど達成評価データのように，これらの態度に関する知見は「事実」と考えられうる（Weiner, 1995 の展望を参照のこと）。読者は同じようなパターンが得られるかどうかをみるためにボックス 1.3 を検討してほしい。

関連したデータとして，学級場面を扱ったものに目を向けると，生徒たちはたとえば引っこみ思案で，魅力がなく，障害のあるような一般の規範からはずれた特徴をもつ仲間を受け入れない（Hartup, 1983; Juvonen, 1991 を参照）。しかしながら，仲間の反応は逸脱のタイプによって異なる。攻撃的，反社会的，多動性を示す子どもたちは好意度において低く評価される。一方，精神的，肉体的に障害のある子どもは相対的に好ましいとみられる逸脱グループである（Juvonen, 1991; Sigelman & Begley, 1987 を参照）。これらの相違は表 1.3 に要約される（ここでは，行動的反応として非難を特に取り上げている）。

これらのグループが異なる反応を引き起こすのは，多動性の子どもや攻撃的な

表1.3 学校に関連したスティグマの評価

スティグマ	分類	非難
多動性	行動的	高い
ほら吹き	行動的	高い
攻撃的	行動的	高い
身体障害	肉体的・遺伝的	低い
精神障害	肉体的・遺伝的	低い
魅力のなさ	肉体的・遺伝的	低い

子どもが他人を妨害するのに対して，身体障害，精神障害はスティグマ化されていない人と対人的な問題を起こさないからだと論ずることができるかもしれない。しかし，子どものうちでも，肥満は必ずしも他人を妨害しないが，最も拒否され嫌われる（Richardson et al., 1961）。拒否される（非難される）個人から相対的に受け入れられる（非難されない）個人を区別する特徴は，そのスティグマになる条件の起源が生物学的であるか行動的であるかによると思われる。

要するにスティグマの研究から引き出された動機づけの過程は次のようにまとめられる。

1．スティグマになる条件―行動的起源―非難
2．スティグマになる条件―生物学的起源―非難なし

行動に起源があるスティグマは統制可能と信じられる。つまり，それらは「選択」によってもたらされる。人は食べ過ぎたり，麻薬を吸ったり，飲み過ぎたり，乱交などをする「必要はない」。「ノーと言おう」（訳者注：薬物を拒否しようというキャンペーンで用いられるメッセージのひとつ）が呼び起こされる言い回しである。一方，生物学的に原因のあるスティグマは行為者の意志の下にあると認知されない。結局，人はアルツハイマー病を選択しないし，その重さが意志的選択によって大いに影響されることもない。よってこれらの関係はさらに次のように記述できる。

1．スティグマになる条件―行動的起源（統制可能）―非難
2．スティグマになる条件―生物学的起源（統制できない）―非難なし

これらの原則はさらに洗練されうる。スティグマには心臓病のように生物学的起源によると思われるものもあるが，しかし，それらは運動しない，喫煙というような不健康な行動によって発症するかもしれない。ライフスタイルの選択は病

気の決定因子としてますます引き合いに出されるようになっている。一方，他のスティグマは肥満のように行動に起源があるように思われる。しかし，その原因は甲状腺の機能不全のような生物学的側面も認められる。これらの例で，認知された統制可能性はスティグマ化された人への行動反応を決めるし，ライフスタイルと結びついた心臓病の人は，甲状腺不全による肥満よりもネガティブに反応される（Weiner et al., 1988を参照）。したがってスティグマになる条件と行動反応の間の関係は正確には次のように記述できる。

　　1．スティグマになる条件—統制可能—非難
　　2．スティグマになる条件—統制不可能—非難なし

　達成評価を考えたとき，特別に努力をしたために能力不足に打ち勝ち成功した人は高く評価されたことを思い出そう。同様に判断する過程で，おそらく大いなる道徳上の努力をとおして自分のスティグマに打ち勝ち，それを「消し去る」統制可能な行為をした人もまた高く評価される（Sniderman et al., 1991を参照）。回復したアル中患者，以前に薬物中毒であったが現在は貢献する市民，前は食べ過ぎのために肥満であったマラソンランナーは「文化的ヒーロー」としてしばしば認知される。逆説的なことに，彼らはまったく飲酒しなかった人，ドラッグを使わなかった人，肥満でなかった人よりも称賛されるだろう。実際，彼らは回復しない人にとっての役割モデルとして，役立つカウンセラーとなるよう求められる。

●**生活保護受給者 対 貧困者**　スティグマグループの中で，両者が重なっている集団であるにもかかわらず，生活保護受給者と貧困者の区別がなされる。（もともと未亡人を助けることをめざしていた）生活保護受給者として描かれた人は，貧困者として描かれた人よりもネガティブに反応される（Henry et al., 2004を参照）。貧困者に比べて生活保護受給者は自分の問題を統制できるものとしてみなされる。つまり，生活保護受給者は働いていないと認知されているのである。一方，貧困者は働いているが，まともな暮らしを支えるのに十分な賃金を受けていないと考えられる。

　これらの対比的ステレオタイプの例は，貧富の問題にまつわる政治的レトリックのなかに存在する。1999年になされた2つの異なるスピーチで共和党の大統領

◆◆第1章◆◆　社会的動機づけと正義の理論：理論と展開

候補ジョージ・W・ブッシュは生活保護受給者と貧困者の間のイメージの違いを強調した。生活保護受給に関してテキサスでのスピーチで，ブッシュは警告した。「相変わらず生活保護を受ける人々，……もしあなたが自助努力をしないなら，テキサスはあなたを助けることができない」(Bush, 1999a)。貧困に関しては，後の演説でこう述べている。「われわれは貧困に対するまさに別の戦争に挑むためにわれわれのコミュニティの強い同情に訴えたい」(Bush, 1999b)。これは，無気力な貧困者と統制不可能な貧困者との対比的なイメージを連想させる。

　民主党もまた統制可能性に関する因果信念に基づくこれらのステレオタイプを強化した。元大統領クリントンは彼の福祉政策を「個人的責任と仕事機会条例」(Clinton, 1995) と名づけ，「われわれの福祉改革提案は2つの単純な価値，仕事と責任を含むだろう」と指摘した。この意見は新しいアメリカの福祉政策はもはや怠け者へのほどこしものではないことを意味している。

　したがって，道徳的関心が他人の判断に重要な役割を果たすことがまたもや明らかである。スティグマとみなされる人は病人あるいは罪人とみなされる。病人は道徳的に過失や欠陥があるわけではない。彼らは盲目であり，アルツハイマーであり，貧困者である。それは彼らの責任ではない。一方，罪人は薬物使用者，肥満，多量のアルコール消費者であり，責められ，非難され，罰せられる。それらは違反が彼ら自身によって防ぐことができたという点で道徳的失敗である。後に討論される自由意志は裁判官によって仮定され，罪の判断に必要である。

‖ 理論的統合 ‖

　ある特定の事実それ自体よりも，それが証拠となってより一般的に意味することのほうが興味深い。たとえば，達成失敗の際，努力不足が能力不足より多くの罰を引き起こすことは重要である。しかし，具体的には努力不足という形で表われる原因の統制可能性が，適性の低さという形で表われる統制不可能性よりも多くの罰を生じさせるのだと理解することはより重要な意味をもつ。この重要性は，ネガティブな反応を引き起こす行動に起因するスティグマが，統制可能な要因によって生じたものだと概念化されるとき明らかになる（たとえばエイズの原因としての性行動，肥満の原因としての過食，生活保護の原因としての怠惰など）。そしてそれらはポジティブな反応を引き起こし，個人では統制不可能なものとし

て解釈されるスティグマ（たとえばアルツハイマー病の原因として加齢や遺伝的欠陥，貧困の原因として低賃金）とは異なる。したがって，達成評価やスティグマに対する反応に関する２つの一連の現象は同じ概念的枠組みのなかに包含される。

1．達成失敗あるいはスティグマ―統制可能な原因―非難
2．達成失敗あるいはスティグマ―統制不可能な原因―非難なし

　要するに，２つの経験的法則がいっしょになり，原因の次元が一般的な説明を可能にした。さらには比喩が用いられているが――人は裁判官で人生は法廷である――それは異なった領域間比較を可能にする原理の方向性を決める（下された「判決」は個人的な統制可能性，法の用語では犯意によってある程度決まる）。裁判官や法廷の比喩や導かれた原理により，達成評価やスティグマへの反応が完全に理解できるわけではない。たとえば，結局，スティグマとみなされる人への反応は，その人に対する恐れやその人の身体的特徴によっても影響される。しかし，それらが生み出す比喩や規則，あるいは見解は達成領域にもスティグマ領域にも適用されるし，それが私の求めている目標である。

　今，２つの社会現象，達成場面での努力不足に対する罰（そして能力不足に対しては罰なし），そして行動に基づくスティグマに対する罰（そして生物学的根拠によるスティグマに対しては罰なし）は１つの概念的枠組みのもとに統合できる。しかし，達成評価やスティグマへの反応は社会的行動の核心を代表するものではない。それは動機づけや社会心理学の入門用教科書ではあまり注意を払われない。社会的動機づけを考えるとき，それらが動機づけや社会心理学の中心に近いという意味で別の３つの分野が重要である。それらは援助（愛他主義），または他者のほうへ向かうこと，権威と服従，または服従しない場合に他者から離れること，そして攻撃，または他者に反抗することである。私は次に，達成評価やスティグマに対する反応によって得られた結果をもとに３つの動機づけ領域を検討する。しかし，想像されるように理論は新たな障害に直面することになるが。

‖ 援助提供 ‖

　援助提供はこれまでに展開してきた理論の枠組み内に位置づけられるだろう

か。この問題に答えるために私が学校場面での援助に関して行なった研究を振り返ってみよう（Weiner, 1980b を参照）。前と同様に，読者にも実験に参加してほしい。私は読者の皆さんのデータがここで報告することをそのまま反映したものとなることを強く信じている。実験はボックス 1.4 に記載されている。

この研究の参加者は，クラスメートが授業ノートを借りたいと頼んだ場面を想定する。この要望の原因はさまざまである。ある条件ではその学生は視力の問題でノートが必要であると述べた——彼は視力が弱く眼科医に相談せねばならないということであった。これをさらに信憑性をあるものにするためにその学生は眼帯をつけていると記述された。

第 2 の条件ではその生徒は，授業に出る代わりに海へ行ったためにノートを必要とすると書かれていた。参加者はノートをどの程度貸すつもりがあるかを尋ねられた。要望の原因の統制可能性や，そのノートを必要としているクラスメート

◆ ボックス 1.4　達成評価の決定因 ◆

次にあなたと同じ大学の学生があなたの授業ノートを借りようとする話が書かれています。それぞれの例で，どのようなことが起こり，なぜ彼が助けを求めるのかが書かれています。話を読んだ後に，その人物についてのあなたがどのように考え，感じたか，また，あなたがどのようにしたいかについての質問があります。

午後 1 時にあなたがキャンパスを歩いていると 1 人の学生が近づいてきました。彼は，あなたは私を知らないかもしれないが，あなたが私と同じ授業に出ていることにたまたま気づいていたと言います。そして彼は先週の授業のノートを貸してくれませんかとあなたに頼みます。彼がいうには，目が悪くてノートが必要だということです。眼鏡を変えなければならないのだけれど，目薬とか，その他の治療のせいで，その週の間ずっと黒板がよく見えなかったということです。たしかに彼は片方の目に眼帯をつけています。

このことについて次の質問に答えてください。

1． この人に対してどれほど怒りやいらだちを感じますか。

1	2	3	4	5	6	7
怒りやいらだちを非常に感じる						怒りやいらだちをまったく感じない

2． この人にどれほど同情を感じますか。

1	2	3	4	5	6	7
同情を非常に感じる						同情をまったく感じない

3．あなたはこの人にどれほど授業ノートを貸そうとしますか。

1	2	3	4	5	6	7
必ずノートを貸すだろう				けっしてノートを貸さないだろう		

4．その人がノートをとらなかった理由はどれほど統制可能ですか。
　つまり，彼がノートをとらなかった理由は本人のせいですか。あなたは彼がその問題を起こした理由を統制することができたはずだと考えるかもしれないし，統制できなかったと考えるかもしれません。

1	2	3	4	5	6	7
個人的統制下にある					個人的統制下にない	

　午後1時にあなたがキャンパスを歩いていると1人の学生が近づいてきました。彼は，あなたは私を知らないかもしれないが，あなたが私と同じ授業に出ていることにたまたま気づいていたと言います。そして彼は先週の授業のノートを貸してくれませんかとあなたに頼みます。彼がいうにはビーチに行ってのんびりするため授業をさぼったのでノートが必要だということです。
　このことについて次の質問に答えてください。

5．この人に対してどれほど怒りやいらだちを感じますか。

1	2	3	4	5	6	7
怒りやいらだちを非常に感じる				怒りやいらだちをまったく感じない		

6．この人にどれほど同情を感じますか。

1	2	3	4	5	6	7
同情を非常に感じる				同情をまったく感じない		

7．あなたはこの人にどれほど授業ノートを貸そうとしますか。

1	2	3	4	5	6	7
必ずノートを貸すだろう				けっしてノートを貸さないだろう		

8．その人がノートをとらなかった理由はどれほど統制可能ですか。
　つまり，彼がノートをとらなかった理由は本人のせいですか。あなたは彼がその問題を起こした理由を統制することができたはずだと考えるかもしれないし，統制できなかったと考えるかもしれません。

1	2	3	4	5	6	7
個人的統制下にある					個人的統制下にない	

に対してどれほど同情や怒りを感じるかや他の反応も測定された。

この研究から抜粋したデータの一部が表1.4に示されている。このデータによると，授業の代わりにビーチへ行ったためにノートを必要とした人は，統制可能な原因でノートを必要としていると認知される。これは同情をあまり喚起しないが，強い怒りを引き起こし，ノートをあまり貸したくないという反応につながる（連合する）。一方，視力の問題のためにノートを求める学生は統制不可能な理由で必要としていると判断される。これは，同情や援助を引き起こす（関係する）が，怒りはほとんど引き起こさない。この実験やそれを少し変えた実験は，さまざまなところで（Barnes et al., 1979; Weiner, 1995の展望を参照）繰り返されており，ボックス1.4の反応ときわめて類似した結果が得られている。

援助提供に関する行動結果に関して焦点をあてると，実験的知見は次のように表現される。

1. 授業ノートの必要性―ビーチへ行った―援助しない
2. 授業ノートの必要性―視力の問題―援助する

ビーチへ行くことは失敗の原因としての努力不足と明らかに密接に結びついている。つまり，その要望の原因は内的でその人により統制可能である。逆に視力の問題は身体に起源をもつスティグマと考えられ，達成失敗の原因としての能力不足（内的で統制不可能）に概念的に似ていると考えられる。したがって先の分析と一貫しており，表1.4に示されているとおりであり，その知見は次のように書くことができる。

1. 援助への欲求―統制可能な原因―援助は差し控えられる
2. 援助への欲求―統制不可能な原因―援助が与えられる

表1.4　2つの援助条件における判断の平均と標準偏差

変　数	条　件			
	ビーチ		視力問題	
	M	SD	M	SD
統　制	6.75	2.63	3.84	2.88
同　情	.63	1.05	5.52	1.91
怒　り	4.57	2.77	1.20	1.96
借　用	2.07	2.66	5.58	2.49

注) Weiner, 1980b, p. 679 からのデータ。

よってこのような援助提供場面は達成評価やスティグマへの反応にあてはめられたのと同じ枠組みで概念化されうる。「自分自身のベッドを作った」人は「そのなかで就寝」せねばならず（身から出たさび），助けに値しない。他方，統制不可能な原因をもつ人たちは助け「られるべき」必要がある。達成評価やスティグマへの反応と一致して，領域固有の理論（この場合，援助提供の）は提案されていない。たしかに，援助の決定因は恐れや苦痛，援助するのに有効な人々の数，遺伝的関係性等々を含む。むしろここでの分析は，援助の完全な理論を描くというよりも，援助行動の1つの決定因を同定しており，この先行変数（推測された統制可能性）が，他の変数と同様に，達成評価やスティグマをもつ人に対する反応に影響するのである。
　これまでの結論を要約すると，達成評価，スティグマに対する反応，援助の要求の例において，裁判官や法廷の比喩は，統制可能性の認知が社会的反応を調整する本質的な認知であり，出来事あるいは状態とそれを引き起こす反応との間を媒介する。これらの社会的行動はその起源を神学，法学そして道徳的思考などにもつ。

‖ 権力ある他者への服従 ‖

　校長が教師に，この学生は多大な寄付をしている人の息子であり，学生の現実の成績やその原因に関係なく，高い評価を与えることが給与の増大に結びつくと伝えたと想像してみよう。賄賂やそれに類する影響の試みは学校では稀であるが，さまざまにかたちを変えて生じていることは確かであり，もちろん学校の外ではよくみられることである。これは教師の行動を変えるだろうか，そしてもしそうならどのようにその教師は裁かれるだろうか。
　先の例で，行動が変わるとするならその起源は他者のなかにある。個人の権力は他人の行動を形づくり，変化させ，影響する相対的能力と考えられる（French & Raven, 1959 を参照）。社会的権力——つまり，人が他人に影響を及ぼす程度は，6つの基本的な基盤，すなわち，情報，報酬，強制，専門性，参照，同一視に由来する（French & Raven, 1959; Raven, 1965）。これらをさらに議論する前に，読者はボックス1.5の実験をやってみてほしい。これは権力のさまざまな基盤によって影響され，非倫理的な何かをするような要求に服従する人についての反応

に関して尋ねている。この実験では責任という言葉のほうが適切なので（あとで詳しく論ずるが）統制の代わりに用いている。

回答を行なった服従実験では権力の6つの基盤が示されている。報酬（昇進を受ける）と強制あるいは罰（解雇される）は容易にわかる。残りの権力の4つの基盤は正当性（医者は私に命令する権利をもつ），参照（われわれはいつも同じようにやってきた），専門性（専門的知識で信用させる），そして情報（医師は私

◆ **ボックス 1.5　さまざまな権力の基盤に対する服従** ◆

次のような状況を想像してみましょう。ある医師が看護師に対して患者に実験的に新薬を飲ませるように言いますが，その薬はまだ処方することが公には正当と認められていないものです。彼女は言うことをききたくないと抵抗しますが，結局その要求に服従します。その結果として患者の容態は悪くなり，集中治療室に入れられます。そして2, 3日後死んでしまいます。次にその命令をしたとき，医師や看護師がどのように言ったのかが書かれています。あなたはこれらの文章を読み，看護師の責任や彼女に対するあなたの怒りや同情の感情さらに，あなたが看護師を罰する権利があるならば，どのように行動するのかについて判断してください。医師が伝えたメッセージは次のようなものです。

1．「もしあなたが私が言うとおりにするならばあなたを昇進させてあげよう」（報酬）
2．「もしあなたが命令に従わないなら解雇するつもりだ」（罰）
3．「担当医師として私はどんな薬を与えるかを決める権利がある」（正当性）
4．「私はあなたとこれまでうまくやってきた。このやり方を続けよう」（参照）
5．「私の専門知識を信用し，言われたようにしなさい」（専門性）
6．「この新薬がよいことを示す強力な証拠があり，それをみればこの薬を与えることが正しいと納得するだろう」（情報）

さて各メッセージに対して次の質問に答えてください。（1から7までの評定）
1．看護師はどれほど責任がありますか。
　　（1＝まったく責任がない　7＝大いに責任がある）
2．もし患者があなたの友達ならあなたは看護師にどれほど怒りを感じますか。
　　（1＝まったく怒らない　7＝非常に怒る）
3．あなたは看護師に対してどれほど同情を感じますか。
　　（1＝まったく同情しない　7＝大いに同情する）
4．どれほど大きな罰や非難が看護師に与えられますか。
　　（1＝ほとんどない　7＝大いにある）

たとえば，次の表の第1行目では看護師はもし頼まれたとおりにすれば昇進（報酬）を得られるだろうといわれ，その看護師はそれに応じます。評定は看護師が責任があるとみなされる程度，読者の怒りや同情の程度，推奨される罰の程度をみています（すべて7段階尺度上である）。

権力の源	責任	怒り	同情	罰
1．報酬				
2．罰				
3．正当性				
4．参照				
5．専門性				
6．情報				
平均　1群 (1+4+6)				
平均　2群 (2+3+5)				

に納得のいく証拠を示した）とよばれる。権力を発揮する方略を意味あるグループにクラスター化する試みもなされているが，これらの基盤はまったく別個で，質的に異なっていると考えられている。

　ロドリゲスと彼の共同研究者は（たとえば Rodrigues, 1995; Rodrigues & Lloyd, 1998），因果信念が権力を分類する枠組みとなっているので（能力と努力がある基本的な面では同じようであり，別の面では異なっているというように，達成の原因を区別するのと同じような方法で）顕現的に異なる権力の基盤が元型的に同じようにみなされることを示した。ロドリゲス (1995) は権力の源としての報酬，情報，参照により生じる服従は，強制，正当性，専門性により生じる服従よりも，影響を受ける人により内的で統制可能だと考えられることを見出した。たとえば，もし看護師が予期される報酬のために医者からの不法な要求に従うなら，そのとき，彼女の行動は内的で統制可能な原因によると考えられる。一方，もし，罰に関する恐れのために服従するなら，そのとき，行動は外的で統制不可能な原因によると考えられる（この比較は第4章で詳しく検討する）。同様に，類似性と共有経験により決定される参照力により服従するなら，そのとき，影響の原因は服従する個人により内的で統制可能と考えられる。他方，命令することが正当化されている他者（正当性）への服従は外的で統制不可能な原因と考えられる。

　これらの考えを吟味し，人の反応に関する帰属分類の効果を検討するため，ロドリゲスとロイド（1998）は参加者にボックス1.5に含まれるシナリオを変形し

たものを与えた。看護師は医者の要求に従って患者に試験の薬を与えるという倫理に反することを行なう。その結果はある条件ではポジティブ（患者は回復する）であり，別の条件ではネガティブ（ボックス1.5のように患者は死亡する）である。加えて，医師の社会的影響の行使は権力の6つの基盤に基づくものである。

ロドリゲスとロイド（1998）は分析の際，報酬，情報，参照の各基盤（内的，統制可能原因，力の基盤グループ1とよばれる）からのデータと強制，正当性，専門性の各基盤（外的，統制不可能原因，グループ2と名づけられた）からのデータを組み合わせた。看護師が回答者であった彼らの研究からのデータがよい結果条件と悪い結果条件の両方とも表1.5に示されている。グループ1原因（たとえば報酬）はグループ2原因（たとえば罰）よりも看護師によって内的で統制可能と評定される。また，ここでネガティブな結果だけを考えると，内的および統制可能な原因は外的および統制不可能な原因よりも，より厳しい罰の評定と同様，大きな怒りを引き起こす。

達成評価，スティグマへの反応および援助提供に関してのこれまでの議論をあてはめると，（再度，ネガティブな結果だけ，原因の統制次元だけを考えて）これらのデータは次の概念的分析を示唆する。

1. 服従―報酬，情報，参照に基づく―罰
   服従―強制，正当性，専門性に基づく―（相対的に）罰なし
2. 報酬，情報，参照＝統制可能な原因
   強制，正当性，専門性＝統制不可能な原因
3. 服従―統制可能な原因―罰

表1.5 グループ1およびグループ2の権力基盤の平均
（研究1：現役の看護師がみた看護師の行動）

変　数	グループ1	グループ2
A. よい結果条件		
内的志向性	5.15	3.72
統制可能性	6.62	4.96
B. 悪い結果条件		
内的志向性	5.46	3.89
統制可能性	6.76	4.29
怒り	6.16	4.67
罰	5.38	4.30

注）Rodrigues & Lloyd, 1988, p. 987 からのデータ。

服従―統制不可能な原因―(相対的に) 罰なし

　よって，展開される議論は別の領域，服従や社会的影響の行使を含む領域に拡張しうる。心理学の文献では，これまで達成評価，スティグマへの反応，援助提供とも，服従は同じ概念的枠組みのもとで議論されたことがない。実際，同じ理論的枠組み内で対にされることはなかったと思う。しかし，帰属を使う(このケースでは道徳)枠組みは，これらの分野が共通の傘のもとでいっしょに議論できることを示している。

‖ 攻　撃 ‖

　次に心理学研究の別の分野，攻撃の分野に注目し，ここで示されつつある理論構造のなかに統合できるかどうかを検討する。攻撃を論じるにあたっては，これまでとは違って読者もやってみることができる単純な質問紙実験を提示しない。議論しようとすることは今や明らかで，実験はこのセクションではもはや必要ではない。一方，理論の拡張が必要だが，それは達成評価，スティグマへの反応，援助提供，違反への服従をまとめることほど容易ではない。

　攻撃への帰属的，原因的アプローチをもとに行なわれた一連の関連研究はデセプションパラダイムを用いている。これらの実験で参加者は実験の相手（彼はさくらであるが実際には存在せず，隣の部屋にいると思われている）から嫌悪刺激（たとえばショック，大きな騒音）を受けた。その際，相手が自分の行為の効果を知っていたかどうか，相手が管理していた嫌悪刺激のレベルを意識していたか，否かなどの情報が伝えられた。たとえば，ある研究ではショックが与えられた後，ショックを与える機械が誤ってラベルされていたということが参加者に明らかにされ，相手が強いショックを与えることを選択したとき，参加者は実際には弱いショックを受けたり，またその逆だったりした。このショックを受ける経験の後で，付加的情報とともにショックを与えていたと思い込んでいる相手に対して攻撃的に反応する機会が与えられた (Dyck & Rule, 1978; Epstein & Tayor, 1967; Nickel, 1974)。このような方法で，行動的攻撃（報復）に及ぼす，受けたショックの大きさと実験的に操作された個人的意図の推測の影響がそれぞれ独立に検討された。

この研究では，一貫して参加者の示した攻撃は，現実に経験したショックや騒音のレベルよりも，彼らが，相手が与えようと**意図している**と信じる嫌悪刺激の強さと対応していることが見出された（Dyck & Rule, 1978 を参照）。これらのデータは次のように描かれうる。

1. 高嫌悪刺激を受ける―意図されたもの―報復
   高嫌悪刺激を受ける―意図されないもの（低い意図性）―報復なし
2. 低嫌悪刺激を受ける―意図されたもの―報復なし
   低嫌悪刺激を受ける―意図されないもの（高い意図性）―報復

ここに紹介する文献は学級場面に関連したもので，実験操作とともに個人差あるいは相関成分を含む。ここで研究者が着目しているのは，報復を正当化するような「わざと」他人が自分を挑発したというような攻撃的な子どもたちの信念である（第5章を参照）。実際，非攻撃的な子どもの間でさえ，相手が意地の悪い意図で行動すると信じていれば攻撃的報復を与えることが正当化されると感じる。したがって，他者がそのような意図で行動すると認知する傾向をもっている人たちがいるとすれば，彼らは攻撃的になりやすい。

この研究の線に沿ってなされた最初の研究の1つであるドッジ（Dodge, 1980）は，まず，教師と仲間の評定に基づいて攻撃的少年と非攻撃的少年を分けている。子どもたちは，個別にテストされ，うまくできたら賞を得るということでパズル組み立て課題を与えられた。課題をしている最中に，彼らの作業は中断され，他の子どもが課題をしているのを見ることができる隣の部屋に入れられた。その時，他の子どもが，彼らがある程度仕上げていたパズルをしげしげと見ていることを伝える偽のインターホンを「盗み聞き」した。その後，その子どもはそのパズルが2つの実験条件，一方ではわざと，もう一方は偶然に壊されるようすを聞かされた。第3の条件では壊れた原因はあいまいであり，わざとあるいは偶発的として解釈することができた。この情報の後で，参加者は1人部屋に残され，他の子どものパズルを傷つけることによって報復するかどうかが観察された。

敵意の意図を盗聴した条件では，攻撃的な子どもも非攻撃的な子どもも報復的攻撃で反応した。逆に，偶然の損害条件だと聞かされると，両グループとも抑制をもって行動した。しかし，原因が不確かなあいまいな条件では，攻撃的な子どもたちはより多くの意図を推測し，非攻撃的な子どもたちよりも攻撃的に行動し

た。同じような知見はグラハムら (Graham et al., 1992), その他 (Crick & Dodge, 1994 の展望を参照) でみられた。

　要約すると, 報復ショックパラダイムを用いた実験室研究や敵意意図を他者に帰属させる傾向を検討する個人差研究は, 意図－報復の連結を一貫して証明している。したがって攻撃は提案された分析で説明されているようにみえる。しかし, 達成評価, スティグマへの反応, 援助提供, 違反服従の検討では, 論じられているのは認知された統制といくつかの従属変数の関係であり, 意図性の概念には言及していなかった。したがって, 本質的な問題は, このような相違があるとして, 攻撃をこれらの他の現象と同じ枠組みのなかに含めることができるか, 統制の帰属と意図の認知の間に結びつきや類似性はあるか, これらの2つの概念はいかにして同じ概念枠組みのなかで結合されるかにある。

原因統制と意図性は同義か

　統制可能性と意図性は異なる概念であると主張する多くの理由がある。それらの相違のなかには, ここで論じられている統制可能性は原因の性質をさしているというものがある。たとえば, 努力は失敗の統制可能な原因と考えられるし, 運動しないことは心臓病などの統制可能な原因である。一方, 意図は人の動機や目標, そして行為の理由に関係している——人は他人を傷つけようとしたり, 傷つけないようにしよう (欲する, 欲望する) とする。マルとノーブ (Malle & Knobe, 1997) は, 意図が欲望と同様信念を含むこと, そして意図的に行為する条件は目的についての意識を含んでいることを示している。これは原因の統制の概念から区別される, というのは原因は目標や目標獲得のしやすさについての信念を含む必要はない (Malle et al., 2000)。加えて, 人は失敗しようと意図しない。しかし, にもかかわらず失敗の原因は統制可能である (たとえば努力不足)。それゆえ, 統制は意図と等価ではなく, このことはこれまでに展開してきた理論の展開に攻撃を含めることに関しての障壁となる。しかし, 統制の概念と意図あるいは意図性の概念についてさらに検討してみると, それらが共有する性質が明らかになる——これらは双方ともより包括的な推論である個人的責任 (ボックス1.3 とボックス 1.5 で使われたラベル) の推論の先行要因あるいは成分となっているのである。

‖ 責任性を加え，それを統制と意図から区別すること ‖

　怠慢の行為をとおしてであろうと職務命令の行為をとおしてであろうと，責任性の本質は道徳的説明責任である。人は特に結果が嫌悪的なものであるとき，結果に関して他者に「答え」ねばならない（答えることはラテン語のrepondereから）。人は他人に説明せねばならないので，責任性の問題は社会的場面で生じる。

　ある結果に責任があるということは，人がその結果を引き起こしたことを意味する。加えて，責任性の推測は原因の担い手が選択の自由，自由意志をもつことを必要とする（Fincham & Jaspers, 1980; Shaver, 1985; Weiner, 1995）。したがって，努力不足で失敗した人は，努力を払ったり，払わなかったりすることを選択できる限り，個人的に責任があるとみなされる運命にある。逆に失敗が適性の欠如である場合はそうではない。したがって失敗の原因としての適性の欠如は個人的責任があるという判断をもたらさない。

　統制と同じように，意図もまた責任性の知覚を決める先行要因であり，規定要因でもある。人は偶然的な出来事よりも意図的な出来事により責任をもつことが明確に示されている。無意図的な殺人（故殺）よりも意図的死（謀殺）に対して大きな罰が与えられることがこの区別をとらえている（Malle & Knobe, 1997）。偶然的出来事よりも意図的出来事のほうが「罪の心」があらわになる。

　要するに統制可能性と意図あるいは意図性は区別されるが，それらは責任性判断の決定要因としての役割を共有する。統制の欠如や意図のなさが責任性の判断を減少させるのと同じように，統制と意図の認知は両者とも典型的には責任性の推測を増大させる。加えて，統制可能性と意図性は別の方法で責任性から区別される。これは原因の統制可能性や意図性が，責任性や懲戒の判断を伴わない数多くの例のなかに観察される。たとえば，もし病気の親を世話する必要があるなら，努力をしない失敗は叱責されない。この正当化（この行為は高い道徳的目標をかなえる）は，たとえ努力を費やさないことが統制可能であっても，その人を責任から自由にする軽減事由となる（Weiner, 1995）。同様に，年齢，精神状態，異なる文化規範によって，善悪を区別することができなかったり，個人は意図した攻撃的違反に責任をもてないこともある（Morse, 1978, 1985を参照）。子どもが「故意に」別の子を殺すとき，その子は殺人者になろうとしたわけではない。したがってすでに述べたように，統制と意図は責任というさまざまな影響をもつ判

断に貢献するが，統制も意図も責任性とは区別される。完全に責任があるという判断は内的で統制可能な原因，意図があり，軽減事由がないことを必要とする。

‖ 社会的行為の予備的理論 ‖

これまでの議論は社会的動機づけや正義の一般理論の構築における最初の試みの段階である。この理論は達成評価，スティグマへの反応，援助提供，服従，攻撃といった異なる社会現象を結びつけるもので，図1.3に示されているとおりである。

私が典型例としてよく用いる達成領域に戻ると，図の第1行が努力不足による達成に関した失敗を示している。努力不足は統制可能な原因であるので，軽減事由がないならば，行為者は失敗の罪に責任をもつ。次に責任性の判断は叱責，非難，怠慢そして報復を含む反社会的反応を引き起こす。同様の分析はその行為が意図されているとき，すでに示したように意図はまた個人的責任の先行変数であるという理由で他者の攻撃的行為への反応にあてはまる。

一方，図1.3の下半分にいくと，能力不足に帰せられる達成の失敗は統制不可能なので，当人はその結果に責任はない。責任性のなさは叱責の回避，非難をし

出来事	原因/タイプ	責任性の先行変数		行動的反応
達成失敗	努力不足	原因の統制可能性	責任性あり	非難
スティグマ条件	行動的/精神的	原因の統制可能性		有罪判決
援助欲求	飲酒/努力不足	原因の統制可能性		怠慢
要求への服従	報酬/参照力	原因の統制可能性		報復
他者の攻撃行動	意図的	意図的		
達成失敗	適性欠如	原因の統制不可能性	責任性なし	非難なし
スティグマ条件	身体的	原因の統制不可能性		有罪判決なし
援助欲求	病気/低い能力	原因の統制不可能性		援助
要求への服従	罰／正当な権力	原因の統制不可能性		報復なし
他者の攻撃行動	非意図的	非意図的		

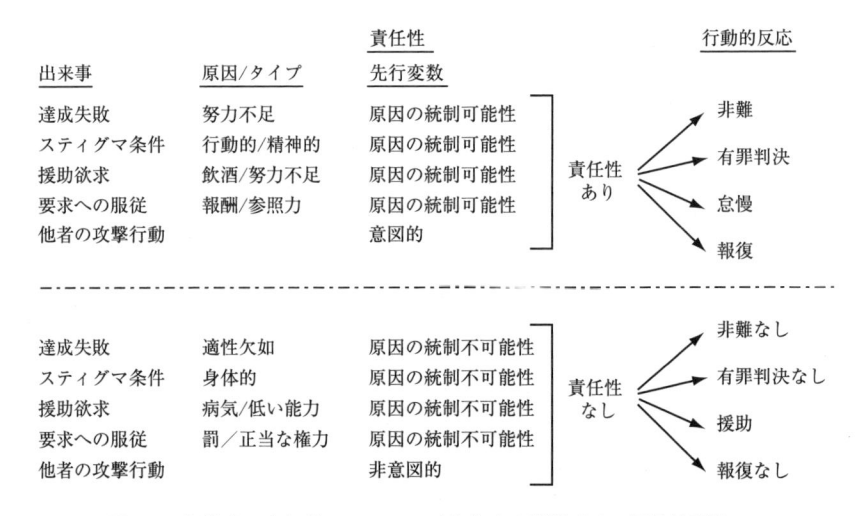

図1.3 行為者の責任性によりパスが分化する動機づけの予備的理論

ないこと，援助提供，攻撃的報復のないことなど向社会的行為につながる。また，この分析は，他人による意図的でない（たとえば偶然行なわれた）攻撃的行為にも適用される。

したがってこの理論は，原因思考が人の責任についての推測を生み，それが行為を決定するという，思考から行動へと順に進む過程をもつものとして記述されうる。それはまた行動が直接に道徳的信念に結びつく合理的理論としても記述されうる。したがって，その理論は，いかにわれわれが罪 対 疾病を心的に表象するかや，これらの解釈が連合している動機づけ過程を説明する。しかし，この理論はある重要な点が欠如している。

‖ 感情の役割 ‖

図1.3で社会的行動に影響する多くの鍵となる認知変数が明らかにされている。だが，感情や情動が動機づけ行動にどんな役割も果たさない限りそれは「冷たい」理論である。しかし，動機づけはたしかに感情により決定される。自己効力理論，目標理論，内発的動機づけ理論，そして他の多くの理論が示している多数の動機づけへの現在のアプローチの失敗は，それらが感情を（ほとんど）扱っていないことである。ほぼすべての「グランド」セオリーで少なくとも行動は快楽－苦痛原理に由来することが仮定されているのにである。われわれは費用－利益分析や快楽欲望によって導かれる行為でもってよい感情を最大化し，悪い感情を最小化しようとする。

責任性と怒り

快楽や苦痛よりもより特殊で個別的な感情が同じように動機づけ過程に影響する。この過程を理解するために，最初にどんな思考が特殊な感情を促進するのか考えよう。たとえば，あなたの子どもが学校の宿題をしないために成績が悪いときや，あなたのチームの選手がぶらぶらしているときのあなたの感情を想像しよう。次のボックス1.6で，いつ怒りや同情の特殊な感情を経験したかを尋ねられているので回答してほしい。

───────────────────────────

◆ ボックス 1.6 ◆

1．あなたが他人に怒りを感じたときのことを考えてみましょう。その状況や何がそれを引き起こしたかを書いてみましょう。

2．あなたが他人に同情を感じたときのことを考えてみましょう。その状況や何がそれを引き起こしたかを書いてみましょう。

───────────────────────────

　ボックス 1.6 の反応を検討することで，違反状況での統制可能性，意図性，個人的責任性の推測が怒りを引き起こすということが明らかになると思う。あなたは反抗的な子どもや情熱に欠ける運動選手に対して頭にくる。怒りは「他者がすべきだったのにしなかった」（Averill, 1982, 1983; Frijda, 1986; Reisenzein & Hoffman, 1990; Roseman, 1991; Weiner, 1995 を参照）という信念からくる告発や価値判断である。精神的健康の分野では「表出された感情」あるいは EE（第 5 章を参照）について述べた膨大な文献がある。それは精神的に病気の人（たとえば統合失調症やうつ病）の身内が，病気や行動が個人的統制下にあるという理由で個人に対して経験する怒りを表現している（たとえば，Lopez et al., 1999; Weisman & Lopez, 1996 を参照）。

　怒りが責任性の判断に伴うという立場を支持する多くの別の研究がある。たとえば，アヴァリル（1983）は人に彼らを怒らせた出来事を報告するように求めた。その研究ではその出来事の 50 ％以上が「自由意志から出た」と考えられた。つまり傷つけた側の人は行動の結果を十分意識していたし，その行動は犠牲者により不当と認知された。怒りを生じる第 2 番目に大きな状況（30％）のカテゴリーは他者の怠慢や不注意に由来するけがのような，必ずしも意図されないが，しかし意志的統制がなされると認知された回避可能な損害と結びついていた。よって，怒りを引き起こす状況のほぼ 80％は他者に責任がある統制可能な行為に関する帰

属を含んでいる。したがって，怒りは道徳的感情とみなされるだろう（Tangney & Fischer, 1995 と第3章を参照）。

　ネガティブな状態に対する責任と怒りの喚起の間の結びつきが確かなものであるにもかかわらず，本書の範囲を超え未解決のままの困難な問題が残る。たとえば，人が発車に失敗した車を蹴るとき，統制可能な因果性や責任性推測の欠如にもかかわらず，怒りが生じているといえるだろうか。おそらくそうかもしれないが，その感情は怒りよりもむしろ不満や不幸なのかもしれない。あるいはこれは比喩的に機械が人の性質をもつと「みなしたうえでの」反応かもしれない。誰かによって意図的に傷つけられた人が怒りを経験しないことはあるのだろうか。私はこの答えは「ある」であると思う。つまり，「もう一方の頬を差し出す」ことができる人もいるのだ。意図的な損害－怒りという関係はふつうの状況でのふつうの人々を描いており，聖人やすばらしい行為を行なうすばらしい個人の行動を説明しない。

　要するに，他人が自分に影響するネガティブな状態の原因としてみなされるなら，その時，ほとんどの人は怒りで反応する。怒りを鎮めたり抑えられなかったりすることは，怒りが出来事の原因についての思考や査定と密接に結びついていることを示している。そして論理的には次のようになる，もし傷つけられた人が怒りを伝えると，このメッセージのなかに伝えられる情報は，もう一方の人がその困った出来事に責任があるということである（第3章，第4章でさらに討論されるように）。

責任性の欠如と同情

　人の個人的苦境でその人の責任ではないとされることは，責任があるとされ怒りと結びつく場合と対比的で，ボックス1.6でも明らかにされたように同情や，哀れみや思いやりに関連した感情に結びつく。全体主義的国家に拘束されている人（外的原因），身体的損傷のための運動ができないこと（内的，統制不可能な原因），そして病気の母を世話する必要のための（軽減事由）退学などは，人がその苦境に責任がない限りにおいて同情を引き起こす苦境である。

　この結びつきを示すある研究のひとつでは（Weiner, Graham, & Chandler, 1982），大学生に哀れみや同情を経験した生活上の例を想起させた。最も頻繁に報告された状況は障害のある人をみたことや，非常に高齢な人との個人的やりと

りであった。ウィスペ（Wispé, 1991）はより大局的な視点から，次のように要約した。「人は相手の人の苦悩が当人の統制を超えているよい原因の場合，その勇敢な受難者により同情する」(p. 134)。同情は人がネガティブな状態や出来事に責任をもたないときに起こる。また，論理的には，怒りと同様，同情反応も鎮めたり抑制したりできる（たとえば，「彼にすまないと思うことはない，それは彼の過ちだ」）。加えて，もしも人が同情を伝えると，これはメッセージの受け手がその人の現在の状態に責任がないと判断されていることをさす（再び，第3章，第4章を参照のこと）。

感情と行為

怒りや同情が責任あるいは無責任についての思考により引き起こされていることに加えて，それらの感情は後の行為を引き起こすものともなるので（Averill, 1983; Frijda, 1986 を参照），動機づけの観点からも重要である。つまり，感情は思考と行為の間の橋である。怒りを経験している人はしばしば悪い行ないをした人を「排除する」ように，またその人に近づき，攻撃的行為で報復するように，あるいはその人から離れ，相手のためになることを差し控えるようにしむけられる。怒りは典型的に「突き棒」であり，人を自己防衛的行為や正義の天秤の均衡をとる報復的行為に取りかからせるよう「押す」刺激である。したがって怒りは機能的，進化的な意味をもつ。

一方，同情は，援助提供のような向社会的な行動を増大させ，罰を含む反社会的行動を減少させる方向に人を向ける（Eisenberg, 1986）。同情は動機づけ要因でもあるが，怒りと異なり，その動機づけは反社会的行為より向社会的行為を起こす。同情は重要な社会の力であるし，そして思いやりは社会的正義に向けての重要な1つのステップである。

他の多くの感情は第3章に示すように原因思考の結果もたらされ，その後は行動に結びつく。しかし，図1.3の「冷たい」概念的枠組みを拡張するために必要な橋渡しをするのは道徳的感情である怒りと同情なのである。

‖ 社会的行動のより完全な理論 ‖

感情に対する行動反応と同様に責任性評価に対する感情反応が動機づけの過程

のなかに含まれるとき，社会的動機づけや正義の概念的システムは次のように示される。

1. 出来事　　→　原因　　→　原因の性質　→　責任性　　→　感情　→　反応
　（達成の失敗）　（努力不足）　（統制可能）　（責任のある）　（怒り）　（罰）

つまり，ある人が達成関連課題に失敗する。なぜそのような原因帰属にいたるのかは考えないが，とにかく人々は当事者の失敗を努力不足に帰する。努力は統制可能な原因なので，軽減要因がない場合，当事者が失敗に責任をもつことになる。ネガティブな結果を自分に招いたことへの責任は怒りを引き起こす。次に怒りは報復反応を生じさせる。この流れは次の例と対比的である。

2. スティグマ　　→　原因　→　原因の性質　→　責任性　　→　感情　→　反応
　（アルツハイマー病）（遺伝）（統制不可能）（責任のない）（同情）（援助）

この例でネガティブな状態，アルツハイマー病は遺伝的な機能不全により生じると考えられる。遺伝的に受けついだものは統制不可能であり，人はこのような状態であることに責任をもたない。苦難に対する責任のなさは援助提供の向社会的反応を引き起こす。

これらの過程をとらえる全体理論は図1.4に示されている。描かれているよう

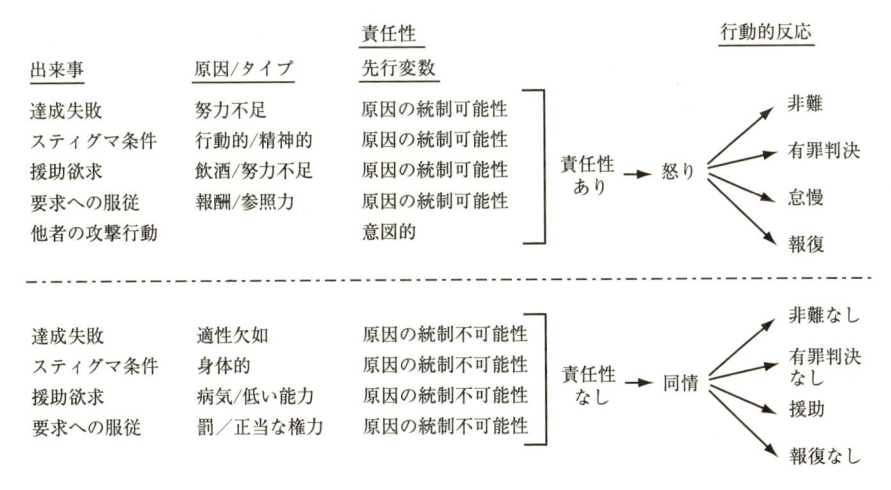

出来事	原因/タイプ	責任性 先行変数			行動的反応
達成失敗	努力不足	原因の統制可能性			非難
スティグマ条件	行動的/精神的	原因の統制可能性	責任性あり	怒り	有罪判決
援助欲求	飲酒/努力不足	原因の統制可能性			怠慢
要求への服従	報酬/参照力	原因の統制可能性			報復
他者の攻撃行動		意図的			
達成失敗	適性欠如	原因の統制不可能性			非難なし
スティグマ条件	身体的	原因の統制不可能性	責任性なし	同情	有罪判決なし
援助欲求	病気/低い能力	原因の統制不可能性			援助
要求への服従	罰/正当な権力	原因の統制不可能性			報復なし

図1.4　思考と行動の間の架け橋としての感情を含む社会的動機づけと社会的正義の最終理論

に，その理論は動機づけ過程が思考から感情，そして行為へとすすんでいく，あるいはもっと細かくは，原因理解や意図の知覚から個人的責任の推測へ，それから怒りや同情の感情へ，そしてその感情が叱責，援助，攻撃などを含む社会的反応を生じさせるという基本的仮定を含んでいる。後に精緻に論ずるように私はこれを動機づけられた行為の（言語学でいうところの）「深層構造」あるいは「共通言語」とみなす。

　もちろん，別の動機づけの順序も考えられる。思考―感情―行為の過程で最も競合しやすいものは，思考が，行為と同じく感情を引き起こす，そして思考と感情が行動を導く原因として同じような地位（両方とも直接的に関係する）をもつという考え方である。また，感情が思考に先行するとみるかもしれない。これらや他の過程理論の実験的検証は第2章で援助提供や攻撃について論じるときに提示される。

責任性や感情についてさらにつけ加えること

　責任性や感情がこの理論内の核となる要素であることは明らかである。したがって，私はこの章をこれらの役割に関連した2つの鍵となる問題を精緻化することで締めくくる。責任性信念と自由意志の関係 対 決定主義の問題，そして行動を「押す」決定因と考えるか，むしろ「引く」決定因と考えるかの問題の2つであり，それは行為の最も近い決定因 対 最も遠い決定因の問題に関係する。

自由意志の受容と決定主義

　科学的心理学は常に決定主義を受容してきた。もし将来を予測しようとするなら，決定主義は必須条件である。しかし，この立場は，今日，心理学における進化論や神経科学の影響の増大に伴っておそらくより正しいものとなってきている。進化的な観点からすると，行動は前の問題解決に成功したという理由で現在の行動が着手される長い歴史の産物である。ネズミが夜の間に食べ物を捕らえ「ねばならない」ように「蛾」は光の方向に飛ば「ねばならない」，人はある行為に従事せ「ねばならない」。同様に，あるパターンのニューロン活性が生起すると，特定の行為が伴わねばならない。決定主義が主権を握る。

　一方で社会的動機づけや社会的正義への帰属的アプローチは，人間が自由に選

択し，自由意志で行なう行為の多くに責任をもつものと仮定している。この仮定は神学や法制度の基礎を提供する。決定主義的立場は自由意志の受容と矛盾するだろうか，そして帰属理論は決定主義から決別してもよいのだろうか。つまり，人間の行動が決定主義的な法則に基づくとき，人はその行為に道徳的責任をもつことができるのだろうか。

　私は，帰属理論は決定主義を受け入れていると考えるが，おそらく逆説的なことに理論に導入されている行為の決定因の1つは，人が選択の自由をもつという主観的信念である。つまり，帰属理論はふつうの人が自由意志についてもつ思考に関する予測に基づく。自由意志は素朴心理学の一部であり，個人が選択した行動のあり方にこだわるのは自由であるという考えを受け入れている。認知された自由は責任性の判断，怒りや同情のような感情，それらを連合した行為を生む。いくぶん違った言い方をすれば，帰属理論は行動の先行変数として自由意志への信念を含む決定論的システムを包含する。これは自由意志－決定主義問題への両立論者的アプローチとして知られているものを少し変形したものと考えられる（Frankfurt, 1988 を参照）。

行為の究極の源よりも具体的感情的決定因が重要である

　この比較には多くの区別が含まれる。多くの動機づけ理論は「究極の」行為の源を仮定しており，3つの「最終目標」が有力である。最も古く述べられた原理は「有機体が快楽を最大に，苦痛を最小にしようとする」というものである。ポジティブな感情を獲得し，ネガティブな感情を回避しようとすることは，快楽的目標をみたすのに役立つすべての動機づけ行為の共通目標を与えると仮定されている。したがって，行動は感情により引き出されるのではなく，むしろ感情の予期による。これは未来の快楽主義である。

　時々このアプローチは「人間は機械である」という比喩と結びつけられる。これは，機械が感情を有したり予期するからでなく，快－苦痛がホメオスタシスや均衡な状態（たとえば，お腹がすいたとき食べる，のどが渇いたとき飲む，このようなことがよい感情を生み，その行動を休止させる）にもどる欲求に結びつけられるからである。また，期待×価値理論家は，典型的には彼らが用いている概念にホメオスタシスを含んでいないが，すべての行動の源として快－苦痛をおいている。

第2に提案された行動の最終的決定因は自己や環境の理解あるいは熟達である。おそらくこれは仏教や自己啓発的な探求にさかのぼることができる。原因推測や原因決定の先行変数に着目する帰属理論家は，人は科学者であるという比喩と結びつけられ，自分自身や住んでいる世界を理解しようと求める（Heider, 1958; Kelley, 1967 を参照）。この信念はここで示した理論にも取り入れられている。理解は機能的なものであり，快楽目標を満たすことに役立つかもしれないが，必ずしもそうである必要はない。

最後に第3の行動の究極の決定因子は，進化論や社会生物学と結びついたもので「個人は自己や自己の遺伝的プールを保存し増大させるよう動機づけられる」というものである。すべての有機体は最終目標をもつと信じられ，すべての行動は遺伝的な増進の道具として解釈される。

行為の究極の源は立証できたりできなかったりするものではない。できることはせいぜい，これらの仮定が支持される（あるいは反証される）例を，究極の原理が合理的に主張できるかどうかをよりうまく推測できるように集めることくらいであろう。究極目標を明らかにする理論は行動の近接的あるいは直接的決定因も示しているかもしれない。たとえば動因理論は行動の背後のホメオスタシスや快楽主義にさかのぼる一方，行動の直接的決定因子は動因であり習慣であるという。もちろん，これはより検証可能な命題である。

社会的動機づけの帰属理論は多くの面でこれらのアプローチと対比的である。第1に社会的動機づけの帰属理論は快楽－苦痛原理がないことが明白で，行為の直接的決定要因，特に原因推測，責任性信念，これらの思考と結びついた感情がその代わりに存在する。第2に感情は有機体を行為にかりたて押し出す突き棒である。感情状態の予期が動機づけ機能をもつのではなく，むしろ現在喚起された感情が行為をもたらす。これは感情が行動をいかに引き起こすかという点でいうと，引く（誘因）概念化というよりは，押す（動因）概念化である。さらに押すことは，快楽（幸福）あるいは苦痛（不幸）と名づけられる一般的な感情状態よりも個別の感情によりなされる。この個別の感情は特定の思考，あるいは認知的評価として知られるものにより引き起こされる。

要するに，ここで提案された理論は行為を引き起こす直接の，個別の感情をもつ。これは，動機づけの最もゆきわたった公式である快－苦痛という，個人を目標のほうに引っ張る一般的な感情の決定因子と対照的である。帰属理論は最終の

目標—環境の制御—を含む。しかし，それは2次的な役割を果たす。

　ここで述べたものと対照的な現在のアプローチに何らかの長所はあるのだろうか。おそらく思考−感情の複雑な連合やより多様な人間の感情が動機づけ過程のなかに統合される点にあるのかもしれない。さらにその行動の原理は実験で検証可能であり，検証できない究極的な仮定によって邪魔されることは少ない。

　他方，帰属アプローチには重大な短所がある（このことは本書で後にまた検討する）。ここで定義されたような帰属は，行為が生じたことが必要とされる。つまり，理論は，失敗した人や助けを求める人のようにすでに完結した行為や状態で始まる。そこにはなぜ人が他人を傷つけようとするか，あるいはなぜ援助を必要とする他者を探そうとするかを説明するメカニズムがない。多くの点で，この理論はそれ自身から出発する行為ではなく反応的行為を扱っている。そして多くのそれ自身から出発する行為は，しばしば「理由」と合体する適切な究極の動機づけ目標や原理がないために説明されない。また，裁判官の比喩によって導かれたこのアプローチは情報を使用する，高次の道徳的規則により方向づけられた考える人を仮定する。これが人間行動についての妥当な見方かどうかはたしかに議論を呼ぶところである。

‖まとめ‖

　帰属的視点からは，社会的動機づけや社会的正義の決定因についてどのような結論が得られるだろうか。

1. 出来事の原因は行為の重大な決定因である。
2. 原因は3つの基本的性質や特徴に分類される。それは原因の所在，統制可能性，安定性である。特に最初の2つは道徳信念と結びつく。
3. 軽減事由や意図の推測に関する情報とともに，原因査定は，その人についての責任推測を引き起こす。自由意志の知覚はこの概念に統合できる。
4. 人の責任性の認知的評価は怒りや同情と連合している。
5. 感情は行為の直接的決定因であり，向社会的および反社会的反応を促進する。これらの感情は有機体を引っぱるというよりも押す。原因思考（責任性についての信念）と結びついた感情（怒りと同情）は，達成評価，スティグ

マへの反応，援助提供，権力に対する服従への反応，そして攻撃の重要な決定因である。したがって，責任性の推測は社会的動機づけや正義を理解する大きな枠組みとなる。しかし，行動は同じように帰属過程に関係のない要因にも影響される。

6．人を裁判官，人生を法廷としての比喩はこの分析の背景を提供する。これらの比喩は社会的行動の理解を深める生き生きしたイメージを引き起こし，この理論と法律や神学を結びつける。つまり，何が正当で正しく価値があるかは，社会生活を原因帰属の立場から認知し，規定するレンズとなる。道徳的信念は，多くの場面でとられる行動が疾病 対 罪，あるいは善人 対 悪魔に関する信念に基づいているという意味で，社会的動機づけや正義の一般理論の基礎であり概念を統合する役割を果たす。

第 2 章

帰属理論の検証と文化差・個人差の組み込み

　第1章では，社会的動機づけと社会的正義に関する対人関係の理論について，その論理的な展開を示した。紹介した理論には多くの不可欠な要素が含まれており，そのなかでも特に因果信念とその基本的な特質が重要であった。加えて，原因の理解と責任性の判断との間，責任性の推論と感情との間，あるいは感情と行動との間には時系列的な関連性が想定されている。さらに，思考，感情，行為の間には，順序に沿った直接的な関連性と間接的な関連性が規定されている。しかし，完全な動機づけ過程の順序についての証拠は示さなかった。その証拠を示すのが，この章の最初の課題となる。また，第1章では動機づけ過程の順序に関する多くの疑問も生じたが，そのなかの1つがこの章の中心的な関心事である。因果信念は，行為に対して直接つながっているのだろうか。あるいは，行動に対して直接的に関連するのは感情であって，因果信念と行動との関連は，感情に媒介される間接的なものなのだろうか。すなわち，動機づけのエピソードの順番はどうなっているのかという問題である。さらに，以前にこう主張したことを思い出してほしい。動機づけの概念的枠組みの一般的な妥当性を示すためには，動機づけがかかわる多くのフィールドに対して，系統化された理論を適用することができなければならないと。そのため，ここでは帰属理論と動機づけ過程の順序の問題を実証的に検証するだけでなく，援助行動と攻撃行動という動機づけの2領域にわたって妥当性の根拠を示すこととする。

　この章で検討する2つめの問題は，文化差と個人差が概念的枠組みのなかにどのように組み込まれるかに関するものである。この問題は，第1章ではふれなかった。これまで示されてきたように，提出された理論上の関連性は普遍的なものであり，文化や個人によって変わらないものであるように思われる。しかし本当にそうだろうか。そして，このことは文化差や個人差が生じたときにも，帰属理

論の概念的枠組みではそれらを扱ったり論じたりすることができないということを意味しているのだろうか。

最後に,媒介に基づく概念的枠組みと調整に基づく概念的枠組みとの間の対比を明確にすることで,理論がもつ全般的な特徴について検討する。帰属理論と他の動機づけの概念的枠組みとを比較し,この理論がもつ不可欠な性質を強調するために,その他の特徴についても同様に検討することとする。

‖ 動機づけ過程の順序 ‖

マクロなレベルでみると,第1章で展開された理論は,動機づけの過程が思考から,感情,行為の順に進んでいくことを示唆している。つまり,感情は思考によって決定され,行動を生じさせるというように,認知と行動との間の橋渡しをしているのである。また,すでに示したように,他にも多くの動機づけ過程の順序が想定可能である。たとえば,感情が思考を生じさせ(私は怒っている;あの人が困っているのは,あの人自身の責任である),思考が行為を生み出すこともあるかもしれない(それは彼の失敗である;私は援助をしない)。あるいは,思考によって感情と行動の両方が生起し,感情は行動に随伴して生じる現象であるかもしれない。つまり,感情は行為を生み出すというよりは,むしろ行為と同時に生じるのである。そして,もし左から右と右から左のような双方向的なつながりを許容するのであれば,考えられる配列はさらに多くなる(双方向的なつながりについては,第4章で検討する)。

援助提供の文脈で考えられる多くの動機づけ過程の順序について,そのなかのいくつかが図2.1に示されている。図2.1のなかで,モデル1はこれまでに支持されたものである。モデル2は行動の直接的な決定要因として思考を含んでいる。モデル3は2つの感情が相互に関連しあうことを示している。モデル4は思考から行為への直接的なパスと同時に,感情どうしの間に相互の関連性をもっている。モデル5は帰属の過程を介さない関連,つまり状況と行動との間の直接的な関連を含んでいる。繰り返しになるが,これらは示すことのできる可能性のなかのほんの一部にすぎない。

現在の統計的な手法は進歩しており,パス解析を用いることによってこれらのさまざまな代替的なモデルの選択が可能になった。この方法を用いて,多くの構

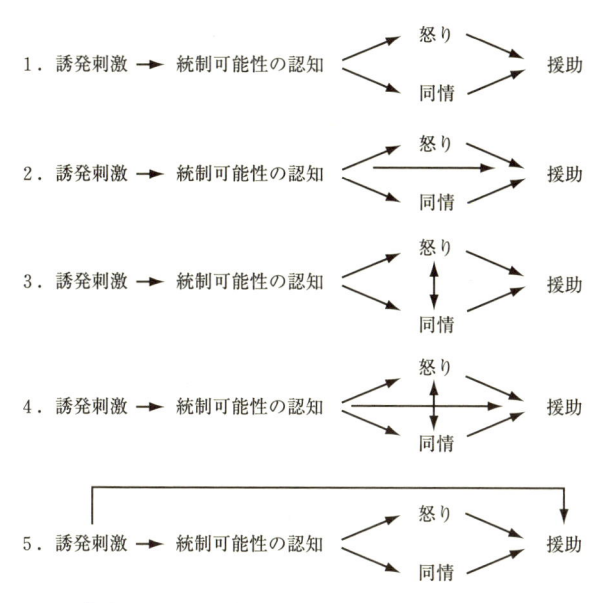

◆◆第2章◆◆　帰属理論の検証と文化差・個人差の組み込み

1. 誘発刺激 → 統制可能性の認知 ＜怒り／同情＞ → 援助

2. 誘発刺激 → 統制可能性の認知 → 怒り／同情 → 援助

3. 誘発刺激 → 統制可能性の認知 → 怒り↔同情 → 援助

4. 誘発刺激 → 統制可能性の認知 → 怒り／同情 → 援助

5. 誘発刺激 → 統制可能性の認知 → 怒り／同情 → 援助

図 2.1　開始点としての刺激と最終的な行動反応（援助行動）との間の
いくつかの可能な動機づけ過程

成概念とそれらの概念間の関連から構成される複雑な理論においても，他のすべての関連を一定に保ったうえでの変数間の関連性を示すことができるのである。そのため，たとえば感情が行動に対する最も近い決定要因であれば，因果信念と行動との間に関連がみられたとしても，感情の影響をそこから統計的に取り除くことで，その関連性をほぼゼロにまで減じることができる。すべての感情を取り去ってしまう化学薬品を飲んだうえで，努力不足のために失敗した人を評価する場合を想像してみよう。それでもまだ怠惰な人物はネガティブに評価されるのだろうか。あるいは，好ましくない評価をするには怒りが喚起される必要があるのだろうか。もし仮に，怒りが生じなくても，他者の失敗という結果と否定的な評価との間の関連がみられるのであれば，思考は行動に直接的に関連していることになる。逆に，感情を抑制する薬品によって，思考と行動との関連がゼロに減じられるのであれば，思考ではなく感情が直接に否定的な反応を引き出すことが明らかにされたことになる。

‖ 援助提供と攻撃行動に関するメタ分析 ‖

　動機づけ過程の順序の問題に対する解答を示すための分析を行なうには，大規模なサンプルを対象とした検証が必要である。データを積み重ねるための効率的な方法はメタ分析を行なうことである。この方法では，すべての関連する既存の研究から知見を収集し，そのデータを1つに組み合わせ，そして提唱された仮説やより大きな理論構造がデータを説明できるかどうか（「適合するかどうか」）を検討する。理論に強い関心をもっている研究者は，自身の知見に対して不注意にも偏った見解をもっているかもしれない。この方法を用いることで，そのような理論家によって収集されたデータのみを用いることで生じる問題を最小限に抑えることができる。加えて，集められた研究は多くの点で異なっているため，全体でのポジティブな結果が，特定の方法でのみたまたま得られたものであったり，あるいは特定の母集団に限定されるものであったりするとは考えにくくなる。さらに，観察された関連性の強さに影響を及ぼすいくつかの決定的な調整変数を特定できるかもしれない。私は共同研究者とともに，このような分析を行なった (Rudolph et al., 2004)。

　援助提供に関する分析と攻撃行動に関する分析の2つのメタ分析を行ない，それに続いてこれら2つの分析の結果を探索的に比較検討した。一般によくみられるメタ分析では，2つの変数間の関連性の強さを決定することに焦点をあてている。しかし，そのような分析とは異なり，ここでの私の主眼は動機づけ変数間の因果的な関連性を探索し，帰属理論で提唱されている動機づけ過程の順序を検討することである。因果的な媒介過程を調べるための方法についてのより詳しい説明は，クックら (Cook et al., 1992) とシャディッシュ (Shadish, 1996) に紹介されている。

　方法論的な観点からこの理論について考えた場合，因果信念と感情は**媒介変数**，あるいは中間的構成概念として位置づけられる。つまり，因果信念と感情は，「中心的な独立変数が，その変数を通過することで興味の対象となっている従属変数に影響しうる生成的なメカニズム」(Baron & Kenny, 1986, p.1173) なのである。ここでの事例においては，結果（失敗など），出来事（犯罪など），状態（スティグマなど）が独立変数であり，それに続く統制可能性の知覚，責任性の推論，怒りと同情という感情が行動的な側面での結果（援助と攻撃など）に影響

する媒介変数である。

　シャディッシュ（1996）が指摘しているように，媒介変数はしばしば調整変数と混同されることがある。調整変数とは，「独立変数，予測変数と従属変数，基準変数との間の関連性の方向性，強さに影響する質的変数（たとえば，性別，人種，クラス）や量的変数（たとえば，報酬のレベル）」のことである（Baron & Kenny, 1986, p.1174）。メタ分析を用いて，提出された思考－感情－行動の因果的な順序を分析することに加えて，調整変数となりうるいくつかの変数についても検討した。動機づけの帰属理論は，「現実の」データではなく実験によるデータに限られているという批判がなされることがある（たとえば，Enzle & Shopflocher, 1978）。そのため，特に調整変数として調査のタイプを含めることに興味があった。一般化のためには，結果のパターンが，思考実験をとおして得られる仮想的なデータなどの特定のパラダイムに限定されないことが不可欠である。思考実験では論理的な推論が促進されるような統制過程が引き出されやすいため，帰属理論の枠組みがあてはまりやすい。一方で，動機づけられた行動は，理論において想定されているほど，また思考実験や仮想場面での実験によって示されてきたほど合理的なものではなく，むしろ即時的で自動的な過程によって導かれるのかもしれない（Lerner, 2003）。メタ分析に含まれたいくつかの研究では「現実の」文脈での行動についてのデータを提供しているため，仮想場面でのデータと現実の出来事に関するデータとの間に差があるかどうかを検証することが可能である。

　以下に示す援助行動と攻撃行動に関する2つのメタ分析では，同一の手続きを用いて同じタイプの分析を行なった。そのため，攻撃行動に関する分析についての詳細を述べる必要がある場合を除いて，以下では援助行動に対して行なった方法のみを示すこととする。

採用の基準

　報告されたメタ分析において研究を採用する際の基準は，次の3つであった。①帰属に関する変数（つまり，統制可能性，責任性）が測定されていること，②怒りと同情の感情，あるいは援助と攻撃の行動について，少なくとも1つの感情あるいは行動の変数が測定されていること，③少なくともこれら2つの間の1次相関かローデータに基づく相関が報告されていること，である。他の種類の統計

量が報告されていた場合は，第1著者に連絡し，1次相関を収集した。

文献検索

　関連する研究の検索は3つの段階から行なった。最初に，データベースPsycLitのコンピュータによる検索を行なうために，広範なキーワードのセットとキーワードの組み合わせを作った。援助提供と攻撃行動の両方に対して，核となる3つの変数群，つまり認知変数，感情変数，行動変数の3つが存在する。援助提供に対してそれぞれ含まれたキーワードは，認知変数として責任性と統制可能性の2つ，感情変数として怒りと同情の2つ，行動変数として援助，援助提供，ソーシャルサポートの3つである。援助行動が義務であり，それを必要とする人の特徴と関連がないような研究，あるいは責任性が因果信念よりもむしろ個人の役割と関連している研究は，帰属理論の範囲外であるため含めなかった。攻撃行動に関しては，攻撃，報復，暴力のキーワードを用い，認知変数と感情変数には援助提供と同じキーワードを用いた。そして，2つ以上の変数間のすべての可能な組み合わせについて検索を行なった（たとえば，「統制可能性」と「援助」，「責任性」と「報復」などを組み合わせた）。

　適切な研究を探し出すための2つめの段階は，PsycLitによって特定された研究や展望のなかに書かれている引用文献を調べることであった。この方法で約1800の論文が特定された。関連のある研究を抜き出すために，要約のマニュアル検索を行なった。この方法によって，分析に含まれる可能性のある研究はかなり減少した。実証的な研究はこれらのうちの20％未満であり，他はオリジナルなデータを含まない理論的な論文であった。最後に，以上の2つの段階において特定された論文や研究の第1著者に連絡し，関連のある未公刊あるいは投稿中の原稿があるかどうかを尋ねた。

　この検索の過程の結果，上述の基準を満たすものとして，援助提供に関しては39の研究を収集し，攻撃行動に関しては25の研究が得られた。援助提供に関する研究の全体の対象者数は7945人であり，1つの研究あたりの平均人数は204人であった。攻撃行動に関しては，対象者数が4598人であり，1つの研究あたり平均184人であった。そのため，12000人以上の回答者によるデータが分析に含まれていることになる。

研究のカテゴリー化

　援助行動と攻撃行動に関するメタ分析において，5つの記述的な変数をコード化し，調整変数として扱った。その変数は，①相互独立的な文化（たとえば，アメリカやドイツ）と相互協調的な文化（たとえば，日本やナイジェリア）とを対比させた文化のタイプ，②調査のタイプ（仮想場面，現実の出来事の回想や経験），③対象者のタイプ（子ども，地域の人々，学生），④研究が行なわれた年（中央値で分割），⑤出版形態（公刊，未公刊）である。これらの調整変数についての詳細な分類を，個々の研究の相関係数とともに表2.1，表2.2に示す。援助行動に関するメタ分析では，さらにもう1つの調整変数を加えた。それは，援助を必要とする人々のグループ（スティグマ化された人々とそうでない人々）である。

　理論上，援助提供と攻撃行動を予測するとされている関連性を調べるにあたって，2つのパスモデルに焦点をあて比較した（図2.2）。モデル1では，統制可能性／責任性（以下，統制とする）から同情と怒りに対する直接的なパスがおかれた。さらに，同情と怒りから援助提供（もしくは攻撃行動）に対する直接的なパ

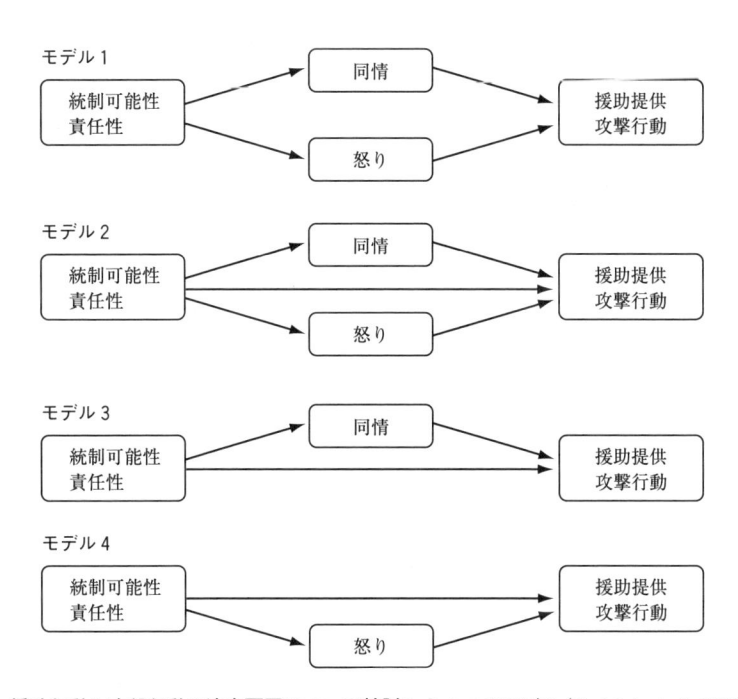

図2.2　援助行動と攻撃行動の決定要因について検討した4つのモデル (Rudolph et al., 2004, p.833)

表 2.1 メタ分析に含まれた援助行動に関する研究の概観

No.	著者	研究	出版形態	N	対象者	誘発刺激	援助授与の測度	C−S	C−A	C−H	S−H	A−H	S−A
1	Meyer & Mulherin (1980)	1	1	80	カナダ人大学生	金銭的な困難に対する8つの原因	自己報告による意志	−.37	.64	−.14	.37	−.65	
2	Weiner (1980a)	3	1	28	アメリカ人大学生	地下鉄の酔っ払いと病人	自己報告による意志	−.77	.55	−.37	.46	−.71	−.17
3	Weiner (1980b)	2	1	116	アメリカ人大学生	授業のノートの必要性	自己報告による意志	−.54	.36	−.41	.59	−.49	
4	Reisenzein (1986)	1	1	138	アメリカ人大学生	授業のノート、地下鉄	自己報告による意志	−.49	.51	−.44	.45	−.43	−.71
5	Schmidt & Weiner (1988)	1	1	496	アメリカ人大学生	授業のノートの必要性	自己報告による意志	−.64	.35	−.29	.47	−.58	
6	Weiner, Perry, & Magnusson (1988)	1	1	59	アメリカ人大学生	10のスティグマ(病気の種類)	自己報告による意志	−.55		−.39	.63		
7	Weiner & Graham (1989)	1	1	370	アメリカ人市民 (5歳〜95歳)	援助の必要性に対する統制可能な理由と統制不可能な理由を伴うさまざまな状況	自己報告による意志	−.56	.52	−.26	.38	−.35	
8	Betancourt (1990)	1	1	156	アメリカ人大学生	学校での問題	自己報告による意志	−.40	.45	−.43	.45	−.40	
9	Betancourt (1990)	2	1	61	アメリカ人大学生	学校での問題	自己報告による意志	−.33	.39	−.15	.39	−.34	
10	Sharrock, Day, Qazi, & Brewin (1990)	1	1	34	アメリカ人医療スタッフ	患者に対する援助行動	自己報告による意志	−.31	−.23	.29			
11	Graham & Weiner (1991)	1	1	370	アメリカ人地域住民	列に並んで待つ状況	自己報告による意志	−.56	.52	−.26	.38	−.40	
12	Karasawa (1991)	1	1	180	アメリカ人大学生	学業の遅れ	自己報告による意志	−.51	.33		.32	−.34	
13	Kojima (1992)	1	1	112	日本人大学生	授業のノートを貸す	自己報告による意志	−.71	.61	−.47	.51	−.61	−.70
14	Matsui & Matsuda (1992)	1	2	100	日本人大学生	授業のノートを貸す	自己報告による意志	−.51	.61	−.52	.53	−.52	−.36
15	Matsui & Matsuda (1992)	2	2	80	日本人大学生	授業のノートを貸す	自己報告による意志	−.42	.57	−.38	.54	−.65	
16	Zucker & Weiner (1993)	1a	1	122	アメリカ人大学生	貧困に対する個人的金銭的援助	自己報告による意志	−.31	.44	−.28	.60	−.45	−.44
17	Zucker & Weiner (1993)	1b	1	122	アメリカ人大学生	貧困に対する公的援助の決定	自己報告による意志			−.39	.43	−.34	
18	Zucker & Weiner (1993)	2a	1	47	アメリカ人大学生	貧困に対する個人的金銭的援助	自己報告による意志	−.53	.17	−.61	.77	−.19	−.26
19	Zucker & Weiner (1993)	2b	1	47	アメリカ人大学生	貧困に対する公的援助の決定	自己報告による意志			−.56	.79	−.32	
20	Betancourt, Hardin, & Manzi (1995)	2	1	126	アメリカ人大学生	学校での援助の必要性	自己報告による意志	−.20	.06		.40	−.09	

#	研究		N	サンプル	トピック	測度					
21	Menec & Perry (1995)	1	249	カナダ人学生	さまざまなスティグマ（病気の種類）	自己報告による意志	-.46	.78	-.35	.34	-.31	-.22
22	Sunmola (1994)	1	414	ナイジェリア地域住民	政府への援助の申請	自己報告による意志	-.29	.27	-.27	.31	-.35	-.27
23	Menec & Perry (1998)	1	133	カナダ人学生	さまざまなスティグマ（病気の種類）	自己報告による意志	-.60	.62		.46	-.19	-.25
24	George (1997)	1	279	アメリカ人学生	友人の学業問題	実際の行動	-.26	.45	-.16	.25	-.09	-.21
25	Menec & Perry (1998)	2	137	カナダ人学生	さまざまなスティグマ（病気の種類）	自己報告による意志	-.31	.63		.51	-.13	-.18
26	Dagnan, Trower, & Smith (1998)	1	40	アメリカ人ヘルスケアスタッフ	学習障害者	自己報告による意志	-.42	.52	-.25	.25	-.53	-.40
27	George, Harris, & Price (1998)	1	537	地域住民	友人の学業問題	自己報告による意志	-.29	.49	-.19	.32	-.05	-.22
28	Dijker & Koomen (2003)	1	143	オランダ人学生	さまざまなスティグマ（病気の種類）	実際の行動	-.57	.63	-.58	.56	-.47	-.34
29	Stens & Weiner (1999)	1	281	アメリカ人／ドイツ人学生	HIV の感染	自己報告による意志	-.39	.21	-.20	.51	-.15	-.32
30	Watson & Higgins (1999)	2	217	カナダ人学生	さまざまなスティグマ（病気の種類）	自己報告による意志	-.38	.59	-.20	.33	-.06	-.26
31	Yamauchi & Lee (1999)	1	171	日本人学生	道徳ジレンマ	自己報告による意志	-.27	.40	-.11	.27	-.13	-.28
32	Zucker (1999)	1	161	アメリカ人地域住民	望まぬ妊娠	自己報告による意志	-.23	.20	-.05	.37	-.15	-.33
33	Rudolph & Greitemeyer (2001)1	2	766	ドイツ人学生	援助行動の自伝的記憶	行動の想起	-.15	.27	-.11	.35	-.04	-.03
34	Rudolph & Greitemeyer (2001)2a	2	210	ドイツ人地域住民	援助行動の自伝的記憶	行動の想起	-.32	.58	-.19	.35	-.20	-.26
35	Rudolph & Greitemeyer (2001)2b	2	210	ドイツ人地域住民	援助行動の自伝的記憶	行動の想起	-.36	.63	-.15	.34	.01	-.32
36	Greitemeyer & Rudolph (2003)1	2	204	ドイツ人学生	社会的場面と学習場面での援助の必要性	自己報告による意志	-.32	.61	-.16	.40	-.22	
37	Greitemeyer & Rudolph (2003)2a	2	150	ドイツ人学生	社会的場面と学習場面での援助が必要な未知の人物	自己報告による意志	-.29	.35	-.01	.39	-.12	-.12
38	Greitemeyer & Rudolph (2003)2b	2	150	ドイツ人学生	社会的場面と学習場面で援助が必要な家族成員	自己報告による意志	-.48	.71	-.29	.47	-.35	-.42
39	Greitemeyer et al. (2003)	1	649	ドイツ人学生	自動事故の後の個人的な援助	自己報告による意志	-.42	.60	-.11	.54	-.02	-.30

注：研究は論文中のどの実験が含まれたかを示す。出版形態に関しては，1 が公刊，2 が未公刊もしくは投稿中を示す。C は統制可能性／責任性，S は同情，A は怒り，H は援助／向社会的行動を示す。ここでは一次相関係数を報告する。Rudolph et al., 2004, p.824 からのデータ。

表 2.2 メタ分析に含まれた攻撃行動に関する研究の概観

No.	著者	研究	出版形態	N	対象者	誘発刺激	攻撃行動の測度	C–S	C–A	C–V	S–V	A–V	S–A
1	Zumkley (1981)	1	1	75	ドイツ人学生	報復の意志	自己報告による意志		.34				
2	Johnson & Rule (1986)	1	1	100	アメリカ人学生	同僚による侮辱への反応	自己報告による意志					.27	
3	Vala, Monteiro, & Leyens (1988)	1	1	258	ポルトガル人学生	暴力の知覚	自己報告による意志			.48			
4	Betancourt & Blair (1992)	1	1	154	アメリカ人学生	石の投げ合いの知覚	自己報告による意志	–.33	.27	.32	–.44	.47	–.35
5	Graham, Hudley, & Williams (1992)	1	1	88	アメリカ人児童	攻撃的/非攻撃的な子どものあいまいな出来事の知覚	自己報告による意志		.51	.33		.41	
6	Graham & Hoehn (1995)	3	1	86	アメリカ人児童	あいまいな出来事の知覚	自己報告による意志	–.44	.28	.27	–.51	.63	–.51
7	Higgins & Watson (1995)	1	2	56	アメリカ人学生	報復の意志	自己報告による意志		.51	.31		.39	
8	Ho & Venus (1995)	1	1	203	アメリカ人地域住民	夫を殺害した被虐待女性への反応	行動の想起			.48			
9	Stiensmeyer-Pelster (1995)	1	2	465	ドイツ人学生	攻撃的な児童と非攻撃的な児童による報復の意志	自己報告による意志	.52	.62		.59		
10	Thompson, Medvene, & Freedman (1995)	1	1	130	アメリカ人夫婦65組	心臓病患者とその妻/夫	行動の想起					–.39	
11	Feather (1996)	1	1	220	オーストラリア人地域住民	罰に対する反応	自己報告による意志	–.33			.50		.46
12	Feather (1996)	2	1	181	オーストラリア人地域住民	罰に対する反応	自己報告による意志	–.32			.74		.31
13	Allred, Mallozi, Matsui, & Raia (1997)	1	1	132	アメリカ人の同性ペア66組	雇用者と従業員の役割での説得のパフォーマンス	自己報告による意志	–.50	.50	–.03			
14	Byrne & Arias (1997)	1	1	132	アフリカ系アメリカ人と白人	結婚の満足感と暴力	行動の想起			.45			
15	Graham, Weiner, & Zucker (1997)	1	1	177	アメリカ人学生	O. J. Simpsonに対する反応	自己報告による意志	–.42	.12	.49	–.50	.15	–.30
16	Graham, Weiner, & Zucker (1997)	2	1	166	アメリカ人学生	O. J. Simpsonに対する反応	自己報告による意志	–.45	.57	.55	–.52	.47	–.21
17	Stiensmeyer-Pelster & Gerlach (1997)	1	1	219	ドイツ人学生	攻撃的な児童と非攻撃的な児童による報復の意志	自己報告による意志		.57	.39		.46	

	研究			N	参加者	課題	従属変数						
18	Rodrigues & Lloyd (1998)	4	1	190	アメリカ人大学生	よい達成の結果と悪い結果の後の追従	自己報告による意志	.48	.37				
19	Wingrove & Bond (1998)	1	1	23	イギリス人大学生	協同的なゲームの失敗に対する怒り反応	実際の行動	.50		.37			
20	Watson & Higgins (1999)	1	2	217	カナダ人大学生	4種類のスティグマ	自己報告による意志	.82	.45		.46	.01	−.04
21	Rudolph & Greitemeyer (2001)	1	2	56	オーストラリア人大学生	攻撃的な出来事の自伝的記憶	行動の想起	.39	.34		.58	−.42	−.43
22	Rudolph & Greitemeyer (2001)	2	2	766	ドイツ人大学生	攻撃的な出来事の自伝的記憶	行動の想起	.57	.43		.52	−.07	−.06
23	Greitemeyer & Rudolph (2003)	1	2	204	ドイツ人大学生	社会的場面と学習場面での報復の意志	自己報告による意志	.72	.68		.76	−.34	−.22
24	Greitemeyer & Rudolph (2003)	2a	2	150	ドイツ人大学生	未知の人に関する報復の意志	自己報告による意志	.77	.77		.85	−.69	−.73
25	Greitemeyer & Rudolph (2003)	2b	2	150	ドイツ人大学生	家族成員に関する報復の意志	自己報告による意志	.65	.57		.77	−.47	−.52

注）研究は論文中のどの実験が含まれたかを示す。出版形態に関しては、1が公刊、2が未公刊もしくは投稿中を示す。Cは統制可能性/責任性、Sは同情、Aは怒り、Vは暴力/攻撃行動を示す。ここでは一次相関関係数を報告する。Rudolph et al., 2004, p.828 からのデータ。

スが仮定された。モデル1はこの本ですでに支持されたものである。モデル2は，統制から行動への直接的なパスを含んでいること以外はモデル1と同一のものである。このパスが必要であるかどうかは，モデル1のデータへの適合度とモデル2のデータへの適合度とを比較することで評価される。2つのモデルの間に有意な差がみられなければ，それらのモデルは等しく妥当なものである。したがって，構成概念間に想定されている関連の数が少ないためにより節約的となるモデル（この場合は，統制－行動のパスをもたないモデル1である）が「最適な」モデルとなる（Bollen, 1989を参照）。逆に，もしモデル間の差が有意であったら，統計的により適合しているモデルのほうがデータを正確に表現していることになる。また，片方の感情しか測定されていない研究も多く存在するので，それぞれ1つだけの感情をもつ2つのモデルを含めた。これらのモデルに関するデータは分析に含まれているが，ここではこれ以上論じないことにする。さらに，データの代替的な説明を検証するために，予想とは異なる3つの付加的なモデルについても検討した。それらのモデルは感情から出発するものである（たとえば，感情－思考－行動，具体的には，怒りと同情－統制可能性と責任性－援助提供）。加えて，最初のパス解析を行なった後で，すべてのモデルについて先に述べた調整変数の水準ごとに検討を行なった。

援助行動に関する結果

表2.1のデータから計算した統制，同情，怒り，援助提供の相関係数の平均値を，信頼区間（CI）とともに表2.3の上半分に示す。表は，困難の原因が統制可能であるとき，同情は低下し（$r = -.45$），怒りは増大し（$r = .52$），援助行動は減少する（$r = -.25$）ことを示している。さらに，同情は援助提供と正の相関があり（$r = .42$），怒りは援助提供と負の相関がある（$r = -.24$）。したがって，援助行動は，統制可能性の低さ，同情の高さ，怒りの少なさと関連していることになる。この相関パターンは理論的な予測と完全に一致しているので，これを**予測されたデータパターン**とする。

続いて，モデル1と2の適合度とモデルにおけるパスを評価した。これらのモデルのパス係数や関連の強度を表2.4の上半分に示す。モデル1と2の両方ともがデータによく適合している。2つのモデルにおいて，統制－同情のパス係数は負であり（$\beta = -.45$），統制－怒りのパスは正であった（$\beta = .52$）。すなわち，

◆◆第2章◆◆ 帰属理論の検証と文化差・個人差の組み込み

表2.3 援助提供と攻撃行動に関する統制可能性，同情，怒り，行動の間の重み付き相関

	同情			怒り			行動		
	r	CI	N	r	CI	N	r	CI	N
援助提供									
統制可能性	−.45	−.43/−.46	7416	.52	.50/.54	7140	−.25	−.23/−.27	6840
同情				−.39	−.37/−.42	5484	.42	.40/.44	7382
怒り							−.24	−.22/−.26	6800
攻撃行動									
統制可能性	−.35	−.32/−.39	2509	.61	.59/.63	4448	.49	.47/.52	3719
同情				−.31	−.28/−.35	1976	−.44	−.41/−.47	2377
怒り							.56	.54/.58	3458

注）変数における高得点は，より統制可能であり，同情や怒りが強く，行動（援助提供と攻撃行動）が多いことを示す。すべての相関関数は 0.1％水準で有意であった。CI は信頼区間を示す。Rudolph et al., 2004, p.835 からのデータ。

表2.4 援助提供のモデルと攻撃行動のモデルにおけるパス係数

	モデル1	モデル2	モデル3	モデル4
援助提供のモデル				
統制−同情	−.45*	−.45*	−.45*	—
統制−怒り	−.52*	.52*	—	.52*
統制−援助提供	—	−.05*	−.08*	−.15*
同情−援助提供	.39*	.37*	.39*	—
怒り−援助提供	−.09*	−.07*	—	.17*
攻撃行動のモデル				
統制−同情	−.35*	−.35*	−.35*	—
統制−怒り	.61*	.61*	—	.61*
統制−攻撃行動	—	.17*	.38*	.24*
同情−攻撃行動	−.30*	−.27*	−.31*	—
怒り−攻撃行動	.48*	.38*	—	.42*

注）—は対象とするモデルに含まれていない部分を示す。* は5％水準で有意であることを示す。Rudolph et al., 2004, p.836 からのデータ。

統制可能性の高さが同情の低さと怒りの高さに関連しているのである。さらに，同情−援助提供のパスは正であり（平均 β =.38），怒り−援助提供のパスは負であった（平均 β = −.08）。つまり，同情の高さと怒りの低さは，援助提供の多さと関連していたのである。最後に，統制の高さが援助行動を少なくすることを示すモデル2の統制−援助提供のパスは負であった（β = −.05）。このパス係数は，2つのモデルにおける同情−援助提供と怒り−援助提供の関連の強度よりも小さかった。

　統制−援助提供のパスを除くことで全体的なモデルの適合度が低下するかどうかを検証した。検証を行なうために，モデル1の適合度とモデル2の適合度を比

較した。その結果，統制－同情のパスを除くことは，モデルの適合度を有意に低下させないことが明らかになった。つまり，統制と援助提供との間の関連を統計的に取り除くことは，モデルのデータ予測力を弱めなかったのである。そのため，モデル1では推定されるパスの数がより少なく，「よりよい」モデルとなる。要するに，両方のモデルが理論的な期待を満たすが，モデル1のほうがモデル2よりもシンプルで推定されるパスが少ないため，よりよいモデルだと判断されるのである（この比較に関する詳細については Rudolph et al., 2004 を参照）。先に述べたように，この選択は理論に関する基本的な評価基準を反映したものである。すなわち，想定される関連性が少ないほど，その理論はより許容されやすいのである（これは他のすべての理論についても同様である）。

感情から出発する予想とは異なる他の3つのモデルの適合度についても調べた。しかし，これらのモデルはすべてデータへの適合度が低かった。データを説明する動機づけ過程では，思考の前に感情がくるという順序にはならないのである。

●**調整変数の分析**　対象としている2つのモデルについて，調整変数（文化のタイプ，調査のタイプ，対象者のタイプ，研究が行なわれた年，出版形態，援助を必要とする人々のグループ）の水準ごとに検証した。その結果，いずれにおいても差異はみられなかった。これらのモデルのパス係数は，先に示した全体でのモデルにおけるパス係数とほぼ同じである。上述のように，調査のタイプに関する調整効果の分析は，示唆に富むものである。表2.5（上半分）からわかるように，調査のタイプ（仮想場面と，現実の出来事の回想や経験）によるパスの差はみられなかった。加えて，仮想場面と現実の出来事のデータの両方にとって，パス係数の方向性と強度は，モデル1で示された社会的行動の理論と一致している。そのため，確認された結果は仮想場面におけるデータや「思考実験」に限定されるものではなく，現実の出来事の分析にも十分に適用可能なのである。援助提供についてのさらなる検討は，攻撃行動に関する知見を示した後で行なう。

攻撃行動に関する結果

統制，同情，怒り，攻撃行動の間の相関を表2.3の下半分に示す。相関係数はすべて予測されたデータパターンに一致していた。すなわち，攻撃行動の多さは

表2.5 調査のタイプを調整変数とした場合の援助提供と攻撃行動のパス係数（パス1）

援助提供	仮想場面のレベル	現実の出来事のレベル
統制－同情	－.47*	－.37*
統制－怒り	.54*	.45*
統制－援助提供	－.07*	.01
同情－援助提供	.40*	.28*
怒り－援助提供	－.04*	－.12*
攻撃行動		
統制－同情	－.40*	－.28*
統制－怒り	.63*	.56*
統制－攻撃行動	.19*	.18*
同情－攻撃行動	－.31*	－.13*
怒り－攻撃行動	.34*	.42*

注）・は5％水準で有意であることを示す。援助提供（モデル1）に関しては、25の仮想場面におけるデータからなる研究と6の現実の出来事におけるデータからなる研究が含まれる。攻撃行動（モデル1）に関しては、15の仮想場面におけるデータからなる研究と6の現実の出来事におけるデータからなる研究が含まれる。Rudolph et al., 2004, p.837 からのデータ。

統制可能性の高さ（$r=.49$），同情の低さ（$r=-.44$），怒りの高さ（$r=.56$）と関連していたのである。

表2.3の下半分に示されている相関を用いて，モデル1とモデル2の適合度，2つのモデルのパスを検証した。これらのモデルのパスは表2.4の下部に示されている。統制から攻撃行動へのパスをもたないモデル1は，そのパスをもつモデル2と同様によく適合している。統制－攻撃行動のパスを取り除くことでモデル全体の適合度が減少するかどうかを検討するために，モデル1とモデル2の比較を行なった。その結果，援助提供の結果とは異なり，統制－攻撃行動のパスを取り除くと，モデルの適合度は有意に低下した。そのため，思考から行動へのパスが加えられているモデル2のほうがよりデータに適合していることになる。

援助提供に関するメタ分析と同様に，感情から始まる他の3つのモデルが，統制，同情，怒り，行動（攻撃行動）の間の関連性を説明できるかどうかについても評価した。その結果，いずれのモデルもデータに適合しなかった。

要約すると，分析の結果から，怒りと同情という感情と同様に，統制可能性の帰属も攻撃行動の直接的な決定要因であることが示された（モデル2）。加えて，統制可能性は怒りと同情に対しては直接的に関連し，その2つの感情変数を介して攻撃行動にも間接的に関連していた。つまり，統制可能性は攻撃行動に対して，直接的にも間接的にも関連するのである。

●**調整変数の分析**　2つの対象としているモデルについて，5つの調整変数のそれぞれの水準ごとに検討を行なった。しかし，ここでも差異はまったくみられなかった。これらのモデルにおけるパス係数は，すでに提示した全体でのモデルにおける係数と同一である。調査のタイプ（仮想場面と，現実の出来事の回想や経験）の調整変数に関して，水準ごとのパス係数を表2.5の下半分に示す。ここでは，同情－攻撃行動のパス以外は，関連の強さが非常に類似している。そのため，援助行動の研究と同様に，攻撃行動に関する知見は想像上の行動に限定されるものではないといえる。むしろ，「現実の」行動を従属変数として扱う社会的行動の帰属理論を強く支持するものである。

援助行動のモデルと攻撃行動のモデルの比較

　ここまでの分析で，向社会的な行動と反社会的な行動の両方ともが同一の概念的枠組みで説明できることが明らかになった。これと同じ主張を唱えている論者はこれまでにもいた。傷ついた他者を援助しないことと他者を傷つけることは，同じことであると考えられていたのである（Waldron, 2003を参照）。したがって，これら2つの行動は同じルールに従うはずである。データはこの主張をどの程度支持するだろうか。また，それと関連して，援助行動と攻撃行動を同様の方法で概念化することができるかという疑問はどの程度明らかにされるのだろうか。この問いに対する回答は，「場合による」というものである。それは分析が巨視的なレベルで考えられているか，微視的なレベルとして考えられているのかによる。あるいは，一般的な法則を修正した例外的な場合ではなく，一般的な法則自体に焦点があてられているかどうかによるのである。

　最大限に巨視的なレベルでは，行動は認知と感情の関数である。これは，行動が人と環境の関数であるとしたレヴィン（1935）に替わるような，同じぐらい幅が広い主張である。この一般的な法則をもう少し正確に記述すると次のようになる。思考は動機づけられた行動や目標追求的な行動の間接的な決定要因であり，感情はそれらに対する直接的な決定要因である。この原則は部分的に支持されている。つまり，感情は援助提供と攻撃行動の両方を説明するうえで確かに直接的な関連をもっていた。しかし，思考（つまり，原因の統制可能性と責任性の推論に対する知覚）は援助提供の間接的な決定要因である一方で，攻撃行動に対しては直接的にも影響していた。これらの知見を言い換えると，援助提供とは異なり，

攻撃行動の直接的な決定要因には帰属が存在することになる。攻撃行動は援助行動よりも帰属に直接影響されるのである。つまり，援助行動は，感情が直接反映するものである一方で，攻撃行動は思考と感情を反映した攻撃的な反応なのである。これらの知見に従えば，募金を集めようとするときには，（「おおげさな同情を示す人たち」から）同情を引き出し，怒りを抑えることが効果的である。一方で，攻撃行動は直接理性と感情の両方あるいは片方に訴えかけることで抑えられるかもしれない（Lerner et al., 1998 を参照）。このことは，向社会的な反応よりも攻撃行動のほうが説得によってやめさせることが容易であることを示している。

　なぜこのようなことが起こるのだろうか。これに対しては考えていることを述べるしかない。また，後述するように，援助提供と攻撃行動における動機づけ過程の順序が異なるという主張の確からしさやその一般化にはきわめて慎重でなければならない。それらのことをふまえたうえで考えられるのは，自身が行なう援助や社会的なサポートの大部分が，自己にとってそれほど重大な結果をもたらさないということである（極端な自己犠牲の場合は例外である）。車で友人を空港に送ってやる，10 ドルを貸す，誰かの荷物を持ってやるなどは，それほど個人のウェルビーイングを阻害したりはしない。一方で，たとえささやかな攻撃行動による仕返しであっても，それは甚大なコストを生じるかもしれない。自身がすでに敵対的な攻撃を行なったのであるから，攻撃の対象者はさらに激しく仕返しをしてくる可能性がある。そのため，敵対的な文脈で直接的な決定要因として思考という要因が存在することは，個人の生存という観点からみた場合に機能的なことなのである。

　もう 1 つの重要な問題は，2 つの動機づけの領域において示された関連の強さに関するものである。帰属の観点では，援助行動と攻撃行動のどちらがより予測しやすいのだろうか。つまり，どちらの領域が帰属の説明に「より適している」のだろうか。この問題を検討するために，援助提供のメタ分析から得られた等しく妥当なモデル 1 と 2 の適合度を，攻撃行動のメタ分析で得られたモデル 2 の適合度と比較した（ここではいくつかの統計的な制約を破ることになる）。その結果，攻撃行動のメタ分析におけるモデル 2 の適合度は，援助提供のメタ分析におけるモデル 1 と 2 の適合度よりも高かったのである。このことは，モデル 2 が攻撃行動を表わす程度は，モデル 1 と 2 が援助提供を表わす（説明する）程度より

も高いことを示している。

　そのため，援助提供は攻撃行動に比して，帰属－感情の枠組み以外の決定要因をより多くもっていると考えることができる。援助を目的として他者に接近するとき，「なぜ彼女は援助を必要としているのだろうか」のような帰属に関する疑問が確かに生じる。しかし，それに加えて，帰属と関連しない何らかの疑問も心に浮かぶのである。たとえば，「この人は私の身内であるか」「私は援助をするための余分なお金があるだろうか」「援助の必要性はどれぐらいだろうか」などがその疑問にあたる。すなわち，援助提供の場合には，帰属以外の要因も主要な役割を果たしていると考えられるのである。一方で人が攻撃されたとき，その後の行動は「なぜ彼は私を殴ったのだろうか」や「故意によるものだろうか」などの帰属に関する疑問によって強く導かれやすい。つまり，援助行動に関する帰属とその帰属に関する感情よりも，悪意の推論とそれに伴う怒りのほうがより顕現的になりやすく，攻撃的な仕返しに影響する可能性が高いのである。もちろん，他にも多くの説明を考えることが可能である。援助行動と攻撃行動に対して，なぜ若干異なる帰属の解釈が行なわれるのかについては，さらなる研究と理論的な考察が必要であろう。

　最後に，膨大な数の研究対象者や調査の多様性，あるいは知見を支持する議論の直観的な論理のわかりやすさにもかかわらず，これらの非常に複雑な問題に関する早急な結論を下すことには注意が必要である。解決にはまだいたっていない。直接的な因果関係と間接的な因果関係についての知見は，いまだに同定されていない多くの変数に依存しているかもしれないのである（実際，これらの変数の1つに関しては本章の後半で紹介する）。

　これまでに，援助行動と攻撃行動の決定要因として，帰属理論の範囲に収まらないものの存在が示されてきた。これらの要素も統制可能性の知覚や怒りと同情という感情の知覚を介して，効果を及ぼしている部分もあるのかもしれない。もちろん，そのような主張に対しては慎重でなければならないし，他の変数によって説明されるすべての（あるいは，大部分の）援助行動と攻撃行動が，帰属理論のなかで発展した概念的枠組みに結びつけられるということを言いたいわけでもない。それでもこの可能性は考える材料にはなる。たとえば，援助行動について考えてみると，遺伝学的な関係性は援助の傾向を増加させることが知られている。これは，身内は他人に比べて不利な状態や出来事に対する責任が少ないと思われ

◆◆第2章◆◆　帰属理論の検証と文化差・個人差の組み込み

るからかもしれない。困った状態にある身内に対してより多くの援助提供が行なわれるのは，そのことによって説明できる（Greitemeyer et al., 2003 を参照）。同様に，ポジティブな気分が援助提供を増加することも明らかにされている。それは，ポジティブな気分によって責任性の知覚が好ましい方向に歪められ，困難な状況にある他者はあまり責任がないと認知されるために，ポジティブな気分が援助行動を促進するのであろう。同じことは攻撃行動にもあてはまる。たとえば，攻撃行動は夏に最も多くなることを示す多くの知見が存在する。おそらく暑い日には，人は他者の否定的な意図を過大評価し，より強く怒りを経験する。その両方あるいはいずれかによって，気温－攻撃行動の関連性を説明できるだろう。このような解釈ゲーム（帰属と結びついた媒介変数を探すこと）は，援助行動と攻撃行動の研究の大部分について行なうことができる（ただし，全部ではない）。しかしながら，すでに示したように，帰属による説明には注意が必要であるし，その際，他の変数が帰属－感情－行為の順序のなかでの単なる間接的な先行要因であると信じているわけではない。

　残された中心的な問題は，ここで主張された全体的な理論とその連続的な順序を，他の動機づけられた行動の領域に適用し，検証することが可能であるかどうかということである。明らかに研究対象となるのは達成領域であり，そこでは他者の成功と失敗に対する反応を理解するうえで帰属理論が重要な役割を果たしてきた。残念ながら，援助行動や攻撃行動に関する大量のデータとは異なり，この可能性を検証しようとしても，提唱された動機づけ過程の順序におけるすべての段階を含んだ十分な数の実証研究が存在しない。しかし，1つか2つのつながりをとらえた研究は多い。たとえば，努力不足は能力不足よりも統制可能であると知覚されやすいことや，失敗の原因としての努力不足は，能力不足に比べて怒りを引き出しやすく，同情を喚起しにくいこと，あるいは努力の欠如は能力の欠如よりも，失敗を引き起こしたときに否定的な評価を受けやすいことなどが示されている（Weiner, 1985a, 1986 と第1章を参照）。そのため，成功と失敗の状況において帰属，感情，そして評価的反応のすべてを含んだ研究はなされていないものの，達成領域における研究が表2.3と表2.4に示されているのと同じ関係のパターンを生み出すと信じることはそれほど非合理的なことではない（ただ，統制－行動のパスの必要性に関しては不明確なままである，Van Overwalle et al., 1995 を参照）。

‖ 文化差 ‖

　理論を形成し，それを特定の文化や民族，時代に限定している心理学者や教育者は（仮にいたとしても）数少ない。認知発達上の制約のために，子どもに適用できないと思われる理論は存在するだろう（たとえば，偏見の理論が幼児にもあてはまると考える人はいない）。そして，ある理論は片方の性別だけに成立するということをあげる人もいるかもしれない（たとえば，達成欲求の測度が女性にとっては妥当でないという理由もあって，初期の達成理論は暗に女性を排除していた）。しかし，私がよく知っている大部分の理論では，デモグラフィック変数による制約や社会文化的な制約は無視されている。それらの変数は特定されていないし，想定されてもいない。ごく最近でも，動機づけ研究の対象は白ネズミであり，一般化の問題についてはあまり認識されていなかった。はたしてそれでよいのだろうか。人間の動機づけに関する理論，特に私が提唱した帰属理論にも多様な民族や文化を組み込むための修正が必要ではないだろうか。

　たとえば，動機づけは，ある程度まで目標獲得への期待によって決定されると私が主張したとしよう。そのため，人は成功への主観的な期待や目標獲得の見込みがゼロであるような活動には取り組まないと私は予想する。ただ，この原理は非常に小さい幼児には関連がないと考えるかもしれない。幼児は手段 − 目的の関連性や，期待を形成するための認知的能力を欠いているからである。しかし，私は自分の立場が白人男性のみに成立するということを主張して，白人男性のカテゴリーに含まれない人たち，たとえばアフリカ系アメリカ人，アジア人，女性などを排除することはしないだろう。同様に，もし学習はソクラテス式問答法によって最大化されると私が信じているならば，この考えを特定の人種や階級に限定したりはしない。ソクラテスも同じようにそのような限定はしなかった。彼はメノの非常に地位が低いギリシャ人奴隷に対しても問答法を行なっていた。しかし，帰属理論の論者にとっておそらく人生はより複雑なものである。そして，私が盲目的かつ無邪気にこの概念的なシステムを適用するなら，文化的な歴史や環境的な歴史あるいは個人的な歴史の多様性を認識していないことになる。

　この理論が多様な文化に対して適しているかどうかについての私の立場は，次のように要約することができる。理論の基本的な構造，つまり概念的枠組みと構成概念の順序は，私の心のなかでは破られることがないほどに確定している。す

なわち，この概念的枠組みが普遍的な「深層構造」をとらえていることを望んでいるのである。一方で，何が肯定的な結果であり何が否定的な結果であるかを定義するなどのように，文化やデモグラフィック変数，個人史などの変数が，概念上の操作的定義を規定することがある。さらに，どのような情報が因果性を決定するのか，どの原因が顕著にみられるのか，あるいは原因が次元的な空間のどこに位置するのかなどに対して文化が影響するかもしれない。したがって，構成概念の先行要因（決定要因）は文化間や個人間で異なる可能性がある。帰属理論では現象学的な考え方を受け入れ，構成概念は主観的な定義と意味をもっていると考えるのである。たとえば，ある文化においては芋の豊作が成功である一方で，他の文化では企業内での重要な地位を獲得することが成功となる。同様に，ある人にとっては試験成績のBは成功であるが，他の人にとってそれは失敗とみなされることもある。ある文化や個人にとって，因果性を探すことは内的な原因から始まり，他の文化や個人では因果性の理解は外的な原因から始まる。さらに，肯定的な出来事や結果は神の恵みであると考えられることもあれば，成功の主な原因が先天的な能力によるものであると知覚される場合もある。要するに帰属の内容はそれぞれの文化や個人に固有なのである。しかし，帰属の過程と理論の構造は一般的なものであり，固有の状況を超えたものである。

　特定の構成概念に関する先行要因と操作的定義に影響することに加えて，文化と個人的な歴史は理論において規定された関連を調整する変数としても機能することがある。たとえば，すでに論じたように，努力不足は個人が統制できるものであるため，この要因による失敗は怒りを生じ，その結果として非難や罰を導く。しかし，いくつかの文化（たとえば，日本）では他の文化（たとえば，アメリカ）に比べて，達成の結果をより統制可能であるとみなす傾向があり，努力が成功の決定要因として重要だと考えられがちである。そのため，日本の教師はアメリカの教師よりも努力を強調し，努力不足を罰するかもしれない。すなわち，個人の特異性と集団内の信念は，特定の関連性を調整する変数として機能することが理論で認められているのである。しかし，調整変数の存在は全般的な理論構造を変化させるものではない。

肥満に対する反応の民族差

　これらの点を説明するために，肥満に対する反応についての文化差を考えてみ

よう。これまでの研究では，メキシコ人はアメリカ人に比べ，肥満に対してネガティブな反応をしにくいことが報告されている（Crandall & Martinez, 1996）。メキシコでは，太りすぎはスティグマにはされにくく，メキシコ人にとっての太りすぎは，アングロサクソン系のアメリカ人にとってほど「罪深い」ものではないのである。クランドール（1995）は，保守的なイデオロギーをもつアメリカ人のなかには，娘の太りすぎを罰するために大学の学費を差し控えるものもいることを報告している。この文化差はさまざまな概念によって考えることができるかもしれない。ここでは，帰属理論の順序に関する論理によって，この文化差に対してどのようにアプローチできるのかを考えてみることにする。

　アメリカ人にとって，肥満というのは食べすぎと運動量の少なさによって引き起こされていると知覚される（表1.2を参照）。つまり，肥満は生活スタイルの病気なのである。人は食べる量を少なくしたり，運動量を多くしたりすることができるので，これらは統制可能な原因である。肥満の結果と同様に原因も「そうはならない可能性があった」と考えられるのである。統制可能性の知覚は，太りすぎの他者（たとえば，娘）は自分の「失敗した」状況に対して個人的な責任があるという推論を生じさせる。そして，この推論は怒りを引き出すことになる。責任性の推論に伴って，（直接的にあるいは間接的に）何らかの罰（大学の学費を出さない）のような反社会的な反応が生じる。この分析は図1.4の上半分に示されている（道徳的な反応に関係のないものも含めて，経済的なサポートをしないことに対する他の解釈もたしかに可能である。たとえば，肥満者は成功しないと信じられているので，学費を出さないことは道徳的な要素に媒介されているというよりは，おそらく期待に媒介されていることも考えられる。ここでは，データに対するこれらの解釈や他の可能な解釈を考えないこととする）。

　しかし，メキシコ人はアメリカ人ほど肥満に対して否定的な反応をしない。帰属理論に沿って考えた場合，この相違はなぜ生じるのだろうか。より一般的な言い方をすると，帰属理論は民族グループ間の文化的な多様性や相違をどのようにして扱うことができるのだろうか。ここでは，提出された理論における動機づけ過程の順序にそって，いくつかの可能な回答を示す。

1. メキシコ人は肥満を「失敗」とはみなさない。つまり，やせていることは追求すべき目標を表わしておらず，肥満の定義はアメリカ人よりも重い体重

◆◆第2章◆◆　帰属理論の検証と文化差・個人差の組み込み

から始まるのである。そのため，メキシコ人の間では，帰属の過程が「体重が重い」娘によっては活性化されず，責任性の判断とネガティブな感情，そしてそれらに結びついた行動は後に続かない。
2．メキシコ人は肥満を「失敗」としてみなすが，その原因は内的ではなく外的であり，また統制可能ではなく統制不可能なものであると知覚する。たとえば，彼らにとって認知された原因は，貧困であったり，太りすぎがもたらす有害な結果についての教育の欠如であったり，運動などの健康的な活動に従事する時間の少なさなどであるかもしれない。原因は肥満である人物の外側にあると考えられるので，責任の割り当てや怒り，非難などは続いて生じない。
3．アメリカ人と同じような原因が認知されるものの（食べ過ぎと運動量の少なさ），それらの原因はメキシコ人にとっては，アメリカ人より統制可能性の低いものであるとみなされる。そして，このことは上で述べたのと同じような結果を生じることになる。
4．メキシコ人の間での統制可能な原因は，アメリカ人よりも怒りや他のネガティブな感情を喚起しにくい。つまり，同様の因果的な分析が行なわれたとしても，彼らの感情的な反応はより弱められる。
5．怒りが生じた際に，メキシコ人はアメリカ人に比して教育を妨げるような懲罰的な反応をしない。おそらく，彼らの怒りは直接身体に及ぶものであったり，言語的なものであったりする。つまり，怒りが表現される方向性や手段は，文化間で異なっている。もしくは，怒りの程度が同じであれば，それに続いてメキシコ人が行なう攻撃行動は，一般的にアメリカ人が行なう行動ほど強烈なものではない。

以上のことから，文化は理論における構成概念の操作的定義を作り変えるだけでなく，理論におけるいくつかのつながりを調整する変数としても機能する。繰り返しになるが，全体的な概念的枠組みは民族グループ間で異なっていないのである。メキシコ人とアメリカ人のいずれの民族グループにおいても，結果，原因に関する先行要因，選択された原因，次元の付置，知覚された責任性についての推論，引き出された感情，行動的な反応が存在している。しかし，それにもかかわらず，文化的な多様性と個人間の多様性は存在している。そして，それらの多

様性は，示された関連性を調整する変数として理論的な枠組みのなかでとらえることができるのである。

　私はこの章を，特定の文化や時代，歴史上の位置，性別に対して，自身の理論の適用を制限している理論家は少ないことを主張することから始めた。私もこの視野の狭い間違いを犯しているかもしれないうちの1人である。適しているかどうかが不明確なときでも，データを自身の有力な理論に無理矢理あてはめようとする理論家たちのことをスキナーは嘲笑した。私は彼に笑われる対象の1人であるのかもしれない（彼が帰属理論に気づいていたという非合理的な仮定をおけばであるが）。

　相互に関連する構成概念のセットとしての帰属理論は，文化差を組み込むために変更される必要はないと私は信じている。しかし，民族グループや文化，性別などを比較しようとするとき，仮定の置き方には注意しなければならない。ある人にとっての成功は他の人にとっての失敗であったり，ある人物にとっての原因に関する情報も，他の人はまったく気づかなかったりするだろう。また，ある集団にとって顕著な原因は，他の集団にとってはほとんど意識しないようなものであるかもしれないのである。理論家は文化間の差異に注意深くなければならない。しかし，顕型としての相違を元型としての類似性に変換することと，一般的な法則を発見することに対しても同じぐらい注意を向けなければならないのである。これが私の思考を導く理論的な目標である。

‖ 個人差 ‖

　文化によって出来事や結果，何らかの状態に対する反応に差があるのと同じように，1つの文化のなかでも個人によって反応に差がある。アメリカ文化とメキシコ文化での肥満に対する反応から明らかになったような文化差が理論のなかに組み込まれ，概念的枠組みを修正しないで説明できたように，特定の文化内における個人差も理論を修正せずに組み込むことができる。

　注意を要する1つめの問題は，個人差が，出来事（もしくは結果）－帰属－感情－行為の順序性にかかわる調整変数として機能している可能性である。おそらく，まず最初にすべきことは，達成に対する評価，スティグマ化された人々に対する反応，援助提供，服従行動，攻撃行動など，影響するとされているデモグ

◆◆第2章◆◆　帰属理論の検証と文化差・個人差の組み込み

ラフィック変数を特定することである。次に，原因帰属や責任性に関する信念，デモグラフィック変数と結びついた感情などの要因を探すことだろう。たとえば（数少ない例外を除いて）男性よりも女性のほうが困っている人を助ける傾向があることを示す研究が数多く存在する（たとえばEagly & Crowley, 1986を参照）。よって，デモグラフィック変数も帰属理論で検討されている行動に影響する可能性がある。帰属理論から考えると，女性は男性よりも統制不可能であるという帰属をしやすく，被援助者には問題に対する責任はないとみなす傾向があり，被援助者に対して多くの同情を示し，怒りをあまり示さないということが示唆される。媒介変数におけるこれらの差異は，性別による援助行動の違いを説明するものである。すなわち，性別は概念的枠組みのなかで調整変数として機能し，変数の強さを異なったものにすると同時に，理論内での変数の関連性の強さに影響するのである。これらの性差に関する予測を支持する知見もいくつかは存在する（George, Carroll, Kersnick, & Calderon, 1998; MacGeorge, 2003を参照）。したがって，この節で性差に関する問題に焦点をあてて議論することは，実りの多い試みかもしれない。しかし，報告されている知見はそれほど多いものではないため（MacGeorge, 2003を参照），個人差がどのように理論に組み込まれるかを示すという目的で，性別という調整変数を詳細に検討することはしない。

　2つめの可能性は，すでに理論的に確立された特性を探し，その特性が帰属理論の枠組みにおいて調整変数として機能するかどうかを検討することである。権威主義的な特性が高い個人や権威主義的なパーソナリティをもつ個人が，社会的な因習は守られるべきであると強く信じているという例は，研究的知見として広く受け入れられているであろう。またおそらく，権威主義的パーソナリティ構造をもつ個人は，違反行為に対しては他人に大きな責任があると考え，強い怒りと低い同情という反応を示すだろう。また，援助することが妥当だと思われる場面においても怒りで反応し，援助を控える傾向がある。民族主義と信仰心を含めた，権威主義に関する個人差についても同じような帰属の分析は可能であるかもしれない。しかしながら，これらの個人差に関しても，帰属理論の構成概念とうまく対応するデータをすぐに入手することはできない。

　責任性の判断に関する他の個人差としては，公正世界仮説に基づくものも考えられる。これは，人が自分を取り巻く環境は正当なものであり，正しい者は報酬を与えられ悪い者は罰せられるという秩序立った場所であることを信じたいとい

う欲求をもつという理論である (Lerner & Miller, 1978)。公正世界仮説の尺度は，犠牲者を非難する傾向の個人差を測定するものである。これは，帰属理論のなかに調整変数として組み込まれる個人差を探すうえで，合理的な出発点となるのかもしれない。しかし，これまで報告されているデータに一貫性がみられないため，公正世界仮説の概念にも焦点をあてないことにした（たとえば，Zucker & Weiner, 1993 を参照）。

まとめると，これまで示した例についてはデータ不足のためこれ以上議論することはできないが，帰属理論に関連する個人差という調整変数は数え切れないほど多く存在するのである。これまでに述べた調整変数とは異なり，帰属理論の概念に関連することが明らかに示されている個人差は政治的イデオロギーである。政治的イデオロギー（自由主義的志向性と保守主義的志向性）は，権威主義や民族主義，信仰心，正当世界仮説とも関連がある。しかしながら，これらとは異なる点もあり，別に広範囲に及ぶ系統的な研究が行なわれている。

政治的イデオロギーを典型的な調整変数として選ぶことができる正当な理由は，性別の場合と同様に，自由主義者が示す援助行動は保守主義者の示す援助行動と異なることが示されていることである。スキトカ (Skitka, 1999) は，政治的イデオロギーと援助行動に関して，次のように要約している。「公的な同情への支持，もしくはわれわれの社会の恵まれない人たちを助けるために共同の資源を利用することを支持するのは，イデオロギー上の……差異に……大きく依存しているように思われる。一般的に自由主義者は社会的なプログラムへの投資を増加することを好み，逆に保守主義者はそれを好まない (Feather, 1985; Kluegel, 1990; Kluegel & Smith, 1986; Sniderman & Tetlock, 1986; Williams, 1984)」(p.793)。さらに，スキトカ (1999) によると，公的な投資（困っている人に対する援助）の支持に関する差異は，各イデオロギーの保持者が行なう帰属，つまり援助の必要性（貧困）の原因帰属についての信念の違いによって媒介される。そのため，彼女の見解を要約すると次のようになる。

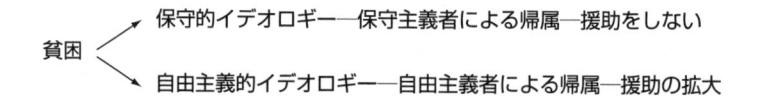

貧困 ＜ 保守的イデオロギー―保守主義者による帰属―援助をしない
　　　　 自由主義的イデオロギー―自由主義者による帰属―援助の拡大

これまでに，統制可能性の次元で原因が分類できること，統制可能な因果性と

責任性につながりがあること，原因の知覚と援助行動の間を感情が媒介することについては支持が得られている。そのため，スキトカ（1999）の分析を以下のように精緻化することができる。

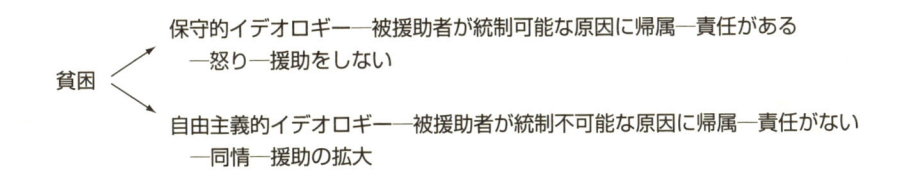

貧困
├─ 保守的イデオロギー─被援助者が統制可能な原因に帰属─責任がある
│　　─怒り─援助をしない
└─ 自由主義的イデオロギー─被援助者が統制不可能な原因に帰属─責任がない
　　　─同情─援助の拡大

これらの順序性は，一般的な動機づけ過程の記述として次のように結合させることができる。

　　　　　　　　　　　　イデオロギー
　　　　　　　　　　　　　　↓
援助の必要性（貧困）─原因─原因の統制可能性─責任性─感情─行動

　この概念上の分析が正しいとすると，イデオロギーは援助の必要性とそれに対する原因帰属との間の関連を調整するものである。すなわち，政治的イデオロギーは社会的現実の知覚や貧困に対してなされる帰属のタイプとその強さに影響するのである。しかし，いずれのイデオロギーをとるかが決まれば，統制の帰属や責任性の推測，あるいは感情は，援助の必要性（貧困）と生じる行動との間の関連を媒介するのである。もちろん，政治的イデオロギーが帰属と責任性の知覚の間の調整変数として機能する場合もあるかもしれない（同じ帰属を仮定したとしても，イデオロギーによって責任性の推測に相違がある）。同様に，イデオロギーは責任性と感情との間の関連を調整する可能性もあるし（同じ責任性のレベルを想定すると，感情経験の強度に差がある），感情と行動との間の関連を調整するかもしれない。ここでは分析を援助の必要性−帰属のつながりがイデオロギーによって調整されるという仮説に限定する。そして，責任性や感情，行動に関して想定できる差異は，単に帰属に関連した信念の差に起因するものとする。

　このような分析が正しいことを実証するには，まずはじめにイデオロギーがたしかに帰属と関連していることを示す必要がある（ここでは貧困に対する帰属のみに焦点をあてる）。それに続いて，全体的な動機づけの順序性における政治的

イデオロギーの役割を示した2つの典型的な調査を紹介する。ここでの私の目的は、これらの関連性についての完全な文献の展望を紹介することよりも、どのようにして個人差が帰属理論に組み込まれるかを描写していくことである。

政治的イデオロギーと貧困に対する帰属

達成状況における失敗や精神疾患、犯罪などのさまざまな出来事や結果に対する原因の知覚を調べた多くの記述的な研究が存在する（Weiner, 1986の展望を参照）。貧困に対する原因の知覚に関する調査もこのなかに含まれている。フィーギン（Feagin, 1972）はこの問題に系統的に取り組み、これらの原因に関する分類システムを作った最初の人物である。フィーギンは自由記述に基づき、貧困についての11個の主要な知覚される原因があるとした。そして、彼はこれらを3つのタイプに分類した。1つめは怠惰さや身勝手さなど個人主義的な説明であり、貧困に対する責任を貧困者自身に求めるものである（内的な要因で統制可能）。2つめは職の不足や賃金の低さなどのような構造的な説明であり、経済的、社会的な要因に原因を求めるものである（外的な要因で貧困者には統制不可能であるが、政府には統制可能）。3つめは運命や不運などの運命論的な説明である（外的な要因で誰にも統制不可能）。

アメリカ人の多くは貧困の原因を個人的な要因に求め、「アメリカン・ドリーム」の可能性を支持するが、多様なデモグラフィック変数によって原因のパターンが大きく異なっている（Kluegel & Smith, 1986を参照）。フィーギンによって特定された3タイプの原因についても証拠が得られており（たとえば、Feather, 1974）、また文化間の比較から、支持される原因に文化差があることも明らかにされている。

これまでのところで、貧困が何らかの原因によると人々に知覚されていること、原因が3タイプの分類システムで分けられること、原因の知覚は非常に多様であることを示した。そこで、この多様性に関する決定要因の1つが政治的イデオロギーであるかどうかという問題に戻ることとする。しかし、そもそも、いったいなぜそう考えられるのだろうか。政治的なイデオロギーが貧困に対して異なる原因帰属を引き出すのはなぜだろうか。これに対してはいくつかの説明がなされている。レーン（Lane, 1962）による1つの解釈には次のような仮定が含まれている。それは、「すべてのイデオロギーの根底には、原因の性質や原因の主体、そ

して複雑な出来事を説明する方法についての前提が存在している」(p.318)というものである。アメリカにおいて，社会的な変化に抵抗し資本主義的システムに価値を見出している保守主義者は，貧困の原因を，既存のシステムやすでに構造的な原因としたものに求めたりはしそうにない。このような構造的な原因に対する帰属は，システムの修正が必要であることを示唆するからである。それとは逆に，保守的なイデオロギーの核心には，一生懸命に働くことが人を裕福にし，個人が自分の人生の結果について責任をもつという信念がある。よって，保守主義者は貧困に関して個人的な原因である本人の弱さを非難するのである。この原因帰属は，アメリカにおける富裕層と貧困層との間の社会的な不平等を正当化するものでもある（「それは自業自得だ」）。

　一方，自由主義者はこのホレイショー・アルジャー風の原因解釈（訳者注：成功は独立心と勤勉によるものという考え）を共有しない。彼らは現在のシステムを変革することを好み，貧困の原因を社会に求める。このことは社会変革を促進し，現在の「持てる者」と「持たざる者」との間の社会的不平等は不当なものであり，正当化されえないという信念を支えている。そのため，保守主義者と同様に，自由主義者は自己の価値システムを維持できるような原因を支持するのである。

　ラコフ（Lakoff, 1996）は，因果信念にみられるイデオロギー上の差異に対して若干異なった説明をしている。ラコフは保守主義と自由主義の哲学を，それぞれ厳格なしつけを行なう父親と無条件の愛と安らぎを与える母親という比喩に関連づけている。父親（保守主義的イデオロギー）は子どもに一生懸命働くことを期待し，結果に対して自分自身で責任をとらせる。そのために，望ましい行動には報酬を与え，違反には厳しい罰を与える。それとは対照的に，母親（自由主義的イデオロギー）はその原因に関係なく，物事がうまくいかない時には慰めと安らぎを与える。そしてこれらとの「共鳴」（Skitka & Tetleck, 1993b），もしくは信念や感情を含む行動様式が，自由主義や保守主義を定義することになる（Skitka & Tetleck, 1993a を参照）。

　まだ他にも，推測の域を出ないが，イデオロギーと帰属のつながりに関して以下のような仮説もある。それは，傾性的な帰属をするか状況的な帰属をするかという一般的な傾向に個人差があり（Skitka et al., 2002），それはおそらく初期の養育経験によって異なるというものである。そしてたとえば，状況的な帰属をす

る人が自由主義的な信条に近づく一方，傾性的な帰属をする人は保守主義的なイデオロギーにひかれるという違いを引き起こすという。

　要約すると，自由主義者と保守主義者とが貧困状態にある人に対して異なる反応を示す（たとえば，援助行動）のと同様に，貧困の原因に関しても対照的な意志決定をするという仮説を支持する論理的な理由が存在するのである。ここで生じる疑問は，データが自由主義者と保守主義者の貧困に対する帰属が異なることを裏づけているのかということである。その答えは明らかに「裏づけている」である。たとえば，この問題を検討した初期の2つの研究について考えてみよう。1つめの研究はウィリアムズ（1984）によるもので，ここでは生活保護が打ち切られた人に関する物語を大学生に読ませている。1つめの条件では，打ち切りの理由は構造的なものである（外的な要因で自身にとっては統制不可能であるが，社会にいる他者には統制可能）。具体的な原因としては，予算の削減を呈示している。2つめの条件では，打ち切りの原因はあいまいなままにしておいた。実験参加者は政治的イデオロギーによって分けられ，生活保護の受け手の責任について質問がなされた。その結果，原因が構造的なものであっても，保守主義者は自由主義者よりも生活保護を受けていた人物に責任を帰属し，彼らの行動や特性ゆえに非難されても仕方がないと考えていた。

　パンディら（Pandey et al., 1982）が行なった研究では，政治的イデオロギー（中立・右派・左派）によって分けられたインド人学生に対して，貧困に対する原因の帰属を尋ねている。その結果，4タイプの原因が特定された。それは，自己（もしくは個人），運命，政府による政策（構造的要因），そして経済的な要因（構造的要因）の4つである。調査協力者の回答を表2.6に示している。表2.6から明らかなように，自己と（予測とは異なり）運命は保守主義者（右派）によって貧困の原因であるとより知覚され，自由主義者（左派）は構造的な要因（政策と経済的要因）をより重要な貧困の決定要素として知覚している。

　異なる2つの文化圏で行なわれたこれらの実証的な研究は，一方では責任の信念を測定しており，もう一方では特定の原因について調査している。しかし，いずれもイデオロギーが原因や社会的現実の知覚に対しておおむね予想通りの影響を及ぼしていることを示している。つまり，保守主義者は貧困に関して本人の弱さを非難し（被害者を責める），自由主義者は社会を非難するのである。

表 2.6　政治的イデオロギーが貧困の原因の知覚に及ぼす影響

貧困の原因の知覚	政治的イデオロギー		
	中立派	右派	左派
自己	5.63	5.76	3.96
運命	4.40	4.86	2.96
政府の政策	6.50	7.26	8.56
経済的要因	7.23	6.76	8.96

注）Pandey et al., 1982 からのデータ。

政治的イデオロギーと動機づけの順序性

　先に示したように，政治的イデオロギーと貧困者に対する援助行動の決定との間を媒介する要因については，思考プロセスに関する研究だけでなく，感情的なプロセスを検討している調査研究も存在する。そのなかで，スキトカ（1999）は国家的規模の災害，つまり中西部地方の洪水に対する反応を調べている。洪水は統制不可能な出来事であるが，洪水被害に対する保険に入ったり，被害を抑えるための防波堤を建設することはできたと考えられる。そのため，洪水被害者の金銭的な困難に関する原因についてもあいまいな問題が存在している。

　電話による全国的な無作為調査を通じて，回答者は自分の政治的帰属意識，洪水被害者の現在の苦境に関する責任性の知覚，被害者に対する怒りと同情の感情，被害者は援助されるに値するかどうかの判断について回答した。最後の質問は援助提供の指標として用いられた（ただし，これは責任性が意味するものと密接に関連しているため，援助や援助の意思を判断する変数として最適ではない）。

　図 2.3 は洪水保険に加入しなかった人々に対する反応のパス図を示している。まず，政治的な志向（保守主義であるほど大きな値をとる）は責任性の知覚に関

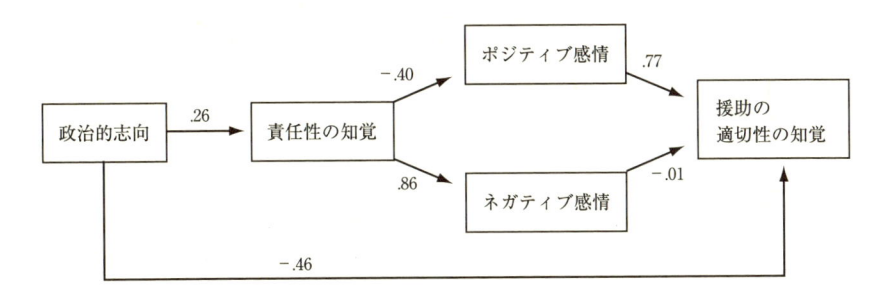

図 2.3　政治的志向と援助の適切さの知覚の関連のパス図（Skitka, 1999, p.803）

連しており，保守主義者は自由主義者よりも被害者は自分自身の苦境に対して責任があると答えている。そして，責任性が高まるにつれて，有意に同情（ポジティブな感情）が低下し，怒り（ネガティブな感情）が増大している。しかし，同情のみが援助の適切さと関連しており，怒りと援助の適切さとの関連はみられない。また，これらの知見に加えて，政治的志向性から援助の適切さには強い直接的なパスがみられ，保守主義者は自由主義者よりも，困難な状態にある人々に対しての援助は適切ではないと考えている。そのため，イデオロギーに起因する援助提供の差異のいくらかは，帰属と感情に媒介されたものではないといえる。これは他のデータとも一致しており，たとえば，妊娠中絶に対する態度は中絶が必要となった原因の知覚からだけではなく政治的イデオロギーから直接影響することが示されており（保守主義者は中絶に反対する），妊娠中絶がもつ個人的な意味や象徴的な意味は態度に直接影響するのである（Zucker, 1999 を参照）。

　まとめると，政治的志向性／イデオロギー上の志向性は因果信念と関連するのである。また，イデオロギーは援助に関する信念に対して直接的にも影響するし，（帰属と感情を介して）間接的にも影響する。このことは，政治的イデオロギーが貧困と行動との関連を調整し，イデオロギーの効果は（ある程度は）責任性の推測と感情に媒介されて影響を与えるという考え方とも合致する。

　より複雑ではあるが，ほぼ同様の結果が以前にズッカーとワイナー（1993）によっても報告されている。ここではフィーギン（1972）が特定した13個の貧困に対する原因を大学生に示し，窮状を導く要因の重要性について尋ねた。そして，政治的な志向性を測定するとともに，原因の統制可能性，非難（これはこの当時，責任性と互換性があると考えていたものである），同情，貧困者に対する怒りを測定した。加えて，以下の2つの判断が援助提供に関する指標とされた。1つは個人的な援助を与えようとする意思に関するものであり，もう1つは生活保護による援助についてである。これらは困難にある者に対して援助をしようとする指標として等しく妥当なものであるが，ある重要な点において区別される。最も主要な違いは，生活保護は個人的に援助するよりも個人の関与が低いことである。個人的な関与の程度によって援助のタイプを区別することは，以前に理論を検証した時には紹介しなかった。しかし，帰属と感情から援助提供へのパスの強さを考える際に，個人的な関与の程度が研究間の不一致を説明する要因の1つになるかもしれない。

◆◆第2章◆◆　帰属理論の検証と文化差・個人差の組み込み

表2.7　政治的イデオロギー，帰属の変数，および2つの援助提供の指標の相関

	1	2	3	4	5	6	7	8	9	10
1．保守主義	—	.21	.24	-.36	.20	-.30	-.37	.19	-.39	-.10
2．統制可能性		—	.65	-.31	.44	-.28	-.39	.36	-.19	-.18
3．非難（責任性）			—	-.61	.66	-.46	-.45	.45	-.42	-.14
4．同情				—	-.44	.60	.43	-.22	.43	.16
5．怒り					—	-.45	-.34	.33	-.07	-.13
6．個人的援助						—	.58	-.20	.26	.23
7．生活保護							—	-.30	.38	.27
8．個人的な原因								—	-.06	.12
9．社会的な原因									—	.26
10．運命的な原因										—

注）Zucker & Weiner, 1993, p.939 からのデータ。

　表2.7に変数間の相関係数を示す（疑問の余地があることを認めつつも，説明を簡単にするため，非難については責任性の概念を代用する）。表の一番上の行から，保守主義は個人的な原因と正の関連があり（8列目；$r=.19$），社会的な原因とは負の相関（9列目；$r=-.39$）があることがわかる。これらの知見は，政治的なイデオロギーが貧困と知覚された原因との関連を調整すること，つまり自由主義者は社会が貧困を引き起こしていると知覚し，保守主義者は個人的な原因を強調するという議論を支持している。さらに，統制可能性と責任性の知覚は相互に高い相関を示し（$r=.65$），責任性の知覚は同情と負の相関（$r=-.61$），怒りと正の相関（$r=.66$）を示している。このことは，本書で主張している認知－感情のつながりを強く支持するものである。最後に，責任性と同情，怒りは援助提供の両方の指標と予想通りの関連があった。すなわち，援助行動に対して同情は正の関連（平均 $r=.51$），責任性と怒りは負の関連（それぞれ，平均 $r=-.45$ と $r=-.40$）がみられたのである。そして，この結果は先の理論と一致している。さらには援助提供の決定要素として予想されたもののなかで，同情というポジティブな感情が援助への意図と最も強く関連している。これらはすべてすでにわかっていることであり，重複した説明に感じられるはずである。

　図2.4はこれらのデータに基づいたパスモデルを示している。図では政治的イデオロギー（ここにおいてもより高い値が保守主義であることを示す）が，必要性（貧困）とその知覚された原因との関連を調整している。相関データのところですでに述べたように，責任性の知覚と感情は原因帰属と援助の意志決定との関

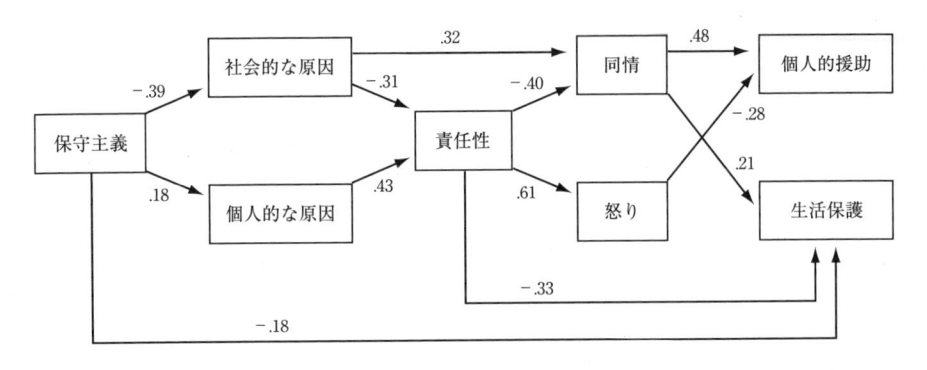

図 2.4 保守主義と 2 つの援助提供の指標（個人的援助と生活保護）の関連のパス図
(Zucker & Weiner, 1993, p.937)

連を媒介しているのである。

　このデータの別の興味深い側面は，調整変数の問題と関連するものではなく，援助行動に対する決定要因が直接的であるか間接的であるかという問題について先に得た結論と関連している。図では個人的な援助に対する 2 つの直接的な決定要因として同情と怒りが示されており，同情のほうがより強い関連がある。つまり，個人的な援助提供は直接的な感情の問題なのである。一方で，生活保護の決定については，政治的イデオロギー（保守主義者は援助しない傾向にある），責任性の知覚，同情という 3 つの直接的な決定要因がある。すなわち，個人的な援助と援助提供に関する先の結論とは対照的に，個人に関係のない援助提供（生活保護の決定）は，イデオロギーと責任性に関する思考から直接的な影響を受けるのである。すでに示したように，広範なメタ分析を行なったにもかかわらず，行動の決定要素としての思考と感情の近接性の問題はまだ解決していない。動機づけの順序性に影響を与える可能性がある多くの要因のなかの 1 つが，行動を実行する者の個人的な関与であるというだけである。個人的な関与が高いほど，感情が行動に及ぼす影響は強くなるかもしれない。逆に言えば，個人的な関与が低いほど行動を決定する際の認知の役割が重要になる可能性がある。この結果についてのもう 1 つの考え方は，個人に関係のない援助は統制的過程によって方向づけられやすく，個人的な援助の場合は自動的過程に導かれやすいというものである（上述の議論においては，「現実の」実験と仮想場面での実験が区別されている）。

　まとめると，政治的イデオロギーは，援助の必要性の原因と援助するか無視す

るかの意志決定との間の関連を調整する要因として機能する。しかしながら，イデオロギー上の志向性が何であるかにかかわらず，動機づけの順序性には同一の媒介変数が存在している。つまり，個人差を理論に含めるために提案された理論を変更する必要はないのである。

理論の特徴

　これまで，私は社会的動機づけと社会的正義に関する帰属理論を展開する基礎となる理論を示してきた。また，援助提供と攻撃行動の領域において理論の検証を行なった。そして肥満と政治的イデオロギーの研究での例証において，文化差と個人差がどのように調整変数としてこの理論のなかに組み込まれるかについて示した。ここで私は，他の動機づけ理論とこのアプローチを部分的に比較し，この概念のさらに広範な特徴や特性を示そうと思う。私はこの理論の本質的で最も意義のある特徴を伝えるのと同時に，この概念的なシステムの独特の点について伝えたいと思っている。理由よりも原因帰属を重視していることや，決定主義と自由意志を認めること，あるいは引く変数としてではなく押す変数として感情を概念化していることなど，この理論のいくつかの特徴はすでに検討してきた。ここでは，時系列的なプロセスとして考えられる動機づけの特徴に焦点をあてることとする。

調整変数ではなく媒介変数に基づいた理論
　ここで示された社会的動機づけと正義の理論は媒介的な理論として特徴づけることができる。原因帰属，責任性の推測，そしてそれらから生じる怒りと同情という感情は，達成の失敗やスティグマ化された状態などと，行動反応との間を媒介するものである。メキシコとアメリカにおける肥満への反応や，保守主義者と自由主義者の貧困者に対する援助の判断などで示されたように，媒介的な動機づけアプローチでは，一般的な法則が文化差や個人差を超えてみられることを仮定している。ここでは文化差と個人差の重要性は二次的なものであり，すでに発見された一般的な法則をより洗練するための役割を果たすものである。そのため，帰属理論はこうした個人差や文化差が要因として導入されるか否かに関係なく成り立つのである。

この立場はこれまでの多くの先達の社会心理学者や動機づけ心理学者によって言及されているものとまったく同じである。たとえば，フェスティンガー（Festinger, 1980）は次のように述べている。

> 個人差に関心をもちすぎることは，根底にあるダイナミックなプロセスを覆い隠す仮面を作り出すことがある。その根底にあるプロセスを発見する必要がある……石や紙などの降下率の相違を測定することに集中しても自由落下の法則を発見できる見込みはないだろう。個人差に意味をもたせることができるのは，基本となるダイナミックな法則が明らかにされてからである。(p.246)

バーライン（Berlyne, 1968）も早くに同様の立場を示していた。彼は次のように記している。

> 人が，ある点では異なり他の点では類似しているというのは明らかだ。問題は，最初にすべての人に適用できる説明を探すべきなのか，あるいはまずその差異を記述し説明するべきなのかということである。（バーライン自身がそうであるように）行動理論家は，人間と動物の行動に共通する原理を研究することを先に行なわなければならないと感じている……ある種類や種族の個体がどの点において共通であるかを発見できない限りは，どのようにして相違が生じたかを理解することはできないし，それらの相違を描写したり区分したりすることすらできそうにない。(p.640)

私はフェスティンガーとバーラインに強く同意するが，それとは対照的に，現代の動機づけ概念，特に達成領域における動機づけ理論は，しばしば個人差について探求することから理論の構築が始められている。つまり，概念の中心に調整変数をおいているのである。個人差要因の点から異なるとされた人たちは，本質的に異なるプロセスによって記述される。たとえば，目標理論として広く知られているものは達成動機づけに関する現在の考え方に多大な影響を与えている。この概念のもとでは，課題焦点と自我焦点，学習志向と遂行志向，実体理論家と増分理論家（訳者注：前者は能力を固定したもの，後者は変化するものとしてとらえる人）などのように個人が特徴づけられている（Pintrich & Schunk, 2002 の展望を参照）。目標理論に密接に関連する第1かつ重要な段階は，個人を区別することである。この理論は個人差の要素なくしては成り立たないし，存在もできないのである。このことは，本書で示した帰属理論とは対照的である。帰属理論は個人差が存在しているにもかかわらず存続するものである。

さまざまな問題のなかでも，目標理論は特性の一般性に関する罠にとらわれてしまった。たとえば，人がすべての状況において成功に対して等しく動機づけられないように，すべての状況において人は自我志向的であったり課題志向的であったりはしない。むしろ状況間で微妙な判別がなされている。さらに，人は2つの対照的なタイプのいずれかというわけでもない——他者に勝つことを望むとともに，以前よりうまくやることに焦点化したり，遂行すると同時に学習を最大化させるように動機づけられたりするのである。後の調査において仮説が反証され再現性に欠けたり，さらなる状況的あるいは個人的な調整変数を提案して説明するというように，信頼のおける研究結果の報告は，あまりないのである。

　私が昔もっと若く大胆だった時期に（Weiner, 1986），次のような挑戦的なことを書いた。それは，「あなたたち理論家に尋ねたい。『あなたが主張する個人差で人を分類したとして，差がみられると請け合って賭けることのできる実験はどれですか』」（p.11）というものである。私はいまだにこの賭けをしているし，動機づけ理論は個人差という調整変数ではなく媒介変数に基づいて作り出されなければならないと信じている。調整変数は，一般的な法則が発見された後でよりうまく導入されるものである。たとえば，スティグマ化された人に対して本人の責任性を知覚している人は，そうでない人よりも強く非難を浴びせるだろう。そのため，煙草の吸いすぎが原因で肺癌になることは，何も知らずに汚染地域に住んでいて肺癌になることよりも同情を引き出しにくいだろう。私はたしかにその説明に賭ける決心ができている。実際，このタイプの予想があてはまらない状況を見つけたり，予想されたデータパターンを示さない人を特定するのは難しいだろう（この点はこの節の後半で詳細に検討する）。また，保守的なイデオロギーをもつ人は自由主義的なイデオロギーをもつ人よりも，これらの2つのスティグマ化されたグループに対して同情を示しにくいことが予想される（Farwell & Weiner, 2000 を参照）。しかしながら，私は賭けに負けるとは思えない。2つのイデオロギー間の感情や行動の差異は，スティグマ化されたグループ間ほどには大きくなく，媒介的なアプローチをとるなら，個人差はその下にある責任性の推測によって説明されるのである。

非歴史的なアプローチではなく歴史的なアプローチ

　非歴史的（非順序的）ではなく，歴史的（順序的）なアプローチの特徴は，先

の媒介変数と調整変数の議論と強く関連している。動機づけに関する主要な理論の多くは非歴史的である。それは，動機づけ心理学者は心理的な状況が即時的な「その時の瞬間」としてどのように知覚されるかということを特定しさえすればよいというレヴィン（1935）の言にも示されている。予測をするうえでは現在の知覚に注目するだけで十分であり，これらの知覚がどのように生じたかは無関連であるとされている。非歴史的な理論は，ハル（Hull, 1943）とスペンス（Spence, 1956）の動因×反応のアプローチ，レヴィン（1935），アトキンソン（Atkinson, 1957），ロッター（Rotter, 1954）による期待×価値の概念に表われている。これら非歴史的な理論の論者は2つの主要な目標をもっている。1つめは行動の決定要因を1つひとつ切り離すことであり，2つめはこれらの決定要因間の数学的な関連を特定することである。そのため，主要な統計的手続きとして分散分析があるように，数学的なモデルが提出されている。これによって，研究者は提唱された決定要因が実際に行動に影響するのか，また（交互作用の有無によって）理論的な要因は加法的に関連するのかあるいは乗法的に関連するのかを検証することができる。

　この章の最初で，援助行動と攻撃行動に関するメタ分析や，援助提供における政治的イデオロギーの役割について検討した部分で示したように，心理学におけるより新しい統計的なアプローチに回帰分析とパスモデルがある。これらの手法では，理論の構成概念が他の構成概念に影響しているかどうかを検討することが可能であり，それによって因果的な順序性を明らかにすることができる。本章で論じた中心的な問題は，思考，感情，行動の間の時系列的あるいは順序的な関連性についてのものであった。非歴史的な分析ではこの問題に対する検討はできないし，ある変数が他の変数に及ぼす効果を調べることもできない。行動はプロセスの一部として展開されるのではなく，「その時のその瞬間」としてとらえられているのである。この順序性やプロセスは動機づけ領域の重要な問題である。

「表層」構造ではなく「深層」構造

　言語の文法の基礎となるような「深層構造」に似て，ここで展開される理論は動機づけの深層構造を特定しようと試みている（Ickes, 1996を参照）。動機づけにおける言語は思考－感情－行動として表わされる。思考の要素をさらに限定するのであれば，帰属（Attribution）－感情（Affect）－行為（Action）である。

これを AAA 理論と名づけることができるかもしれない（これを何かの企業名などと混同してはいけない）。この時系列的な順序性は動機づけのすべての内容領域をとらえていることを意味しており，動機づけられた行動に対する一般的な構造を提供するものである。

このアプローチは「表層構造」をもつ理論と対比される。それらの理論では，理論内の用語や言語は考慮されている内容領域に固有のものである。たとえば，健康の回復は他者からのソーシャルサポートの関数であると主張する人がいるかもしれない。この「理論」（仮説とよぶほうがふさわしいが）は，遺伝子型（他の表現型と共有されており，概念的に推測される基礎的な意味や不可欠な要素）のレベルではなく，表現型（まさしく研究されている現象，もしくは測定される観察可能な特性）のレベルで記述される。

この帰属理論の概念を物理学において最もレベルの高い一般法則，$E = mc^2$ と等価なものであると考えることは非常にばかげているかもしれない。しかし，自然科学と社会科学における科学的な目標は，特定の文脈や現象を超えた一般的な法則を探求することにあるという点では，等しいといってよいだろう。社会的動機づけと社会的正義の理論によって確認された領域内容は数えてみればささやかなものだが，私のなかではけっして取るに足りないようなものではない。

弱い理論ではなく強い理論

アイゼンク（Eysenck, 1993）が述べているように，強い理論と弱い理論との間の区別もまた媒介変数と調整変数に基づく理論間の対比と関連している。アイゼンク（1993）は次のように述べている。

> 弱い理論にとっては，肯定的な結果は否定的な結果よりも重要である。なぜなら，理論による演繹を検証することから得られる肯定的な結果は，仮説（と前提の両方）が正しいことを示しているからである。……強い理論にとっては，否定的な結果がより重要である。それは，前提の役割がより小さいからである。

社会的動機づけと社会的正義の帰属理論にとって，たとえば，ある調査で，失敗場面で能力不足よりも努力不足のほうが罰せられるということが明らかになったとか，煙草による肺癌に比べて汚染地域に住んでいることが原因の癌には同情が向けられなかったとか，過失傷害よりも故意による傷害のほうが罰せられやす

かったなどが示されたとしても，もはや，新たに得られるものはほとんどないと考えられる。これらの結果を支持する概念的な枠組みがあり，また結果が頻繁に再現されるということは，仮説が再び確認されたとしても特に得るものが少ないということになる。一方でこれらの関連性がみられない文化やグループや特定の状況が見つかれば，多くのことが明らかにされるだろう。達成課題で失敗したときに，才能のない人が努力しなかった人よりも強く非難されるような状況を読者は想像できるだろうか。このことがあてはまる個人や文化は存在するのだろうか。そして，それは何を意味しているのだろうか。このような矛盾する条件や非典型的な反応をする人を探すときかもしれない。

　強い理論というものは，まさしくこの言葉の意味どおり，理論から演繹的に実証されることが確実に再現可能なのである。強い理論では，教室にいるみんなの前で期待を裏切らない実証実験を行なうことができる。これは自然科学でもあてはまる——2つの水素原子と1つの酸素原子を混ぜればどうなるか（ずぶぬれになるような）結果が示せるだろう。スキナー流の心理学が一時的に優勢で人気があった理由の1つは，報酬による反応の頻度が，その報酬を与えることで着実に時間とともに増加していったからではないだろうか。同様に，ハル（1943）や他の理論家によって展開された動因理論は，空腹のネズミが満腹のネズミよりも速く迷路を走るということを，必ず観察することができたがゆえに研究がさかんになった。また，レヴィン（1935）の理論は，完全な課題よりも不完全な課題のほうが接近行動を引き出しやすいということを実証することで発展してきた。さらに，ロッター（1966）の社会的学習理論は，偶発課題に比べてスキル課題がポジティブな結果に続いて起こる成功期待を増大させ，ネガティブな結果に続いて起こる成功期待を低下させることに基づき発展してきた。

　その一方で，多くの理論は鍵となる予測変数の信頼性を欠いており，しばしば調整変数に基づく概念的枠組みを用いている。たとえばアトキンソン（1964）は，個人を達成欲求の高群と低群に分け，困難度の異なる課題に直面したときに対照的なリスク選好を示すという仮説を立てた。この重要な予測は，一貫して確認されているわけではない（Weiner, 1992b を参照）。同様に，ロッター（1966）の社会的学習理論による次のような予測は，実証的な面で一貫性を欠いている。その予測とは，（スキル課題と偶発的課題の間の変化の差とは対照的に）統制の所在が内的な人と外的な人がもつ期待の変化には差があるというものである。同様の

一般的な結論が，個人差を必須条件としてもつあらゆる理論にあてはまると私は信じている。これはかなり強引な物言いであり，読者のなかには強く意義を唱える人もいるだろう。

はっきりとした実証的な核をもたずして，確固とした理論を打ち立てることはできない。帰属の概念的枠組みには，再現可能で一般化できる結果が実証されているという強固な基礎がある（たとえば，失敗時には能力不足よりも努力不足がより罰せられることや，スティグマに対する責任を知覚した人はそうでない人よりも否定的な反応を示す，など）。したがって，この理論は「弱い」のではなく「強い」ものである。これは，調整変数や非歴史的な考え方ではなく，媒介変数や歴史的な考え方という特徴に基づいているためである。

まとめ

第1章で展開された社会的動機づけと社会的正義の理論の妥当性について，何が言えるだろうか？

1. 援助提供と報復攻撃についての2つのメタ分析によって，帰属と責任の推測，そして感情が，個人的な状況もしくは敵対的行動と，それらによって引き起こされた反応の間を媒介することが確認された。つまり帰属理論は，すべてではないものの援助と攻撃における行動の決定因のいくつかを説明しており，これらの領域にまたがって適応可能なのである。おそらくこの理論は，他の動機づけ領域でも同様に一般化されるだろう。
2. 援助提供は報復攻撃よりも帰属以外の決定因をもちやすく，帰属により引き起こされた感情，特に同情によって直接影響されるようである。これは，援助提供において個人的な関与が低い場合よりも高い場合によりあてはまる。一方，攻撃性は責任の信念と感情的な反応，とりわけ怒りに直接影響を受ける。行動が思考と感情の関数であるという理論における一般的な原理は支持されている。しかしながら，これらの要因の直接的な影響と間接的な影響は領域および場面によって異なっていた（けれども，感情は一貫して行動に直接影響していた）。
3. この理論は文化差と個人差を調整変数として組み込んでいる。政治的イデ

オロギーはこの調整変数の1つであるが，これは困難な状況に対する原因の知覚の差異につながる。保守主義者は貧困者を責め（たとえば，怠惰さや自分に甘いこと），自由主義者は社会を責めるのである（たとえば，職がないことや低賃金）。どちらのグループも，彼らの因果信念は彼らの根底にある思想と一致し，支えるものとなっている。加えて，どちらのグループもいったん原因が選択されると，それに関連する責任性の推測と感情が後に続く。ゆえにこの理論は調整変数の関数として変更を加える必要はないことになる。

4．この帰属的アプローチの主な特徴や特性は以下のようなものである。①調整変数よりも媒介変数を基礎としている（すなわち，この研究における一般的法則にとって文化差や個人差は2次的なものである），②非歴史的ではなく歴史的，あるいは順序性をもつ，③思考から感情と行動に進む動機づけの「深層構造」の概念に基づいている，そして，④弱い理論ではなく強い理論であり，ゆえに理論が実証されない場合は実証された場合よりも有益な情報となる。これに関連して，読者に示した研究で確認されたように，実証された中心的な知見は再現可能なものである。

第3章 道徳的感情とポジティブな道徳的印象の形成

　感情は精神内部で起こる現象であると考えられている。それらは，ポジティブあるいはネガティブな性質をもつ，主観的あるいは私的な経験である。感情の経験的な性質を実証することは，感情の識別や測定の前提であり，方法でもある。感情の状態は，特定の思考やホルモン状態などによって決定され，これらを示す指標としては，生理的活動や表情的特徴のパターンなどが用いられる。このように感情は個人レベルで研究されているため，感情が精神内部で起こる現象だという立場を覆すのは困難であるといえる。

　他方，感情は社会的現象だとする議論もある。もちろん，これはすべての感情に対してあてはまることではない（高所における恐怖は社会的現象ではない）。しかし，たとえば最も広く知られている感情である，愛や悲しみといった2つの感情は，多くの場合社会的経験を伴っている。たとえば，愛に関する比喩として，「別れた」「一緒になった」「失恋した」といったものがあげられるが，これらの比喩は異なる実体が1つの社会的ユニットへと変化していく様を示している。他方，悲しみは永久的あるいは一時的な他者の喪失によって引き起こされることが多い。たとえば，愛する人がいなくなるとき，われわれは悲しむ。したがって，愛と悲しみは，個人レベルを超えた社会レベル（例：結びつきや別離）における先行要因や指標で規定されるため，個人的感情というよりはむしろ（それに加えて）社会的感情と考えられる。他の感情もまた，社会的文脈のなかで生じ，行動を制御する要因として機能し社会的な結果を生み出す。第1章と第2章で議論されたように，援助を促進する同情や攻撃を引き起こす怒りは，感情への帰属アプローチにおいてきわめて重要な役割を果たす2つの社会的感情である。

　社会的感情に含まれているもののなかには，いわゆる道徳的感情とよばれるものがあり，正しい―間違い，よい―悪い，責任―義務といったことに関する考察

が関与している。統制可能性や意志，責任について考えることは，道徳的感情のきわめて重要な決定要因である。したがって，それらは思考に富んだ感情であるといえ，人は思考によってこれらの感情を生起させたり，抑制したりする。ここまで議論してきたように，それらは，より一般的な感情に対する評価アプローチに含まれる——感情は思考によって決定される。もちろんこの考え方には，議論の余地があり，すべての感情反応の先行要因が意識的に識別されているわけではない。

　本章では，道徳的感情を検討する。そのなかで，社会的生活が道徳的関心と密接に絡み合っており，道徳的判断が社会的関係に不可欠であること，罪と疾病の区別は人間の心理に広く浸透していること，さらには宗教的・司法的規則が人間の感情を規定していることなどの主張を展開していく。人間は裁判官であるという比喩は，人間の合理的思考のみではなく，感情にも同様にあてはまるのである。

‖ 道徳的感情の識別 ‖

　どのような感情が道徳的感情だろうか？　前節から怒りと同情が道徳的感情であることは明らかである。しかし，他にも多くの道徳的感情が存在する。根拠は後に述べるが，道徳的感情というラベルに値するのは次の感情である。

1. 称賛
2. 怒り
3. 妬み
4. 感謝
5. 罪悪感
6. 憤り（憤慨）
7. 嫉妬
8. 後悔
9. 他者の不幸に対する喜び（Shadenfreude）
10. 軽蔑（侮蔑）
11. 恥（屈辱）
12. 同情（哀れみ）

◆◆第3章◆◆　道徳的感情とポジティブな道徳的印象の形成

これらは，頻繁に経験される感情として広く認知されており，明らかに人間の感情としてたいへん重要な役割を果たしている。他の理論家のなかには，ここに述べられている以外の道徳的感情として嫌悪などの感情を加える者もいる（Rozin et al., 1999 を参照）。ここで用いられている道徳的感情の定義に関する基準は後述することとし，本書においてなぜ嫌悪を道徳的感情として扱わないかはそこで改めて述べることとする。

記述から分類まで

　科学には3つの側面あるいは段階があるとされている。まず第1段階は記述することである。多くの科学論文では，何百万人がある種の健康的問題をかかえている，といった記述統計から始まる。これは科学的分析を展開するにあたって，一番最初の段階である。これが科学であるのは，データ収集を含んでいるからである。本書においても，能力と努力を含む数多くの成功と失敗の原因を具体的にあげるという記述から始める。先ほど12の道徳的感情を示したが，もしもたとえば生活のなかで経験する感情のXパーセントが道徳的感情から成り立つというような数値が証拠として提供されれば，科学としての最初の段階からさらに進むことができるだろう。

　科学的展開における次の段階は，分類法を取り入れることである。すなわち，個々の存在が，それらがもつ基本的な特徴をもとに分類され，比較され，そして対比されるのである。たとえば，私は原因には3つの性質（所在，統制可能性，安定性）があると主張している。能力と努力の間のような質的な区別は，これらの性質に関する連続体の上で，量的な比較が可能となる。それによって，たとえば，努力は能力より統制可能であり不安定だが，これら2つは（原因の）所在において同じであるということができる。

　先ほど列挙された道徳的感情に関しても分類ができるのだろうか？　これは，これまで試みられたことがない。そのため，道徳的感情に関する分類法を示すにあたり，これら道徳的感情の定義やそれにかかわる仮定において，他の理論家との意見の相違があることに，細心の注意を払いつつ，そのことを十分認識したうえで行なわなければいけない。道徳的感情を分類する試みのなかで出てくる次元の1つとして，これらの感情のいくつか――特に罪悪感・後悔・恥――は内部に向けられる感情であり，自己が行なったか否かと関連しているということがあげ

られる。それはたとえば，「私は罪を（恥を）を感じる。というのも私は……だから」という表現からもうかがえる。他方で，怒りや同情のような対照的な道徳的感情は，「私は**彼に**怒っている」「私は**彼女に**同情している」「私は**彼女に**感謝している」というような記述に表現されるように他人に関連しており，外部に向けられる感情であるといえる。

　他にも道徳的感情の分類法に関する原則があるが，なかでも，本書で吟味されている社会的動機づけと正義に関する理論を表現している図1.4に組み込まれているという理由で注目すべきものがある。この理論が，達成領域における成功と失敗の決定要因である能力と努力の間の区別によって築かれてきたことに留意してほしい。科学における第2段階の分類をするなら，能力（才能）は統制不可能である一方で，努力は統制可能であると考えられる。この帰属の次元により，達成結果の原因と達成評価との間を媒介する要因として鍵となる役割をもつ責任の判断が生じるのである。

　能力（統制不可能／責任なし）と努力（統制可能／責任あり）の違いもまた道徳的感情に適用できる。すでに述べられたように，この違いは他者の失敗が引き起こす対照的な感情反応，すなわち同情（統制不可能な原因のとき）か怒り（統制可能な原因のとき）を生起させる。しかし，同情と怒りは本書で入念に考察される唯一の感情であるが，能力と努力に結びついた感情はこれらだけではない。妬み・軽蔑・恥もまた能力と統制不可能の知覚に結びついていると考えられる。一方で，怒りに加えて，称賛・感謝・罪悪感・憤り・嫉妬・後悔・他者の不幸に対する喜びといった感情は，努力あるいは意志に関する信念と結びついている。このように，能力または努力（原因の統制可能性）との連合は，（感情の向かう先あるいは対象に加えて）道徳的感情を特徴づける第2の次元となる。たとえば，この視点から考慮すれば，嫌悪感は道徳的感情ではないと判断される。なぜならば，それは多くの場合責任と義務に関する認知的評価によって生起するのではなく，また，統制可能性の帰属と関連していないからである。一方，もし嫌悪感が怒りと同じ意味で用いられるのであれば（「私は彼がしていることに対してむかつく」），実際そのときの嫌悪感は道徳的な性質を有しているといえる。しかし，こうしたケースは，ある人が「腐った食べ物の匂いによって不快になる」というケースとは異なり，嫌悪感を表現する場合の典型的な使用法とはいえないだろう。

　本章の目標は，これらの発想をより綿密なものにし，それらを明確に示すこと

である。最初にやるべきことは，能力に関連した感情と，努力という概念にかかわる感情を概観することである。本書の読者はここで述べられていることが思索的で議論の余地があるものだという印象をもつかもしれない。ここではこれらの結びつきを詳細に検討するのではなく，むしろこの章で記述されている議論の核心を伝えることを主な目的としている。その後，道徳的感情のより完全な分類を提案する。そして，ポジティブな道徳的（感情的）評価を促進し，道徳的非難（ネガティブな感情反応）を最小化する印象管理方略を検討する。これらの方略については，成功と失敗の両方の状況で検討していく。成功状況においては，傲慢さと謙虚さについての推論もまた道徳的感情に結びついているため，こうしたパーソナリティ推論について議論する。失敗状況においては，言い訳と告白を含む印象形成方略を分析する。その後，許しに関する議論も行なう。

能力（統制不可能）関連感情

先ほど記載した道徳的感情のなかで，4つの感情が能力についての信念と関連している（必ずしもそれらだけではないが）。この章をとおして論じられるのは，以下に示す道徳的感情である。

1. **妬み**　妬みは，人が他者の優位な点を望むときに生じる。優位性が，モノ——新しい家や高級車——に関してであり，能力についての思考とは関係ないこともあろう。また，望まれる優位な点が，美や知能のような統制不可能な性質と関連があることもある（Feather, 1989; Smith et al., 1999）。人は統制可能な性質である懸命な努力に妬みを感じない。なぜならすべての人が，努力をすることは可能だからである。しかし，美しくあるいは知的であることは一般的に統制不可能であるため，これらの性質を伴った個人は妬みの対象となる。要するに，妬みは部分的に能力と関連した感情である。妬みはしばしば嫌悪感を導くこともある。なぜなら，ある人が望んでも獲得できないものを他者が有しているからである。しかし，必ずしもこのように嫌悪感を導くとは限らない。たとえば，友人の高い能力に対して，妬みを嫌悪感抜きに感じる人も結構たくさんいるだろう。
2. **軽蔑**　軽蔑あるいは侮蔑は，他者の「無能さ」を暗示している。たとえばこの感情は，ある人物がある能力をもっていないこと，あるいは有能ではな

いと認知されることを暗に示している。この感情は,「人が他者よりも強靭・知的である,もしくはその他の面においてすぐれていると感じる必要がある」場合に生じるといわれており (Izard, 1977, p.328), そしてその後,高慢な態度を引き起こす。また,本人自身がとる行為によって,軽蔑されたり,侮蔑されたりすることもあろう。これらの軽蔑や侮蔑を生起させる行動は,行為者自身の特性によって生じたとみなされ,それが感情反応を引き起こすと考えられる。

3. **恥** 恥は,自己が統制不可能な「欠点をもつ」という信念と,自分の特性の不完全さが他者の目にさらされたという信念に基づいている。できの悪い,さえない,あるいは,知性が低いことは恥を喚起させ,無力感や離脱のような行動を生起させる (Tangney & Fischer, 1995 を参照)。

4. **同情** この感情は,第1章と第2章で詳細に検討されてきた。そこでは,同情(あるいは哀れみ)は他者の苦境が統制不可能な原因によるものであるときに経験されると主張され,実証的にも支持された。統制不可能な原因は,全体主義社会のなかで生活することのように,個人にとって外的なものであることもあるだろう。しかし,能力不足がそうであるように,苦境にある人にとって内的なものであることも多い。人は一般的に,肉体的,精神的にハンディキャップを負った無力な人に対して同情する。もしも感情の経験者と感情の対象者との違いが程度の問題ではなく質的なものなら(たとえば感情の対象者が,一時的な目の病気,もしくは少し能力に欠ける人というのではなく,盲目者や精神的なハンディを背負った人である場合),そのとき感情経験は同情よりもより哀れみに近くなることが示唆されている。しかしながら本書では,これらの2つの感情を同じ意味として扱うことにする。

要約すると,ここで述べられている道徳的感情(妬み,軽蔑や侮蔑,恥,同情あるいは哀れみ)は,統制不可能な性質と関連していて,能力と密接にかかわっているといえる。これらの感情は明らかに同質ではなく,これらの違いは道徳的な言葉遣いにも表われる。これらの感情間の違いの1つは,感情が引き起こす行動である。同情は,援助を含む向社会的行動(行為の対象に向けられた行動)を引き起こす。その一方で,妬みや軽蔑は反社会的行動(行為の対象にはむかう行動)を生成し,恥は離脱(行為の対象を回避する行動)を導く。さらに,もし人

が他者の感情経験を判断するのであれば（われわれは実際，他者が感じる感情を称賛したり批判したりする），統制不可能な原因の場合には，同情は妬みや軽蔑や恥よりも，より道徳的で正しく適切でふさわしいとみなされるかもしれない。つまり，感情は行動と同じように，「正しい」あるいは「間違い」と判断されるのである。この立場を支持するデータはあまり存在していない。というのは，関連する研究が行なわれていないからである。しかしながら，ボックス 3.1 を完成させることによってこれらの考えを自分で検討することができる。加えて，ボックス 3.1 では感情に結びついた行為における道徳性の知覚と，人が生起させる感情と行動の一貫性についても検討する。

統制不可能な原因のために失敗した人は，自己（恥）からも他者（軽蔑）からも，ネガティブ感情の対象には「ならない」。このことから，道徳的感情の公平さの知覚に関して推測できることがある。結局，ある行為の遂行に対する統制不可能な原因の有無に関しては意志的な選択の余地がないため，人はそうした原因

◆ ボックス3.1　能力（適性）不足により失敗した他者に対する感情反応と行動反応の評価 ◆

あなたのクラスのある人が，能力（適性）不足が原因である試験において落第点をとったという状況を想像してみてください。まわりの人たちが，さまざまな感情や行動を示したとします。それらの感情反応や行動が，どのくらい公平であるか，ふさわしいか，公正であるかを評価あるいは査定してみてください。さらに，その人たちの感情が行動とどのくらい一貫性があるか，合理的な反応であるかを，評価してください。公平さの評価は「非常に適切である／公平である」を 1，「非常に不適切である／不公平である」を 7 とし，同様に一貫性の評価は「一貫して合理的である」を 1，「一貫せず非合理的である」を 7 としてください。

感情反応	評価	行動	評価	一貫性
侮蔑（軽蔑）	———	見捨てる	———	———
同情	———	助ける	———	———
侮蔑（軽蔑）	———	助ける	———	———
同情	———	見捨てる	———	———

(たとえば，能力不足）について責任を課されない。またそれは，人がこれらの原因が引き起こす結果（たとえば，失敗）にも責任はないということにもなる。道徳的観点からみれば，恥も妬みも統制不可能な失敗に対する「適切な」感情反応ではないといえる。これらはふさわしくないために「道徳に反する感情」とラベルづけされるかもしれない。他方で，同情の向社会的反応は，統制不可能な状況であることを考慮すると「正しい」反応ということができる。第1章と第2章で議論されたように，道徳的教義において疾病への反応（統制不可能なネガティブ状態）は，向社会的であるべきである。

軽蔑や恥とは対照的に，妬みは，他者へのネガティブな結果よりむしろポジティブな結果と関連している。それにもかかわらず，妬みは人が感じる「べきではない」反社会的感情とみなされている。つまりは，賢いことや美しいこと，自己の意志に基づかないこれらの特性がもたらす恩恵に対して，ネガティブにあるいは嫌悪的に（しばしば妬みによって引き起こされる感情である）反応すべきではない。

要約すると，妬み，軽蔑，恥，そして同情は，能力と統制不可能性に関連した因果信念と結びついている。能力不足は「罪」というよりむしろ「疾病」であるため，それらに対する軽蔑と恥の感情は適切ではなく，「道徳に反している」といえる。同様に，妬みは成功した他者に対する不適当あるいは道徳に反する反応であるといえる。能力に関係のある感情のなかで，同情のみが正当あるいは当然の反応であるとみなされる。さらに，同情以外の感情によって引き出された拒否や無視のような行動は，正義の原則や「正しい」あるいは「間違い」によって規定される行為の規則と一致しない。それゆえ，それらはネガティブに評価される。読者はここで感情-行動の一貫性が知覚されるかどうかのみならず，データによってこれらの結論が支持されるかどうかをボックス 3.1 に戻ってみてほしい。私は，このことが事実であると信じている。

努力（統制可能）関連感情

ここでは，努力と因果的統制の認知にかかわる評価と結びついた8つの感情を取り上げる。それら8つの感情が次に簡潔に記されており，この章をとおしてこれらを議論する。

1. **称賛** 懸命な努力のようにポジティブに評価される統制可能な行動によっ

て成功したとき，その結果に値するものと認知される（Feather, 1991 を参照）。価値ある成功は称賛を引き出す（Frijda, 1986; Hareli & Weiner, 2000; Ortony et al., 1988 を参照）。称賛は同様に，社会的受容を含む他者からのポジティブな行動反応を喚起する。しかしながら後述されるように，称賛は単に努力帰属から生じるわけではなく，能力の認知によって引き起こされることもある。

2. **怒り**　怒りは前章で議論したので，ここではあまり議論しない。多くの感情理論家が主張しているように，怒りは行為者の悪い行いに対する個人的責任の判断によって生じるとこれまで述べてきた。怒りとは，ある人が「そうすべきであった」という信念に基づいた価値判断である。失敗の原因としての努力不足は，責任の判断を引き起こし，怒りを喚起する。

3. **感謝**　感謝は知覚された好意に対するありがたいという認識を意味する（Guralnik, 1971）。それはラテン語のルーツ gratia に由来しており，恩恵や親切さを意味する（Emmons & McCullough, 2003 を参照）。感謝は，個人的に望ましい結果が他者の意図的行為によるものであるとき，その結果として生じやすい。よって，ある人が偶然他者の利益になる行動を起こしたとしても，そのときその享受者は感謝を経験しないだろう（Tesser et al., 1968 を参照）。感謝は他者に向けられた感情であり，正義の秤にかけてつりあいを取るための恩返しと結びついており，知覚された好意が享受者によって価値が高くその恩人（行為者）にとって犠牲の多いものであるときに経験される（Tsang & McCullough, 2004 の展望を参照）。しかしすぐ後に論ずるように，感謝は一筋縄ではいかない感情であり，人によってはポジティブ・ネガティブ両方の意味合いをもちうるものである。

4. **罪悪感**　罪悪感は自己に向けられる感情であるため，特に怒りとは対照的に，本書ではあまり注意を向けてはいない。罪悪感の道徳的側面は，怒りの場面のなかで考慮されうる。もしある加害者が他者からの怒りを「受け入れた」のであれば，それは自身が行なった悪事に対して責任を認めることとなり，その者は罪悪を感じるであろう（Graham, 1984; Weiner, 1986; 第 4 章を参照）。怒りと同様，罪悪感について多くの文献や議論が存在する。一般的に，罪悪感は道徳規範や正義の原則に背くような意志に基づく行為（もしくは怠慢）の結果として生じるとされている。したがって，罪悪感は，能力不

足というよりはむしろ努力不足を先行要因として伴っているといえる。恥とは反対に，罪悪感は特性よりむしろ行為と，統制不可能な原因よりむしろ統制可能な原因と関連しており，その結果として，離脱や無力感よりむしろ償いを動機づける（Tangney & Fischer, 1995; Weiner, 1986 を参照）。

5．**憤り**　その感情の経験者が必ずしも直接，社会的に悪い行いの対象とはなっていないものはいくつかあるが，とりわけ憤りはそうである（Dwyer, 2003 を参照）。たとえばわれわれは，AによるBへのひどい待遇に憤りを感じるかもしれない。すでに述べたように，もしAによるBへのひどい待遇が故意ではない，偶然であるなどの場合，そのとき憤りあるいは憤慨は適切ではないといえる（Dwyer, 2003 を参照）。すなわち，憤り（時々憤慨と同義語として使われる）はある程度は害をなす行為の統制可能性に基づいており，有害な行為をした人に責任があるという認知を必要としている。この反応は，自己利益や個人の快楽に基づいているとは言いがたい。したがって，憤りは「美徳そのものが報酬」とする道徳的関心によってのみ生起されるとみなすことができる（Turillo et al., 2002 を参照）。憤りは，進化論のような純粋な機能的観点によって容易に説明されないのである（しかしながら，この種の感情を説明しようと既存の概念が拡張されることはあるが）。

6．**嫉妬**　嫉妬は，最愛の人からの愛情の享受者が他者に取って代わられると人が恐れを感じるとき生起する。嫉妬の重要な決定因子は，嫉妬する人がなぜもはや自分が愛情の対象ではないと考えるのかということである。「嫉妬は，愛する相手が浮気（transgression）を避けられなかったと考えられるときよりも，それが十分統制可能と信じられているとき，しばしば経験される」（Bauerle et al., 2002, p. 316）。このように嫉妬は，軽率な言動の原因が周囲の環境によるものではなくそのパートナーによるものであるときに，また，そのパートナーが意図的にそう行動したときに，より生起しやすいようである（Mikulincer et al., 1989）。嫉妬は，他者の非難や責任の判断との関係があるので，道徳的要素も含んでいる。

7．**後悔**　後悔は，よりよい選択がなされていれば，結果はよりポジティブであっただろうと認識されるときに経験される。それは失望とは対照的である。失望は，ネガティブな結果の理由を問わず，ある決定が好ましくない結果を招いた際に感じられる（van Dijk & Zeelenberg, 2002; van Dijk et al., 1999

を参照)。つまり，これらの2つの感情のうち，後悔のみが，認知的先行要因や評価において自己の主体性，個人責任を有しているのである（Frijda et al., 1989 を参照）。罪悪感と同様に後悔もまた，自己を非難し，正し，否定的な結果をないものとしてもう一度ある行為をやり直そうとする欲求を生起させる（van Dijk & Zeelenberg, 2002, p. 324)。しかしながら，後悔は罪悪感とは違って，自分に対する危害からの結果として生じる。だが一方で，罪悪感はより他者に対する危害と関連している（Berndsen et al., 2004 を参照）。

8．**他者の不幸に対する喜び**　時として，他者の不幸や不運に対して観察者が喜びを感じることがある。この感情反応は他者の不幸に対する喜びとよばれ，その語（Schadenfreude）は文字通り他者の恥によって引き起こされる喜びを意味する（Ben-Ze'ev, 1992 を参照）。他者の不幸に対する喜びは成功やポジティブな結果に引き続いて失敗やネガティブな結果が起こるという一連の流れを必要とする。この感情の先行要因として，妬み，社会的比較，当然の報いであるという認知がある。たとえば，もしある学生がカンニングによって（不当な成功）そのクラスにおいて他者より高得点を得たとし（社会的比較により妬みを引き起こす），そしてその後の試験で落第点をとったとき，クラスの学生は他者の不幸に対する喜びを経験しうる。多くの場合，他者の不幸に対する喜びが生起するにはネガティブな事象が極端過ぎないということが必要である。そのため，もしその学生がテストをカンニングしたため非常に長い拘置期間の判決を宣告されるのであれば，そのときその種の喜びは感じられないかもしれない（Hareli & Weiner, 2002 を参照)。

　この推論を検討するために，フェザー（1999）は「偉い人」すなわち他者より社会的地位の高い人（多くは政治家，運動選手，公衆の注目を浴びる人々）の凋落に対する反応を吟味した多くの調査を行なった。彼らの成功が不当なもの（たとえば運によるもの，継承，助け）であればあるほど，そしてその人が嫌われていれば嫌われているほど，その後の失敗に対して他者の不幸に対する喜びの感情がより多く感じられた。このように他者の不幸に対する喜びもまた道徳的要素を有している（Hareli & Weiner, 2002 を参照)。

道徳的感情の分類

　これまでに示した道徳的感情の2つの性質を合わせることによって，道徳的感

情を分類することができる。それは，感情の方向あるいは対象（自己あるいは他者に向かって）と原因の先行要因（能力と統制不可能性 対 努力と統制可能性）である。表 3.1 はこれらの 2 次元の要因のかけあわせを提示している。これらの感情の 3 つめの特徴であるポジティブかネガティブかということも，表に示されている。表を 3 つの性質で区分してしまうと，それぞれのセルのなかの感情の数が少なくなってしまう（表 3.1 を 3 次元で示すと，たった 12 の感情が 8 つのセルに分けられることとなる）。したがって，各道徳的感情がポジティブかネガティブか（感情の誘意性）は，第 3 次元として表上には示さないこととする。

表 3.1 を注意深くみてみれば，これらの道徳的感情に関する興味深い特徴が明らかとなってくる。

1．道徳的感情は自己よりも他者に向けられやすい（表においてそれぞれ 3 対 9）。
2．道徳的感情は能力よりもむしろ努力に関連しやすい（表においてそれぞれ 4 対 8）。
3．道徳的感情はポジティブというよりもむしろネガティブでありやすい（表においてそれぞれ 3 対 9）。

論理的には道徳的感情には，他者へ向けられ，努力と関連し，ネガティブであるものが多い（4 つ）。すなわち，行為の開始は統制可能であり，違反者はネガティブな事象や結果の責任を負うことになる。

表 3.1　道徳的感情の分類

		感情目標	
		自己	他者
因果的関連	能力	恥（−）	妬み（−） 軽蔑（侮蔑）（−） 同情（＋）
	努力	罪悪感（−） 後悔（−）	称賛（＋） 怒り（−） 感謝（＋） 憤り（−） 嫉妬（−） 他者の不幸に対する喜び（−）

なぜ多くの道徳的感情が，ネガティブで他者志向かつ努力に関連しているのだろうか？　感情は社会的行動を調整するために機能する。怒り，憤り，嫉妬と他者の不幸に対する喜びは，ある者が行なっている行為をやめさせること，もしくはそれに対する罰を受け入れさせることを目的としている。すなわち，道徳的感情は主としてある者が行なった行為は間違っているあるいは悪いことだということや，社会的に受け入れることができないという旨を行為者に伝える。道徳的感情は不道徳な人へ向けられる道徳行為の調節装置であるといえる。

帰属－感情－行為理論

　本書をとおして，罪と疾病は異なっていること，そして2つの主要な動機づけのエピソードとして，統制可能―責任あり―怒り―反社会的行動の過程と統制不可能―責任なし―同情―向社会的行動の過程があることを議論してきた。しかし，次はたとえばネガティブな行為における責任のなさが，ある人にとっては同情ではなく軽蔑を生起させる可能性があることを論じたい。このことはこれまでの議論の妥当性をそこなうものだろうか？　あるいは本書で述べられている理論の普遍性を減少させるものであろうか？

　私は上記のことが，これまでの議論や理論の価値をそこなうことはないと考えている。まさに政治的イデオロギーなどの調整変数が，ある事象の原因の知覚に影響するように，調整変数は原因と行為の評価として生ずる感情反応との間を媒介しうる。多くの場合，人は統制不可能な失敗に同情を示す。しかし，特定の状況においては，軽蔑を示す者もいる。どのような個人差としての特徴や状況要因がこの相違を作り出すかは判明していない。しかしながら，それにより引き起こされる行動は感情経験によって導かれる（ボックス3.1に記述されているように）。したがって，再びそこには帰属－感情－行為の順序，いわゆる動機づけの深層構造が存在する。しかし，その一連の詳細は個人や状況によってさまざまである（特定の反応形式が優勢でありうるが）。このように，以下に示す2つの時系列的連鎖は同じ動機づけ順序を有しているという理由で，理論的に矛盾しないものである。つまり，これらは顕型としては異なるが，元型としては同一である。

1．失敗―能力不足に帰属―統制不可能―責任なし―同情―援助
2．失敗―能力不足に帰属―統制不可能―責任なし―軽蔑と侮蔑―無視

これらの連鎖は以下のように表現されうる。

失敗―能力不足に帰属―統制不可能―責任なし ＜ 同情―援助
　　　　　　　　　　　　　　　　　　　　　　軽蔑と侮蔑―無視

　ここで必要なのは，責任がないとの評価と，評価が共通なのにまったく異なる感情反応が生じることとの間に介在する調整変数を明確にすることである。
　同様にこれまでの議論から，以下のような他の連鎖も導き出せる。

1．懸命な努力による他者の成功―称賛―社会的受容
2．友人からの援助による個人的成功―感謝―返報
3．不当な成功に続く他者の失敗―他者の不幸に対する喜び―援助の拒否

これらすべての場合，原因の評価とそれと結びついた感情が，動機づけられた行為に先行するといえる。

ポジティブな道徳的印象の形成に関して

　道徳的感情の世界を説明するのは難しいことが多い。たとえば，能力不足に帰属された失敗は，多くの場合同情と援助を引き起こすと議論されてきた。ところが，それは時として軽蔑や拒否をも引き起こすかもしれない。では，そのとき失敗した人は，それが能力不足であるというイメージを明示すべきだろうか？　同様に，観察者によって努力不足に帰属された失敗は，怒りを生起させる傾向があるといえる。しかしながら，10代の若者の間では，大人の生み出した原則と学校における規範に対する反抗的態度という理由から，努力不足を原因として知覚することがポジティブな感情を引き起こすかもしれない。ユブネン（2000）およびユブネンとマードック（Juvonen & Murdock, 1993）は10代の子どもたちが学校で落第点をとったときに，先生には能力不足を伝えるが仲間には努力不足を伝えることを明らかにした。これらの「目的に合わせた」印象管理方略によって，その対象とする者から行為者が得るポジティブな感情反応が最大になる。
　他者にポジティブな道徳的メッセージを送ることに関してさえ，葛藤がないと

はいえない。そして複雑な損得勘定と無縁ではない。たとえば，すでに述べられたように，他者からの意図的な援助はしばしば感謝を引き起こす。しかし達成場面における感謝は，成功の原因が自己の外側にあるということを意味する。これは自尊心と達成による誇りを最大化するような，成功を自己に帰属し失敗を外的要因に帰属する快楽的バイアスとは一致しない。実際，公けに感謝を表明したり成功を他者に公然と帰属することが，実際に成功がもたらされたと思っていなくても行なわれることが示されている（Baumeister & Ilko, 1995）。この方法で，人は帰属対象（自己あるいは他者）により異なる因果信念を採択することによって，自身の利益を増大させるのである。

感謝がウェルビーングと健康を高めるという研究結果を考慮すると，この複雑な感情がさらに複雑なものとなる（Emmons & McCullough, 2003; Watkins et al., 2003）。そのとき人は，達成における誇り（成功の自己帰属）を最大化すべきだろうか？　それとも他者からのポジティブな反応（成功に対する公的・私的な他者帰属と感謝の表出）を最大化すべきだろうか？　道徳的感情の経験と表出が葛藤を伴うことは明らかである。つまり，個人的利益を最大にして損失を最小にする試みは，困難な努力を伴うようである。

傲慢さと妬み；謙虚さと称賛

達成に向けた努力の多くは対人的場面でなされるので，達成場面での成功や失敗は多くの社会的結果をもたらす。すでに議論したように，ある科目で高い成績をとると妬みと，称賛の両方もしくはいずれかを引き起こし，その人物は嫌悪や称賛の対象となるかもしれない。そして失敗は，同情，怒り，軽蔑，他者の不幸に対する喜びを引き起こす。これら他者からの反応は，しばしば達成そのものよりも心理的に重要な結果をもたらし，将来の行動を決定する。たしかに本書に対する同僚からのフィードバックは，本に対して私自身がどう感じているかよりも，私の将来の動機づけにとって重要なのかもしれない。

達成行動を観察している人は，達成者に対してさまざまな感情的・行動的反応をするだけでなく，達成者の適性，特性，パーソナリティに関する推論も行なう。達成者は賢明だと判断されたり，愚かで怠惰だと判断されたり，また勤勉だなどと判断される。さまざまな推論が可能であり，これらの判断には多くの先行条件

が存在する。ここでは，判断の決定要因として達成者が成功や失敗の原因に関して他者に伝達する内容について検討し，達成者に対して行なわれる道徳と関連のある達成者の傲慢さや謙虚さに関する推論について検討する。

傲慢さと謙虚さの推論

　傲慢であることや傲慢なコミュニケーションでは，自分が他者よりもすぐれた資質をもっていることが強調される（Ben-Ze'ev, 1993）。したがって傲慢であることは，内的で安定的だとみなされる原因と結びついている。それは，これらがその人物に関する性質，特性，資質を示しているからである。加えて，内的で安定的で統制不可能な原因を伝達することが特に傲慢だとみなされるのは，そうした原因がどちらかといえばその人物だけにある資質を意味しているからである。たとえば，適性や知能の高さやたいへんな美貌ゆえに成功したと言うと，傲慢だとみなされる。これらの原因や属性は個人に「付与」されたものであり，意志に基づいて獲得されたものでもなければ，他の多くの人にあてはまる記述でもない。このような原因が妬みを引き起こすという議論を思い出してみよう。このように，傲慢なコミュニケーションと妬みは，同じ帰属や属性と結びついている。

　成功に対して謙虚であることや謙虚なコミュニケーションでは，自分が他者と同じような性質をもっていることが強調されることになる。したがって，成功したときに自分の役割を控えめに語れば，その人は謙虚であるとみなされる。この立場を支持する研究としてカールストンとショーヴァー（Carlston & Shovar, 1983）は，成功の結果を外的な原因，たとえば他者からの援助や幸運や課題の容易さに帰属した場合は，内的な原因に帰属した場合と比較して，成功に対する説明が謙虚である（傲慢でない）と判断されることを明らかにした。さらに，努力は個人に内的なものであるが，成功の原因を自分の努力に帰属すると，どちらかといえば謙虚だとみなされる。努力が謙虚な説明であるのは，他者も熱心に取り組むことができるからである。すなわち，努力することはその人だけができることではない。称賛は，努力への帰属と「その結果として得るに値する」成功と結びついており，また謙虚さとも結びついている。原因（能力と努力），感情（妬みと称賛），パーソナリティ推論（傲慢と謙虚）の関係は，表 3.2 にまとめられている。

　表 3.2 に基づき，成功した状況では次の一連の過程を提唱することができる。

表 3.2 帰属と関連する感情とパーソナリティ推論

原因	成功	
	高い能力	高い努力
感情反応	妬み	称賛
パーソナリティ推論（成功の原因が伝達されたとき）	傲慢	謙虚

1．内的で安定した統制不可能な原因（たとえば能力）が伝達される─傲慢さが推論される；妬みや嫌悪が生起する─反社会的反応が起こる。
2．内的で統制可能な原因（たとえば努力）が伝達される─謙虚さが推論される；称賛と好意が生起する─向社会的反応が起こる。

再び帰属－感情－行為の過程があることがわかるが，ここでは感情反応を促進したり，またはそれに付随するものとして，人物に関する特性推論も含まれている。

これらの考えを検証する最初の研究として，われわれの研究では（Hareli & Weiner, 2000），参加者に対して，他者が自分の個人的な成功を説明するようすを記述した文章を提示した。ボックス 3.2 にこの実験を改変したものを示すので，読者も回答してほしい。ハーレリとワイナー（2000）では 8 つの説明（ボックス 3.2 に示された 4 つではなく）が提示された。これらの説明は，原因の性質について，所在，統制可能性，安定性の 3 つの点で異なり，2 × 2 × 2 要因計画であった。さらに，説明はありふれた成績（授業で A－の成績をとる）か非常によい成績（トップの成績をとり，ティーチングアシスタントになるように教授から誘われる）とペアにされた。

具体的には，参加者は次の 2 人の学生の会話を耳にするようすを想像した。

ジム　　：ところでデビッド，前期の成績はどうだった？　聞いたところによると，君は心理学入門の講義で A－（または，クラスで一番の成績）をとったんだってね。どうしてそんなことができたの？
デビッド：そうだね，それは僕が高い能力をもっていたから（または，いつも一生懸命努力するから。突然ひらめいたから。今回は必死に努力したから。この講義は誰にでも簡単だから。いつも他の人から助けられてい

◆ ボックス 3.2　成功の原因に関する他者の説明に対する反応 ◆

　ある人物が授業でまあまあの成績（A－の成績）をとり，あなたがその人物に成功の理由を尋ねる状況を想像してください。次にその人物があなたに言ったことが示されています。その人物に関する 2 種類の特性（傲慢さと謙虚さ）と，あなたの感情反応（この人物に対する妬み，称賛，好意）を評定してください。評定は，1（傲慢さ，謙虚さ，妬み，称賛，好意が高い）から 7（傲慢さ，謙虚さ，妬み，称賛，好意が低い）の 7 段階評定です。

伝えられる原因	傲慢さ	謙虚さ	妬み	称賛	好意
頭がいいから					
一生懸命努力したから					
運がよかったから					
友達に助けてもらったから					

　では次に，同じように状況を想像してください。ただし，今回はその人物の成績が単によいだけでなく，トップの成績であり，教授から次期の授業のティーチングアシスタントをするようにお願いされたというようすも加えて想像してください。

伝えられる原因	傲慢さ	謙虚さ	妬み	称賛	好意
頭がいいから					
一生懸命努力したから					
運がよかったから					
友達に助けてもらったから					

るから。幸運だったから。ちょうどそのとき他の人から助けてもらえたから）。

　参加者はデビッドがどれだけ傲慢もしくは謙虚だと思うか，デビッドは自分が他者よりもすぐれていると信じているかどうか，彼は他者に欠けた資質が自分にあると考えていると思うかどうかについて評定した。また，参加者は自分も同じ原因で成功したいと思う程度を評定した。

　この研究に関するデータは表 3.3 と表 3.4 に示されている。表 3.3 は，成功の原因として高い能力をあげると，他の原因が伝達された場合と比較して有意に傲慢だと評定されるということを示している。逆にいえば，高い能力を除くすべての原因が伝達されると比較的謙虚だとみなされた。傲慢さと謙虚さの評定は，ボッ

表 3.3 説明の種類による傲慢さと謙虚さの評定の平均値

	説明の種類							
	能力	継続的な努力	継続的な援助	簡単な科目	ひらめき	一時的な努力	一時的な援助	運
傲慢さ	5.33	3.43	2.27	4.09	3.27	2.57	1.91	2.85
謙虚さ	2.50	4.57	5.00	5.00	4.80	4.71	5.36	4.77

注) Hareli & Weiner, 2000, p.223 からのデータ。

表 3.4 謙虚さ，傲慢さ，その人物が他者よりもすぐれていると考えている程度，その人物が他者にはない資質をもっていると考えている程度，原因の望ましさの間の相関

変数	1	2	3	4	5
1．傲慢さ					
2．謙虚さ	-.56**				
3．その人物は他者よりすぐれていると考えている	.63**	-.37**			
4．その人物は他者にない資質をもっていると考えている	.50**	-.31**	.66**		
5．望ましい原因	.22**	-.23**	.41**	.42**	

注) *p < .05　　**p < .01　　Hareli & Weiner, 2000, p.224 からのデータ。

クス 3.2 の読者のデータでも再現されているだろう。

　傲慢なコミュニケーションと謙虚なコミュニケーションの結果や両者の関係に関する他の予測を検証するため，これらの推論と他の従属変数の間の相関係数を算出した。すると表 3.4 に示されたとおり，予測と一致して，傲慢さと正の相関がみられた項目は，その人物は自分が他者よりもすぐれていると考えている（$r=.63$），その人物は自分が他者に欠けた資質をもっていると考えている（$r=.50$），同じ原因で成功したい（$r=.22$）であった。これらの項目と謙虚さとの相関は逆方向であった。

　達成のレベルはこれらの結果に影響を及ぼしていなかった。A－の成績を高い能力に帰属した人物も，クラスで一番の成績を高い能力に帰属した人物も，同等に傲慢だと判断された。他の研究では（Hareli & Weiner, 2000），たとえ世界選手権レースで金メダルをとり世界記録を樹立しても，公衆の面前で高い能力に帰属すれば傲慢だとみなされることが明らかになった。これは，たとえ本当のことを伝達しても傲慢だと受け取られることを意味しているが，真実は道徳性と密接に結びついており，この問題については以下で詳細に示す。

真実であるかどうかは影響するか？

　先の研究では，コミュニケーションがその人物に関する推論に影響することが示された。しかし，これらのコミュニケーションの評価は，それが真実かどうかによる影響も受けるのだろうか？　たとえば，成績を控えめに表現すると謙虚だとみなされるが，よい成績を誇張すると傲慢だとみなされることが知られている（Schlenker & Leary, 1982）。このように，謙虚さと傲慢さの判断は，話者の伝達内容が現実と一致しているかどうかによって左右される。

　また，次のようなことも疑問に思うかもしれない。それは，成功の本当の原因が能力である場合でも，能力が原因だと個人的に言うと傲慢だとみなされるのだろうか，ということである。人は正直なコミュニケーションを好むものであり（Schlenker, 1975），それは法廷における裁判官も同様である。そう考えると，高い能力が原因だと主張しても，それが真実であればその主張は傲慢だとみなされず，他者からの好意が増加するのかもしれない。これと同じように，外的で不安定で統制不可能な原因（たとえば幸運）のおかげで成功したと主張しても，それが真実であれば，その主張は謙虚だと判断されないかもしれない。これらの例は，正確もしくは正直なコミュニケーションが，傲慢さや謙虚さの印象を軽減させることを示唆している。他方で，コミュニケーションの正直さは，傲慢さや謙虚さと無関連なのかもしれない。

　この問題を検証するため，われわれは（Hareli et al., 2004），他者から伝達される成功の原因と本当の原因を操作した研究を行なった。参加者は，ある人物が学校で成功する話を読んだ。これに続き，本当の原因4つとその人物から伝達される原因4つを掛け合わせたものから構成される，16種類の情報の組み合わせが提示された。4つの本当の原因と4つのその人物から伝達される原因は，能力，努力，他者からの援助，運であった。たとえば，能力が原因で成功し学生が実際にそう言う文章，能力が原因で成功したが学生は一生懸命努力したためだと言う文章，努力が原因で成功したが学生は高い能力があったから成功できたと言う文章などを参加者は読んだ。一方の群の参加者はその学生の傲慢さと正直さを評定し，他の群の参加者は謙虚さと正直さを評定した。パーソナリティ推論に加えて，2つの道徳的感情である妬みと称賛の評定も行なわれた。

　まず妬みと称賛の感情反応について考えてみよう。妬みは，成功の本当の原因によってのみ影響を受けていた（図3.1を参照）。参加者（大学生）は，内的（自

北大路書房の図書ご案内

教育・臨床心理学中辞典
小林利宣 編
A5判 504頁 3495円

教育現場の質的制度的変化や学問的な進歩に対応。約1400項目を，一般的な重要度により小項目と中項目とに分け，小辞典では不十分な内容を充実しながらコンパクトに設計。

発達心理学用語辞典
山本多喜司 監修
B6判上製 430頁 3592円

発達心理学の分野に焦点を絞った日本初の用語辞典。社会の変化，高齢化社会の現状にも対応する952項目を収録。「発達検査一覧」ほか付録も充実。活用度の高いハンディな一冊。

改訂新版 社会心理学用語辞典
小川一夫 監修
B6判上製 438頁 3700円

定評ある旧版の内容の整備・充実を図り，140項目を増補した改訂新版。人名索引も新たに整備したほか，中項目中心の記述方式を採用。授業・研究など幅広く，永く活用できる。

ちょっと変わった幼児学用語集
森 楙 監修
A5判 206頁 2500円

7つのカテゴリー，遊び，こころ，からだ，内容・方法，制度・政策，社会・文化，基礎概念に区分された基本的な用語と，人名項目，コラムを収録した［調べる］［読む］用語集。

価格はすべて本体で表示しております。
ご購入時に，別途消費税分が加算されます。直接注文の際は，別に送料300円が必要です。

〒603-8303
京都市北区
紫野十二坊町12-8

北大路書房

☎ 075-431-0361
FAX 075-431-9393
振替 01050-4-2083

好評の新刊

心理学マニュアル 要因計画法
後藤宗理・大野木裕明・中澤 潤 編著
A5判 176頁 1500円

心理学の研究法としては一番オーソドックスな，実験の計画から統計処理までを扱う。単純か難解かに偏っていた従来の類書を克服した，実践的な内容となっている。

心理学マニュアル 面接法
保坂 亨・中澤 潤・大野木裕明 編著
A5判 198頁 1500円

カウンセリングに偏りがちだった面接法を「相談的面接」と「調査的面接」の2つに分け概観を紹介するとともに，具体的な手順を解説し，より応用範囲の広いものとしている。

トワイライト・サイコロジー
心のファイルx 恋と不思議を解く
中丸 茂 著
四六判 274頁 1800円

恋愛における非合理な心の動かし方や行動，また，超常現象，迷信等の非日常的な現象を信じること…そのような心理を解明をするとともに科学的なものの考え方を身につける。

マンガ『心の授業』
自分ってなんだろう
三森 創 著
A5判 136頁 1300円

心はフィーリングでつかむものではなく，一つひとつ知識としてつかむものである。95％マンガで書かれた，誰にでも読める心理学の本。「心の教育」の教材として最適。

記憶研究の最前線
太田信夫・多鹿秀継 編著
A5判 上製326頁 4000円

心理学における現在の記憶研究の最前線を，話題性のあるものに絞りわかりやすく紹介するとともにそのテーマの研究の今後の動向を簡潔にまとめ，研究への指針を提示。

ウソ発見
犯人と記憶のかけらを探して
平 伸二・中山 誠・桐生正幸・足立浩平 編著
A5判 286頁 2200円

ウソとは何か？ 犯罪捜査での知見を中心に，そのメカニズムをわかりやすく科学的に解明する。「ポリグラフ鑑定」だけでなく，ウソに関するさまざまな疑問にも答える。

犯罪者プロファイリング
犯罪行動が明かす犯人像の断片
J.L.ジャクソン・D.A.ベカリアン 著
田村雅幸 監訳
A5判 248頁 2200円

マスコミ報道などによって広められた隔たったプロファイリングのイメージを払拭し，化学的手法によって行われている実際のプロファイリングの内容の「真実」を伝える。

インターネットの光と影
被害者・加害者にならないための情報倫理入門
情報教育学研究会・
情報倫理教育研究グループ 編
A5判 198頁 1600円

インターネットの利便性（光の部分）とプライバシーや知的所有権侵害・電子悪徳商法・有害情報・ネット犯罪等の影の部分を知り，ネット社会のトラブルから身を守るための本。

教育学―教科教育, 生徒指導・生活指導, 教育相談, 等

ケアする心を育む道徳教育
伝統的な倫理学を超えて
林　泰成　編著
A5判　224頁　2400円

N・ノディングズの「ケアリング」の概念を解説したうえでその概念を応用した授業実践例を挙げ，関係性の構築による心情面の育成に力点をおいた道徳教育のありかたを呈示。

続 道徳教育はこうすればおもしろい
コールバーグ理論の発展とモラルジレンマ授業
荒木紀幸　編著
A5判　282頁　2400円

大好評の前作より10年。この間，おおいに注目され，高い評価を得てきたコールバーグ理論に基づく道徳授業実践の，現段階での成果と今後の可能性についての集大成。

道徳的判断力をどう高めるか
コールバーグ理論における道徳教育の展開
櫻井育夫　著
A5判　286頁　3000円

道徳性発達理論とアイゼンバーグの向社会性発達理論を中心に，認知発達理論を実際の道徳授業と関連させながら説明し，理論に基づいた具体的な授業展開の仕方も紹介。

生きる力が育つ生徒指導
松田文子・高橋　超　編著
A5判　248頁　2500円

「現代社会における子ども」という視点を明確にしつつ，豊富な具体的資料やコラムを掲載し，読者が多次元的視点を身につけられるように編集。教師の役割を根本から考え直す。

図説 生徒指導と教育臨床
子どもの適応と健康のために
秋山俊夫　監修
高山　巖・松尾祐作　編
A5判　258頁　2427円

現場で生徒指導・教育相談に携わってきた著者陣により執筆された教育職員免許法必修科目の「生徒指導」，「教育相談」，および「進路指導」のためテキスト。

生き方の教育としての学校進路指導
生徒指導をふまえた実践と理論
内藤勇次　編著
A5判　244頁　2233円

生徒指導と進路指導は「いかに生きるかの指導」という面で一体化している。「入試のための進学指導」「就職斡旋のための職業指導」からの脱出を図ることをめざして書かれた。

あらためて登校拒否への教育的支援を考える
佐藤修策・黒田健次　著
A5判　246頁　1748円

本書では登校拒否を，子どもが大きくなっていく過程で起きる一種の挫折体験であるとし，これに子どもが立ち向かい，それを克服していくような「教育的支援」を強調。

学校教師のカウンセリング基本訓練
先生と生徒のコミュニケーション入門
上地安昭　著
A5判　198頁　1942円

教師自身にカウンセラーとしての資質・能力が要求される昨今。本書ではカウンセリングの理論学習に加え，その実践的技法の訓練を目的とし，演習問題と実習問題を収録。

心理学—社会心理，認知心理

姿勢としぐさの心理学
P.ブゥル 著
市河淳章・高橋 超 編訳
A5判 228頁 3000円

姿勢とジェスチャーは非言語的コミュニケーション研究分野では比較的無視されてきた。本書はこの現状の何らかの形での打開を意図し，有益な示唆やパースペクティブを与える。

[教科書] 社会心理学
小林 裕・飛田 操 編著
A5判 330頁 2500円

この領域の最新の知見と展開を盛り込んだ社会心理学の本格「教科書」。全章の構成を，個人→対人関係→集団・組織→社会へと配列，予備知識なしでも理解できるよう配慮。

対人社会動機検出法
「IF-THEN法」の原理と応用
寺岡 隆 著
A5判 248頁 4200円

対人社会動機検出の具体的方法として著者が開発し改良を重ねてきた「IF-THEN法」の総合解説書。対人反応傾向を量的に測定し新たな対人行動の研究領域の開拓をめざす。

偏見の社会心理学
R.ブラウン 著
橋口捷久・黒川正流 編訳
A5判上製 342頁 4500円

オールポートの偏見研究から40年—今なお続く偏見について，個人の知覚や情動，行為などの水準にも焦点を当て，研究のあらたな視点を提示し，多様な偏見の形態を分析。

人間の情報処理における聴覚言語イメージの果たす役割
その心理的リアリティを発達と障害の観点からとらえる
井上智義 著
A5判上製箱入 114頁 7000円

従来ほとんど研究されることのなかった「聴覚言語イメージ」を，実験計画にのせて具体的に実施したものを紹介。聴覚障害者の言語処理や，言語教育も視野に入れる。

認知心理学から理科学習への提言
開かれた学びをめざして
湯澤正通 編著
A5判 2500円

理科学習は認知的にも，物理的・空間的にも社会的にも従来の枠を越えるべきとの問題意識から，心理学・教育学・社会・教育現場の多様な分野より，より具体的な提言を試みる。

音楽と感情
音楽の感情価と聴取者の感情的反応に関する認知心理学的研究
谷口高士 著
A5判上製 176頁 4200円

音楽のもつ感情性は私たちの行動にまで影響をもたらすが，それはどこまで一般化でき，普遍性をもつのか。これらの問題に認知心理学的な立場でアプローチを試みる。

授業が変わる
認知心理学と教育実践が手を結ぶとき
J.T.ブルーアー 著
松田文子・森 敏昭 監訳
A5判 304頁 3200円

今，社会から強く要求されている学力を身につけさせるために，認知心理学の成果を生かした新しい教育的手法を設計することを提案。認知心理学の専門用語の解説付。

心理学—教育心理，臨床・医療心理

要説
発達・学習・教育臨床の心理学
内田照彦・増田公男 編著
A5判 264頁 2500円

従来の「発達・学習」領域に加え、教育臨床場面での「使える知識（いじめ、不登校、校内暴力等）」を多く組み入れて編集されたニュータイプ・テキスト。重要用語の解説つき。

学校教育相談心理学
中山 巌 編著
A5判 320頁 2600円

学校での教育相談はいかにあるべきか、子どもの問題行動をどのように理解して対応したらよいのかなど、教育相談の本来の意義と方法について考えることを目的として編集。

学校教育の心理学
北尾倫彦・林 多美・島田恭仁・
岡本真彦・岩下美穂・築地典絵 著
A5判 222頁 2000円

学校教育の実際場面に役立つ実践的内容にしぼった内容。最新の研究知見を中心に、いじめ、不登校、LD等学校現場が現在直面している諸問題への対応を重視した構成・記述。

オープニングアップ
秘密の告白と心身の健康
J.W.ペネベーカー 著
余語真夫 監訳
四六判 334頁 2400円

感情やトラウマティックな経験を抑制することの心身健康への有害性と、言語的開示をすることの心身健康への有益性や治療効果を実験心理学的裏づけのなかで明らかにする。

社会性と感情の教育
教育者のためのガイドライン39
M.J.イライアス他 著
小泉令三 編訳
A5判 260頁 2800円

社会性や感情（情動）を体系的に教育すること「一人ひとりの子どもにスキルとして定着させること」の必要性を説き、教育現場で実施するための39のガイドラインを示す。

シングル・ペアレント・ファミリー
親はそこで何をどのように語ればよいのか
R.A.ガードナー 著
鑪幹八郎・青野篤子・児玉厚子 共訳
四六判 260頁 1900円

離婚・未婚出産件数が増加傾向にある現代、ひとり親家庭の子どもたちや親に生じるさまざまな問題に対し、精神科医である著者が具体例をあげつつ心の問題をサポート。

7つの能力で生きる力を育む
子どもの多様性の発見
A.B.スクローム 著
松原達哉 監訳 岩瀬章良 編訳
A5判 152頁 2200円

学力だけではなく、創造性・巧緻性・共感性・判断力・モチベーション・パーソナリティの面から子どもの能力を見いだすことの重要性を説き、さらに職業適性を論じる。

動作とイメージによる
ストレスマネジメント教育 基礎編・展開編
山中 寛・冨永良喜 編
基礎編 B5判 228頁 2700円
展開編 B5判 168頁 2300円

身体面、心理面、行動面にさまざまな影響が出てくる子どものストレス問題を、予防の観点から解説し、具体的な行動プログラムとその実践例、およびその効果を明らかにする。

教育学—家庭教育・社会教育, その他

家庭のなかのカウンセリング・マインド
親と子の「共育学」
小田 豊 著
B6判 182頁 1553円

今の「豊かさ」の意味を問いながら,「子どものいのちの輝き」を考える。子どものあるがままを受け入れ,子どもの心の流れにそうことから家庭教育の再考を提起する子育ての本。

「やる気」ではじまる子育て論
子どもはやりたいことをやる
山崎勝之・柏原栄子・皆川直凡・佐々木裕子・子どものこころ研究会 著
四六判 192頁 1602円

「間違った方向にいじられている子どもたちを守りたい!」そう願う著者らによって編集された新しい子育て論。内からのやる気をそこなわない子育てを追求する。

いま,子ども社会に何がおこっているか
日本子ども社会学会 編
A5判 246頁 2000円

子どもをめぐる社会・文化という「外にあらわれた姿」を手がかりに,多角的な視点から子どもの実態と本質を鋭くあぶり出す,第一級の研究者による力作。

学校で教わっていない人のための
インターネット講座
ネットワークリテラシーを身につける
有賀妙子・吉田智子 著
A5判 230頁 1800円

生活の道具になりつつあり,学校でも教えるようになってきた「インターネット」。その活用の技を磨き,ネットワークを介した問題解決力を身につけるためのガイドブック。

視聴覚メディアと教育方法
認知心理学とコンピュータ科学の応用実践のために
井上智義 編著
A5判 240頁 2400円

情報機器や新しい視聴覚メディアの教育現場での望ましい活用方法を示すとともに,そのような視聴覚メディアを利用した豊かな教育環境を整えるための適切な方向性を提示する。

京都発
平成の若草ものがたり
清水秋加 著
A5判 208頁 1500円

現在,競争,管理教育,いじめ等を体験した最初の世代が親になっている。育児を通して自らも成長するという視点で描かれた4人の子をもつ母親の子育てマンガ+エッセイ。

質的研究法による授業研究
教育学/教育工学/心理学からのアプローチ
平山満義 編著
A5判 318頁 3200円

新しい時代の授業のあり方を求めて,3つの分野(教育学,教育工学,心理学)からアプローチする,質的研究法の最新の成果を生かした授業研究の書。

教科書でつづる
近代日本教育制度史
平田宗史 著
A5判 280頁 2427円

教科書に関する基礎的な問題を歴史的に記述し「教科書とは自分にとって何であり,また,あったか」を考える啓蒙書。義務教育を終えた人ならだれでも理解できるよう配慮して執筆。

幼児教育，福祉学，その他

子どもはせんせい
新しい預かり保育実践から見えたもの
冨田ひさえ 著
四六判 176頁 1800円

社会的要請は強いものの，単なる「預かり」保育に終始していた延長保育に従来からの枠を超えたカリキュラムを導入した実践記録をドキュメントタッチで紹介。

レッジョ・エミリア保育実践入門
保育者はいま，何を求められているか
J.ヘンドリック 編
石垣恵美子・玉置哲淳 監訳
B5判 146頁 2300円

イタリアで実践され，世界的に注目を集めている保育実践の，アメリカでの入門書。ヴィゴツキー理論の新たな展開と，日本での実践可能性を示す。

一人ひとりを愛する保育
計画・実践，そして記録
飯田和也 著
A5判上製 146頁 1800円

保育の方法から保育の計画，また障害児の保育を含めて具体的な事例を中心にまとめ，さらに毎日の保育が終わった時に「何を記録すべきか」という評価，反省についても記述。

形成期の痴呆老人ケア
福祉社会学と
精神医療・看護・介護現場との対話
石倉康次 編著
A5判 262頁 2500円

20年にわたる介護現場や介護者家族の実践的な模索の過程をたどり，痴呆老人ケアの論理を考える。痴呆になっても普通に生きられることが実感できる環境づくりのために。

チビクロさんぽ
ヘレン・バナマン 原作
森まりも 翻訳（改作）
A5変形判 58頁 1200円

絶版になった原作のもつ長所をそのまま引き継ぎ，原作のもつ問題点を修正し，犬を主人公とした物語として改作。チビクロのさんぽ（散歩）のおもしろさ・楽しさを子ども達に。

チビクロひるね
森まりも 著
A5変形判 59頁 1300円

『チビクロさんぽ』の続編〜オリジナルの創作絵本。ユニークなキャラクターがいろいろなものに変身。「だじゃれ」を超越した言葉遊びのイマジネーションの世界。

目撃証言の研究
法と心理学の架け橋をもとめて
渡部保夫 監
一瀬敬一郎・厳島行雄・仲 真紀子・
浜田寿男男 編
A5判上製 590頁 6500円

「目撃証言」「目撃証人」の取り扱いについて，心理学・法律学双方の専門家からその研究成果を明らかにし，現在の裁判所の「事実認定」，「操作の方法の改革」について提言。

科学を考える
人工知能からカルチュラル・スタディーズまで14の視点
岡田 猛・田村 均・戸田山和久・
三輪和久 編著
A5判上製 402頁 3800円

科学的発見や科学研究の実像をとらえるために現在とられている多様なアプローチの全体像を具体的な研究例をあげることによって紹介。第一線科学者へのインタビューも収録。

心理学―基礎心理，発達心理

ヴァーチャルインファント
言語獲得の謎を解く
須賀哲夫・久野雅樹 編著
A5判 176頁 2400円

いまだその具体的回答が得られない人間の「言語獲得」の問題について，コンピュータ上にプログラムという形でその獲得過程の再現を試み，その謎を解く画期的な書。

新 生理心理学 1巻
生理心理学の基礎
宮田 洋 監修
柿木昇治・山崎勝男・藤澤 清 編集
B5判 344頁 3500円

生理心理学最新の定番書全3巻の1。本巻では，生理心理学のあり方・基礎理論を体系的に紹介する。1部―生理心理学とは 2部―脳と行動 3部―中枢神経系の活動 …等

新 生理心理学 2巻
生理心理学の応用分野
宮田 洋 監修
柿木昇治・山崎勝男・藤澤 清 編集
B5判 334頁 3500円

「現在の生理心理学」として定評を得ている応用分野のなかから認知心理学，睡眠心理学，臨床心理学，障害児心理学・教育，犯罪心理学，鑑識心理学への応用研究を紹介・解説。

新 生理心理学 3巻
新しい生理心理学の展望
宮田 洋 監修
柿木昇治・山崎勝男・藤澤 清 編集
B5判 324頁 3500円

「新しい生理心理学の展望」として，今後周辺各領域で発展・展開が期待できる斬新な分野・テーマの研究成果を集成。今後一層有用性が期待できる生理心理学研究の可能性を満載。

心理学のための実験マニュアル
入門から基礎・発展へ
利島 保・生和秀敏 編著
A5判 286頁 3689円

心理学を本格的に理解し，心理学の基礎的な研究法を体験し，「科学的報告」としてまとめ，心理学研究に必要な技術を修得するために。入門者必携の本格マニュアル書。

女性の生涯発達とアイデンティティ
個としての発達・かかわりの中での成熟
岡本祐子 編著
A5判上製 278頁 3500円

「かかわりの中での成熟」という女性の発達をめぐる問題意識の高まりの中，新しいアイデンティティ発達の視点を提供し女性のライフスタイルのあり方を捉え直す問題提起の書。

みるよむ生涯発達心理学
バリアフリー時代の課題と援助
塚野州一 編著
A5判 262頁 2500円

生涯発達を他者（外の世界）とのかかわりの広がりの中であらわれる人間の質的・量的な変化ととらえ，図表を中心に概観した，「みてわかる」「よんでわかる」平易なテキスト。

子どものパーソナリティと社会性の発達
測定尺度つき
堀野 緑・濱口佳和・宮下一博 編著
A5判 262頁 2600円

子どもの発達の中身を「自我発達」「達成動機」「道徳性」等の各領域的に区分してとらえ，その特性を明らかにするとともに，測定尺度をつけて実践的に取り組めるよう編集。

心理学─その他

クリティカルシンキング 入門編
あなたの思考をガイドする40の原則
E.B.ゼックミスタ・J.E.ジョンソン 著
宮元博章・道田泰司・谷口高士・菊池 聡 訳
四六判上製 250頁 1900円

現代をよりよく生きるために必要なものの考え方、すなわち「クリティカルシンキング」を系統的に学習するために。自ら考えようとする態度や習慣を身につけるためのガイド。

クリティカルシンキング 実践篇
あなたの思考をガイドするプラス50の原則
E.B.ゼックミスタ・J.E.ジョンソン 著
宮元博章・道田泰司・谷口高士・菊池 聡 訳
四六判 302頁 1900円

クリティカル思考とは、たんに懐疑のみでなく、自分の進むべき方向を決断し問題を解決する生産的な思考である。学習、問題解決、意志決定、議論の際の思考を身につける本。

クリティカル進化論(シンカー)
『OL進化論』で学ぶ思考の技法
道田泰司・宮元博章 著 秋月りす まんが
A5判 222頁 1400円

クリティカル思考は、複雑化した現代社会に適応していく上で、必要な思考法である。本書では、ユーモアあふれる4コマ漫画を題材に、わかりやすく楽しく身につける。

自己開示の心理学的研究
榎本博明 著
A5判 270頁 2900円

臨床心理学者ジュラードに始まる自己開示の研究についてその現状を概説した本邦初の書。本書は言語的な自己開示に絞りその研究の概要を掲載。巻末に自己開示質問紙等を収録。

心理的時間
その広くて深いなぞ
松田文子・調枝孝治・甲村和三・
神宮英夫・山崎勝之・平 伸二 編著
A5判上製 552頁 5800円

不可解な「時間」のほんの一側面である「心理的時間」について、その多様性と複雑性にふれながら、わが国での研究とその周辺領域を紹介する。時間の心理学研究に刻される1冊。

心とは何か
心理学と諸科学との対話
足立自朗・渡辺恒夫・月本 洋・
石川幹人 編著
A5判上製 356頁 5200円

人間の心や意識をめぐる研究の様相は70年代以降大きく変換し、心理学についても方法論的基底の再検討が求められつつある。心の諸科学を展望しつつ根本的な問題を検討。

身体活動と行動医学
アクティブ・ライフスタイルをめざして
J.F.サリス・N.オーウェン
竹中晃二 監訳
B5判 166頁 2700円

超高齢化社会を間近に控える現在、日常の身体活動量を増加させ定期的な運動を行うことは疾病予防に大きな役割を果たす。行動変容を起こすための身体活動の効果を明解にする。

子どもを持たないこころ
少子化問題と福祉心理学
青木紀久代・神宮英夫 編著
四六判 174頁 1800円

少子化傾向は止まる兆しを見せない。面接調査をもとに子どもをもつことの意味、育てることの意味、そしてもたない心の深層を分析し、解決策の1つを福祉心理学の構築に求める。

教育学—原理・方法・歴史, 教育学全般, 学習指導

教育技術の構造
杉尾 宏 編著
B6判 248頁 2300円

上手・下手という教育技術の価値的側面を問う前に、教育の営み全体、すなわち公教育体制下の教育労働過程の中で、歴史・社会学的に明らかにするということをねらいとした書。

教師の日常世界
心やさしきストラテジー教師に捧ぐ
杉尾 宏 編著
B6判 220頁 1500円

現場教師各自が、学校教育の構造とその矛盾をつかみきるために、教師の日常世界に巣くう「自明視された教育行為」を見直し、現在の学校教育の病理現象を徹底解明する。

「協同」による総合学習の設計
グループ・プロジェクト入門
Y.シャラン・S.シャラン 著
石田裕久・杉江修治・伊藤 篤・
伊藤康児 訳
A5判 230頁 2300円

従来の競争社会への反省・否定の立場から欧米でも教育方法として重要性が認識されている協同学習理論。原理から主体的・有効に実践を作りあげるための具体的な情報を提供。

子どもが変わり学級が変わる
感性を磨く「読み聞かせ」
笹倉 剛 著
四六版 224頁 1900円

読書の足がかりとしての「読み聞かせ」の重要性と、その継続的な実践が子どもの想像力や自己判断力を培うことを説く、学校教育現場に焦点をあてた初の書。実践報告も紹介。

認知心理学からみた
授業過程の理解
多鹿秀継 編著
A5判 230頁 2300円

「教育の方法と技術」の内容を、生徒と教師の相互作用という認知心理学的方法でアプローチした書。従来からの行動主義心理学の成果も取り入れ、総合的にまとめながら紹介。

実践学としての授業方法学
生徒志向を読みとく
H.マイヤー 著
原田信之・寺尾慎一 訳
A5判 328頁 4200円

著者は現代ドイツの教育科学・学校教授学研究の第一人者で、この書はわが国のこれからの教育に求められる「自ら学び自ら考える力の育成」への道筋の構築の大きな指針となる。

授業づくりの基礎・基本
教師の意識改革を求めて
寺尾慎一 著
A5判 198頁 2427円

教育改革を推進、実行するのは各学校・教師であり、そうした改革に応える道は「授業づくり」の腕前を上げる以外にはないとの考えに基づき、その基礎・基本について論述。

子どもが生きている授業
吉川成司・木村健一郎・原田信之 編著
A5判 150頁 1942円

子どもの幸福のために行われる授業とは？子どもを全体として理解し、教師自身の内的世界を深く洞察する過程から、人間の本質や生きかたを浮き彫りにしようとする意欲作。

心理学―原理・方法・歴史, 心理学全般

試験にでる心理学 一般心理学編
心理系公務員試験対策／記述問題のトレーニング
高橋美保・山口陽弘 著
A5判 230頁 2600円

心理系公務員（主に国Ⅰ・家庭裁判所・地方上級等）試験対策用の参考書／問題集。過去に出題された記述問題を多く集め，これに類題を加え一問一答の形式で解答・解説。

アメリカの心理学者 心理学教育を語る
授業実践と教科書執筆のためのTIPS
R.J.スターンバーグ 編著
道田泰司・宮元博章 訳編
A5判 256頁 3200円

大学の人気科目である心理学。が，その教育理念を検討し授業の組立や実用的アイデアを示した書は今まで日本にはなかった。すべての教員に有益なヒントを提供するエッセイ集。

本当にわかりやすい すごく大切なことが書いてある ごく初歩の統計の本
吉田寿夫 著
A5判 330頁 2500円

実際に研究を行う際の実用書としてよりも，社会科学を学ぶ人や統計を利用する必要性の高い職業に従事する人を対象とした（統計学ではなく）統計法のテキスト。

共分散構造分析[事例編]
構造方程式モデリング
豊田秀樹 編
A5判 224頁 3200円

1990年以降頻繁に使用され応用範囲も広い共分散構造分析。本書は特に実質科学的な解釈の興味深さという観点からモデル構成例と注意点，解釈・仮説の表現のコツ・工夫等を収録。

通史 日本の心理学
佐藤達哉・溝口 元 編著
A5判 640頁 4500円

日本の心理学の現状がなぜかくあり，今後どのような方向に行くのかを問う時，130年間にわたる日本心理学の道筋を省みることには大きな意義があろう。本邦初の通史編纂書。

心理学論の誕生
「心理学」のフィールドワーク
サトウタツヤ・渡邊芳之・尾見康博 著
A5判 240頁 2800円

心理学の研究について縦横無尽に語り尽くした鼎談＋関連論文で構成。日本の心理学研究における概念・方法・制度・歴史の捉え方に相対的な照射を果たしていく研究者必読の書。

思いやりと ホスピタリティの心理学
平井誠也 編著
A5判 264頁 2500円

一般心理学の事項を横糸に，本書のテーマ（「思いやり」「ホスピタリティ」）に沿った事項を縦糸に編集されたユニークな心理学入門書。医療・看護，福祉系の学生に最適。

自分理解の心理学
田口則良 編著
A5判 220頁 2300円

青年期の心理的特性や発達課題といった，自分の生き方にひきよせて考えられる知見について詳述した一般心理学入門テキスト。自分を理解し，強い精神力を養成するために。

教育・保育双書 全22巻

秋山和夫・成田錠一・山本多喜司 監修

❶教育原理
秋山和夫・森川直編 2233円

❷保育原理
田中亨胤編 2300円

❸養護原理
杉本一義編 2427円

❹社会福祉
片山義弘編 2500円

❺児童福祉
杉本一義編 2427円

❻発達心理学
今泉信人・南博文編 2427円

❼教育心理学
祐宗省三編 2427円

❽子どもの臨床心理
松山欣子・秋山俊夫編 2427円

❾小児保健
清水凡生編 2500円

❿精神保健
品川浩三編 2427円

⓫保育内容総論
秋山和夫編 2427円

⑫内容研究 養護
小林一・安藤和彦・栃尾勲編

⓭内容研究 領域健康
生田清衛門・秋山俊夫編 2427円

⓮内容研究 領域人間関係
小玉武俊編 2427円

⑮内容研究 領域環境
秋山和夫・成田錠一編

⓰内容研究 領域言葉
横山正幸編 2427円

⓱内容研究 領域表現
大塚忠剛編 2427円

⓲乳児保育
土山忠子編 2427円

⓳障害児保育
田口則良編 2427円

⑳児童文化
秋山和夫編

㉑保育実習
坂本敬・安藤和彦編 2233円

㉒教育実習
秋山和夫編 2300円

※白ヌキ数字は既刊

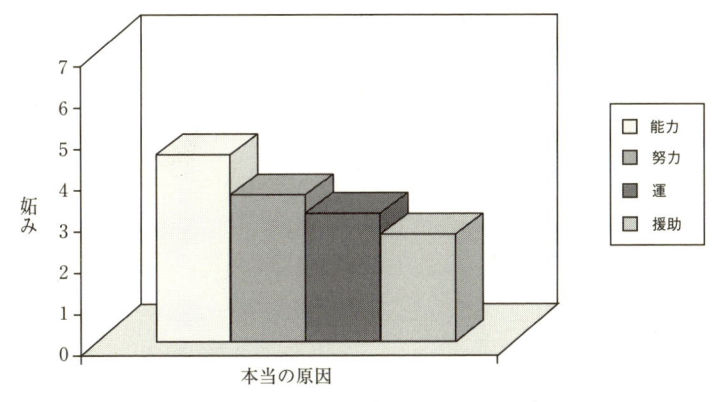

◆◆第3章◆◆　道徳的感情とポジティブな道徳的印象の形成

図3.1　成功の本当の原因と妬み（Hareli et al., 2004）

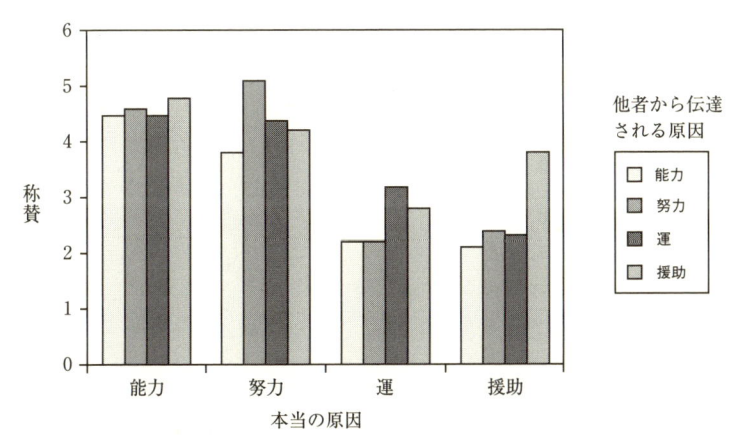

図3.2　他者から伝達される成功の原因・本当の成功の原因が称賛に与える影響（Hareli et al., 2004）

己と関連した）原因によって成功した人，特に高い能力により成功した人に対して，妬みを感じていた。先に予測したとおり，その人物だけがもち，自分にはない資質をもつ他者は最も妬まれた。しかし，努力による成功も妬みを生起させたので，妬みの原因は自分にはない個人の資質に限定されるわけではない。

　成功の本当の原因がその人物の内的なものである場合には，称賛も増加した。図3.2に示されるように，本当の原因が能力であるときと努力であるときは同等に称賛された。したがって，称賛は原因の統制可能性と結びついていないのかもしれない（原因の所在とは結びついているが）。また，他者から伝達される原因

107

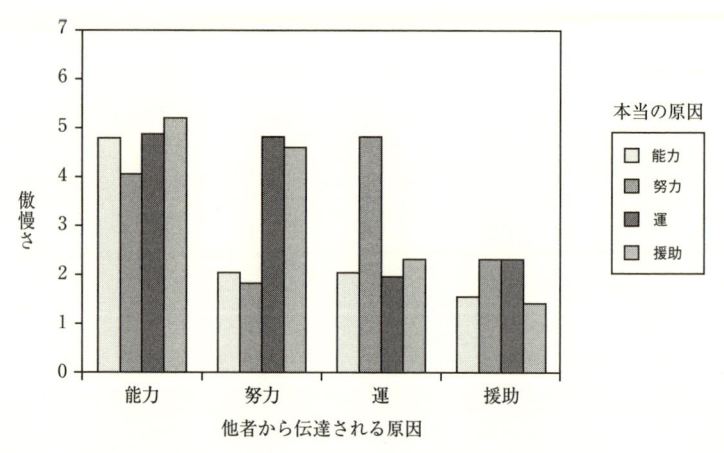

図 3.3 他者から伝達される成功の原因・本当の成功の原因が傲慢さに与える影響
（Hareli et al., 2004）

も，ある程度は称賛に影響を及ぼした。最も称賛された人物は，一生懸命努力したために成功し，この本当の原因を伝達した人物であった。

　しかし，傲慢さと謙虚さ，また，それらと正直さとの関係はどうなのであろうか？　この関係はより複雑なものであった。図3.3には，本当の原因と他者から伝達される原因に応じた傲慢さの評定が示されている。図から明らかなように，成功の原因として能力を述べることは傲慢だとみなされた。さらに，この推論は原因が本当であるかどうかによる影響を受けなかった。すなわち，成功の本当の原因が能力であるときに能力が原因だと述べても，傲慢さの認知は軽減しなかったのである。仮にアインシュタインでも「私は天才だ」と述べると，傲慢だとみなされるだろう。他方で，本当の原因と他者から伝達される原因が，他の傲慢さ判断に及ぼす影響については，交互作用がみられた。たとえば，努力が原因で成功した人がこれを伝達すれば，傲慢だとはみなされなかった。しかし，本当の原因が外的要因（他者からの援助か運）であるときに努力により成功したと述べると，傲慢だと判断された。すなわち，他者の主張する原因が努力であるときは，その真実性が傲慢さの判断に影響したが，能力であるときには影響しなかった。傲慢さが高いと評定される他の唯一の原因の組み合わせは，努力が原因で成功したのに運が原因だと述べることであった。この場合には，運が，能力と同様に内的で安定して統制不可能なものだというように，その人物の特性としてみられて

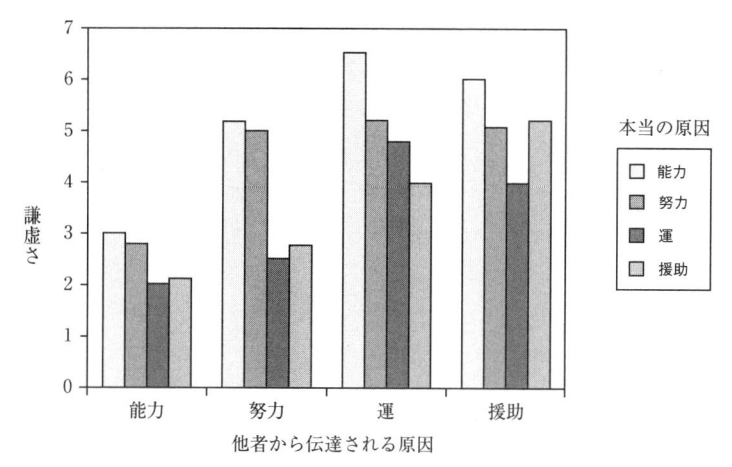

◆◆第3章◆◆　道徳的感情とポジティブな道徳的印象の形成

図3.4　他者から伝達される成功の原因・本当の成功の原因が謙虚さに与える影響（Hareli et al., 2004）

いるようである。

　謙虚さは傲慢さとは対照的なものであり，謙虚さに関する結果はすでに報告したものを単に逆にしただけと考える人もいるだろう。しかし図3.4に示されるように，これはあてはまらない。外的原因を述べることは謙虚だとみなされた（内的原因を述べることが傲慢だと判断されるのと同様に）。しかし，これは本当の原因が個人の内的なものであるときに特にあてはまる。たとえば，本当の原因が能力であるときに運がよかったから成功したと述べることは，非常に謙虚だと評定された。つまり，謙虚さは嘘をつくことだということもできる。したがって，能力があり一生懸命努力した人は，非常に謙虚であると判断される可能性があるのに対して，能力が低いか努力をしていない人は，本当は内的原因で成功したということを隠して外的要因で成功したと述べることができないため，謙虚だとみなされる可能性が小さい。他方，すべての人物は傲慢だと判断される可能性がある。すなわち傲慢さは，発言の真実性にかかわらず，自分には能力があると主張することである。

　最後に，すべての嘘が同じ意味をもつわけではない。たとえば，能力が原因で成功したが運や援助が原因と述べている人は，運や援助が原因で成功したが能力が原因だと述べている人よりも，より正直だと判断される。このように，正直さの印象は，傲慢さと謙虚さの推論と，嘘の原因に関する推論をもとにして形成さ

れる。

　まとめると，能力や努力という原因の認知は，感情に関係するだけではなく，道徳的なパーソナリティの推論とも関係する。道徳的なコミュニケーションと不道徳的なコミュニケーションが存在し，それぞれに対して特定の原因の記述が伴っているのである。

‖ 印象形成と言い訳 ‖

　印象形成は成功の状況ではうまくいくもので，これは他者に伝達する原因を操作することによってできることが示されてきた。高い能力ではなく一生懸命に努力したのでその成功は特に価値があると伝達することは，社会的目標の達成において特に機能的である。

　しかし，成功という状況は，社会的・道徳的違反（失敗）という状況と比べれば，印象形成や道徳的感情を研究するための題材が豊富にある領域ではない。これは，達成への努力が報酬志向システム，特に，並外れてすぐれた個々の行為（産物）や行動の結果に対して報酬が与えられるシステムのなかで起こるからである。一方，道徳的違反は罰志向システム，特に社会的規範と一致しない行動に対して罰せられるシステムのなかで評価されるものである（Weiner & Peter, 1973 を参照）。人は不道徳行動をすると社会的ダメージを修復する方法を特に探索する傾向があり，より望ましい自分の印象を作り出すことで罰を抑えようとする。これは特にネガティブな出来事に対して帰属探索が行なわれるという原則から生じる（Weiner, 1985b を参照）。

　違反した人物に対する他者からのネガティブな反応を減少させるには，どうすればよいのだろうか？　ここでの他者とは，犯罪行為により開廷された裁判の裁判官である場合もあるし，友達が時間通りに来なくて映画館の前で待たされている人である場合もある（いわゆる「社会的苦境」）。本書をとおして主張されているとおり，ネガティブな出来事，状態，行動に対する個人的責任の程度に関する判断を減少させることが，同様に罰も減少させる。したがって，責任に関する信念を変化させることが違反者のめざす１つの目標であり，それは適切な説明を提供することで達成される。

　説明は，商売で使われる言語（比喩）を用いて表現することができる。われわ

れは説明を「借り」,「提供し」,「与え」,一方,他者はこの説明を「受け取り」,「受け入れ」,「拒否する」。このように損害をもたらした側と受けた側の二者間には取引が存在する。説明はしばしば予期されるネガティブな評価を「中和する」ものとしても用いられる (Scott & Lyman, 1968)。すなわち説明は,非難や罰を防ぐための「会話による方法」である。また,それは個人的需要や目標だけでなく社会的需要や目標にも役立つ。

私の以前の本,『責任の判断 (Judgments of Responsibility)』(Weiner, 1995) では,説明の区分に関する分類法の枠組みを提唱したが,私は現在でもそれが有効だと考えている (表 3.5 を参照)。表 3.5 の左側には,他者に完全に責任があると判断される過程の各段階が示されている。最初の段階では,たとえば映画館で待たされるなどのような,ネガティブな結果 (状態,行動,出来事など) が存在する。その後,損害を受けた人はその結果を損害をもたらした人の個人的原因に帰属する (「それはジェーンのせいだ」)。次の段階で,その原因を彼女が統制することが可能だったと考える (「彼女は時間通りに来るための努力を何もしなかった」)。最後に,軽減事由 (たとえば「彼女は家を出る前には必ず母親がベッドに行くのを助けなければならない」など) がまったく存在しない。行動が内的で統制可能な原因に帰属され,軽減事由も存在しないとき,他者は完全に責任があると判断される。

表3.5 の右側には,説明提供者が責任や非難を軽減させる方法が示されている。これらにより責任追及の過程が停止する。まず,ネガティブな出来事は起こらなかったと主張する (否認)。これは初歩的な方法であり,幼年者によって最も多く使用される (「クッキーはなくなってないよ」「僕はクッキーをとっていないよ」)。しかし,否認は特定の年齢層に限定されるものではない (たとえば,ある人は映画館に遅れたことをとがめる人に言うだろう。「遅れていないよ。だって

表3.5 免責を促進する方略に関連する責任追及過程

責任追及過程の段階	方略
ネガティブな結果の生起	結果の否認 (否認)
他者が結果の原因を損害をもたらした側の内的原因に帰属	外的要因への帰属 (言い訳)
他者が結果の原因を損害をもたらした側の統制可能な原因に帰属	統制不可能な要因への帰属 (言い訳)
軽減事由が認知されず	軽減事由の示唆 (言い訳と正当化)
責任が推論される	謝罪と告白

注) Weiner, 1995, p.218 による。

私たちはこの時間に会おうと約束したじゃない」)。だが否認は素朴なやり方であり，しばしば反証され，責任追及過程の詳細な理解を必要としないものである。否認は事態を悪化させる主張的な説明だとみなされ，しばしば対人葛藤を増加させる。これは，関係者の葛藤を減少させる目的をもつ，事態を和らげる非主張的な他の説明とは対照的なものである（McLaughlin et al., 1983; Takaku, 2000 を参照）。

言い訳

　表 3.5 に示した次の 2 つの段階では，ネガティブな出来事が起きたことは認めるが自己に責任がないとするか，自己にあっても統制可能ではない原因に帰属することにより，責任追及から逃れる。これらの帰属操作や印象管理技術は，言い訳（excuse）とよばれる（ex= から，cuse= 原因。つまり，ある原因から他の原因へ）。シュレンカーら（2001）は次のように指摘している。

> 言い訳とは自己奉仕的な説明であり，問題とされている出来事に対する責任を低下させようとする目的をもち，自己の核となる要素をその出来事から分離させることである（Schlenker, 1980, 1982, 1997; Scott & Lyman, 1968; Snyder et al., 1983; Tedeschi & Riess, 1981）。その目的は，それを聞いている人に対して（しばしば行為者も含まれる），問題とされている出来事がさほど行為者の過失によるものではないということを納得させることである。……そうすることで，行為者は出来事のネガティブな影響と，……失敗と違反行為による罰を最小限にしようとする。(p.15)

　言い訳は，事態を悪化させる主張的な説明と事態を和らげる非主張的な説明の中間としてみなされる。言い訳には責任を減少させることで対人葛藤を減少させようとする性質があるが，損害を受けた人は，違反者が責任を認めているわけでも許されるための適切な行動を行なっているわけでもないとみなすので，葛藤が増大することもある。

　もちろん，言い訳を受け入れるかどうかの判断を，すべての人が同じようにするわけではない。ディロン（Dillon, 1998）は，大学生と教員に対して学生が授業を休む 48 の理由を提示し，「それが合理的な原因かどうか」を評定させた。読者も評定できるように，ボックス 3.3 にそのいくつかを載せる。

◆◆ 第3章 ◆◆　道徳的感情とポジティブな道徳的印象の形成

◆ ボックス3.3　言い訳の受容可能性 ◆
　言い訳として受け入れられるかどうかを評定してください。（はいか，いいえで）
1．インフルエンザにかかった。　　　　　　　　　　　　＿＿＿＿＿＿＿
2．陪審義務があった。　　　　　　　　　　　　　　　　＿＿＿＿＿＿＿
3．他の授業で実地調査に行った。　　　　　　　　　　　＿＿＿＿＿＿＿
4．バスが遅れた。　　　　　　　　　　　　　　　　　　＿＿＿＿＿＿＿
5．アレルギーになった。　　　　　　　　　　　　　　　＿＿＿＿＿＿＿
6．喉の痛みがあった。　　　　　　　　　　　　　　　　＿＿＿＿＿＿＿
7．電話を取り付けるために家にいなければならなかった。＿＿＿＿＿＿＿
8．運動をしなければならなかった。　　　　　　　　　　＿＿＿＿＿＿＿
9．アラームが鳴らなかった。　　　　　　　　　　　　　＿＿＿＿＿＿＿
10．試験勉強をしなければならなかった。　　　　　　　　＿＿＿＿＿＿＿
11．飛行機の予約が同じ日にされていた。　　　　　　　　＿＿＿＿＿＿＿
12．次期の授業の登録をしなければならなかった。　　　　＿＿＿＿＿＿＿

　21の言い訳に関しては，学生も教員も一致して合理的と判断した（「インフルエンザにかかった」「医者との約束があった」「陪審義務があった」「他の授業で実地調査に行った」。ボックス3.3の1〜4を参照）か，もしくは非合理的と判断した（「食料雑貨品を切らした」「運動をしなければならなかった」「電話を取り付けるために家にいなければならなかった」「ルームメイトが男友達と問題を起こした」。ボックス3.3の7〜8を参照）。これらの例から明らかなことは，受け入れが可能な言い訳は，学生にとって外的なこと（陪審義務）であるか，もしくは内的ではあるが意志による統制が困難なもの（インフルエンザ）であり，他方，受け入れられない言い訳とは，言い訳の話者が統制可能であり個人的に変更可能なことであった。前者の言い訳をされると，教職員は学生に対して怒ったり非難したりしないが，受け入れ不可能な理由を与えられると，怒りや非難が起こるものと予測される。読者の判断もこれらの評定に一致するかどうか，ボックス3.3から確かめてほしい。

　27の言い訳については，受け入れられるかどうかに関して学生と教員との間に有意な差がみられた（ボックス3.3の9〜12を参照）。最も大きな意見の相違は，「アラームが鳴らなかった」であり，学生は受け入れられると考えたが，教員はそうとは考えなかった。学生は明らかにこの原因を外的で統制不可能で概念的に陪審義務と似ていると解釈したが，教員はこれを内的で統制可能で怠惰であると

113

考えた(学生はこの原因を統制するだけの力をもっており、たとえ結果が意図しないものであっても責任がある)。他の理由のなかで評定に違いがあったものとしては、「飛行機の予約が同じ日にされていた」「打ち合わせで時間をとられた」「ストレスを感じていた」があった。教員が学生からこれらの言い訳をされると、教員の側は学生が罰を与えられても仕方ない道徳的違反を行なったと感じるが、学生の側は教員からネガティブな反応を受けるのはおかしく不当だと感じ、両者の間に葛藤が生じることが予測される。

これらの分類の不一致は理論上の脅威とはならない。なぜなら、帰属理論は現象学を取り入れているからである。原因が統制可能か統制不可能かを決定するのは、「それが私にどう見えるか」である。教員にとって統制可能で怠惰だとみなされたものが、学生にとって統制不可能だとみなされたのである。しかし、いったん原因が分類されると、調整変数が主要な過程を変化させることはありうるが、多くの場合、連合している感情が引き起こされる(たとえば、教員からの怒り)。

言い訳の問題をさらに進めて、想起や単純な判断ではなく実験的操作を含む方法を用いたものとして、ワイナーら(1987)の研究がある。この研究では、参加者を2人ずつ実験に来させた。各参加者は異なる部屋に来るように言われており、1人は15分遅れ、もう1人はパートナーが遅れたと信じさせられた。

遅れた参加者は、その後パートナーに加わるように言われ、そこで「悪い言い訳」か「よい言い訳」か、ふつうの言い訳をした。表3.6には、遅れた人の言い訳が示されている。「悪い言い訳」条件では、怠惰を含む統制可能な原因(「忘れてた」)や自由選択によって遅れてきたこと(「友達と会って立ち話をした」)が

表3.6 実験条件別の説明のカテゴリーとその頻度

説明のカテゴリー	実験条件		
	悪い言い訳 ($n = 17$)	よい言い訳 ($n = 18$)	ふつうの言い訳 ($n = 19$)
突然の義務	1	6	3
交通機関、距離、場所	1	5	3
学業上の必要	0	4	5
怠惰	7	0	2
自由選択	6	0	0
何かを失くした	1	2	2
その他/複数カテゴリー	1	1	4

注) Weiner et al., 1987, p.321からのデータ。

表 3.7 言い訳を聞いた側における実験条件別の判断の平均値

	実験条件		
	よい言い訳	ふつうの言い訳	悪い言い訳
ポジティブ感情	6.15	5.92	5.32
望ましい特性	5.37	5.29	4.71
社会的行動	5.76	5.84	5.18

注）Weiner et al., 1987, p.321 からのデータ。

伝えられた。他方，よい言い訳条件では，参加者は突然の義務を含む道徳的正当化（「母親を病院に連れて行かなければならなかった」）や，交通や到着の問題（「実験室を見つけられなかった」）や学業上の必要（「中間試験で思ったよりも時間がかかった」）のような統制不可能な原因を伝えた。ふつうの言い訳条件で述べられたことは，「よい言い訳」条件と類似したものであり，参加者は多くの場合個人への責任を低減させるための原因を述べた。

また，言い訳の目的と有効性について検討するため，パートナーに対して，操作された言い訳を聞いた後に遅れた参加者の印象を尋ねた。指標は，感情反応（ポジティブ感情とネガティブ感情），特性（望ましいものと望ましくないもの），そして将来の社会的行動に関する評定であった。結果は表 3.7 に示されているとおり，悪い言い訳の後には，よい言い訳やふつうの言い訳（実際にはよい言い訳であった）の後よりも，ポジティブ感情，望ましい特性や対人行動における評定が低かった。このように言い訳は，言い訳をした者の概念的位置を図 1.4 の上半分（責任がある）から図の下半分（責任がない）に移行させるという点で機能的なものである。外的で統制不可能な原因への帰属は，子どもの学習困難経験（Tollefson et al., 1991），配偶者虐待（Overholser & Moll, 1990），レイプ犯（Kleinke et al., 1992; Scully & Marolla, 1984），暴力犯（Henderson & Hewstone, 1984）などの文献に記述されており，それらではさまざまな失敗・違反状況で言い訳が広く用いられていることを示している。

個人や法律場面における説明の使用と有効性を考えると，それが組織場面で使用されていても驚くべきことではない。再びシュレンカーら（2001）を引用すると，

> 組織に関連する状況では，言い訳は，従業員が傷ついたイメージを回復するためや，経営者が作業員をなだめるため，また組織が満足しない客や広く一般市民からのイメージを

回復するために使用される (Rosenfeld et al., 1995)。言い訳は組織において合法化方略とよばれる。なぜなら，予算削減，過少支払い，一時解雇や悪い成績評価のような困難な時に使用すると，従業員のやる気を維持するのに非常に効果的だとする証拠があるからである (Bies & Sitkin, 1992)。多くの大企業における最近の「報道対策アドバイザー」の役割は，一般市民に対して，建設的でイメージ修復可能な言い訳を提供できることの重要性を示している。(p.16)

　もちろん，責任，怒り，他者からの罰を減少させること以外にも，言い訳には多くのことが関係する。言い訳は，失敗を自己に帰属することによる自尊心の低下を防ぐために使用されることもある (Crocker & Major, 1989; Major et al., 2003 を参照)。言い訳は多くの要因によっても変化しうる。たとえば，違反者の年齢，違反者とコミュニケーションの対象の両者の社会的地位，違反行為の文化的文脈などである。それに加えて，言い訳はいつも有効であるとは限らず (Lee & Robinson, 2000)，特に聞き手が責任を低減させるための道具として言い訳を解釈した場合などは有効ではない。シュレンカーら (2001) が指摘するように，言い訳はしばしば言い訳をした者の誠実さをそこなうため，すべての人にとって最良とは限らない。

　したがって，ここで示してきたことは，言い訳の複雑さに関する詳細な検討ではなく，言い訳が素朴心理学や日常心理学の一部であり，広く使用され，責任判断や怒りや罰を変化させるための有効な方法であることを示す明白な証拠である。言い訳には2種類の過程が関与しているようである。1つは違反者によって予期されるものであり，もう1つはすべてが計画どおりに進めばそれに取って代わられるものである。これらはそれぞれ次のように表わされる。

1．社会的違反—違反者に内的なもので統制可能で軽減事由がないとの認知—違反者に責任がある—他者は怒る—排斥，罰，報復の予期
2．社会的違反—違反者に外的なもので統制不可能で軽減事由があるとの認知—違反者には責任がない—他者は怒らない—排斥，罰，報復は予期されず

　すなわち，違反者は概念的に図1.4の上半分から下半分へ，「罪」から「疾病」に移動しようとしているといえる（違反者はこれらの言葉で自分を記述しないだろうが）。

正当化

　この図 1.4 の上部から下部への概念的な移行は，違反行為を正当化する際に，きわめて道徳的な目標があったからその行動を行なったのだと主張する際にもみられる。たとえば，映画館に遅れて到着したのは困っていた盲目の人を助けていたためであれば，正当化されたとみなされる。すなわち正義はその役目を果たし，その結果，遅刻への責任を低下させ，怒りを減少させる。遅刻は自由な選択によってもたらされたものであり，責任の認知の先行条件となるものだが，それにもかかわらず違反者は非難や罰から免れる。しかし，言い訳をすることと同様に，正当化は事態を和らげる説明というよりも悪化させる説明となるときもある。それは，伝えられた正当化が受け入れられないことがあるためである。たとえば，「私は母をショッピングに連れていかなければならなかった」という言い訳は，違う時間や別の日にショッピングに行くことができたはずなので，反発を引き起こす。

　もっと注目すべき点はあるが，ここでは正当化方略をさらに追求することはしない。むしろ私は告白と許しに焦点をあてる。その理由の1つとして，これらはより多くの理論や実証的研究が存在するテーマであるということがあげられる。

‖告　白‖

　告白は違反行為の後に行なわれる最も主張的でない説明である。ただし，説明には，出来事の意味を罰せられるものから受容されるものに変化させる目的があることを考慮すると，告白は説明ですらない。エイベル（Abel, 1998）は，告白を，違反者が「道徳的劣等性」を表明する手段で，被害者にその告白を受け入れるかどうかの判断の余地を残すものであり，告白することでその後の違反者と被害者の地位を平等にするが，それが拒絶されると地位が不平等のままであると考えた。

　また告白は，出来事の意味を変化させるための意識的な方法ではなく，罪悪感から生じうるものである。ユング（Jung, 1933）は，「すべての個人的秘密は，罪や罪悪感の効力をもっている」（p.34）と述べ，それは罪を認めるように個人を追い立てるものだと主張した。告白への衝動は精神分析学における研究で認められている（Belgum, 1963 を参照）。たとえば，数年前に罪を犯したが捕まらず，そ

れにより苦しめられた結果，突然その罪を認めるなどの事例は，これを支持するものである。

　告白が説明であるかどうかにかかわらず，告白は「会話による方法」で対人関係の改善をめざすものである。告白の最も重要な目的は，違反者の行為を被害者に許してもらうことであり，告白が許しにつながることが受け入れられている。この関係は，「告白された過ちは半分許される」という格言のなかで見つけることができ，聖書には告白が神の許しに必要不可欠なものとして述べられている。聖ヨハネの神の存在に関する証言には，「自分の罪を公に言い表わすなら，神は真実で正しい方ですから，罪を赦し，あらゆる不義から私たちを清めてくださいます」（ヨハネの手紙一，1:9）と書かれている。祈りはこの信念をもとにしている。祈るときには，「私は罪を犯してしまった。ああ神よ，私をお許しください」と言う。許しと告白の関係は，ここで主張されている動機的アプローチと一致するものであり，神学的原理により導かれるものである。

　専門家の意見は，告白には数多くの要素が含まれている点で一致している。これらには，①行為に対する責任の受容，②恥や悲しみといった連合する感情の表出，③後悔や自責の念の現われ，④「公正の秤にかけたときつりあいがとれるような」補償や賠償の提供，⑤将来そのような行動に従事しないとの約束，が含まれる。これら告白の要素は，すべてその目的の達成に寄与する。すなわち，発言のなかに含まれていればいるほど，告白はより完全なものとなる（Holtgraves, 1989; Petrucci, 2002; Scher & Darley, 1997 を参照）。

　告白が「機能する」，すなわち，それがネガティブな特性の認知や望ましくない感情反応や報復的罰を減少させ，許しを増加させ，信頼や受容などの対人関係を以前の状態にまで回復させるための有効なものだということを示す，実験的証拠や観察証拠は多数存在する。私が同僚と行なった一連の研究では（Weiner et al., 1991），選挙により選ばれた上院議員が財源の悪用について告発され，それが立証されたことを示す短い話を参加者に提示した。読者もボックス 3.4 に一部再現されたものを用いて，この実験に参加してほしい。

　これらのシナリオでは，告発された上院議員の行動が，告白するか，告発を否認するか，何も言わないかのいずれかであった。参加者は，上院議員の誠実さと信頼性，同情と怒りの感情反応，許し，罰，投票選好を含むその人物に対する行動を評定した。その結果，表 3.8 に示されているように，これらすべての変数に

◈ ボックス 3.4 ◈

1. ジェームス・ダン上院議員は，上院議員の交際費を悪用したとして告発されました。この告発について知らされたとき，ダン上院議員はコメントを断りました。後にこの告発は立証されました。

   ダン上院議員に関する次の質問に答えてください。

   1．ダン上院議員はどの程度正直ですか？

1	2	3	4	5	6	7	8	9	10
非常に正直									非常に不正直

   2．ダン上院議員はどの程度信頼できますか？

1	2	3	4	5	6	7	8	9	10
非常に信頼できる									まったく信頼できない

   3．あなたはダン上院議員にどの程度同情をしますか？

1	2	3	4	5	6	7	8	9	10
非常にする									まったくしない

   4．あなたはダン上院議員にどの程度怒りを感じますか？

1	2	3	4	5	6	7	8	9	10
非常に感じる									まったく感じない

   5．あなたはダン上院議員を許しますか？

1	2	3	4	5	6	7	8	9	10
絶対に許す									絶対に許さない

   6．ダン上院議員にはどの程度の罰が与えられるべきですか？

1	2	3	4	5	6	7	8	9	10
何も与えない									できる限り大きな

   7．あなたはダン上院議員に投票しますか？

1	2	3	4	5	6	7	8	9	10
絶対にしない									絶対にする

2. ケイス上院議員は，上院議員の交際費を悪用したとして告発されました。後にこの告発は立証されました。この告発について知らされたとき，ケイス上院議員は「私は謝

罪いたします。このようなことを起こしてしまったことに対し，非常に申し訳なく思います。私は強く罪の意識を感じています。これは私の過失で，責任はすべて私にあります。私の交際費へのすべての入金を調べ，私の選挙運動の資金に使用された可能性がわずかでもあるものはすべて返却しております」と言いました。

ケイス上院議員に関する次の質問に答えてください。

1．ケイス上院議員はどの程度正直ですか？

1	2	3	4	5	6	7	8	9	10
非常に正直									非常に不正直

2．ケイス上院議員はどの程度信頼できますか？

1	2	3	4	5	6	7	8	9	10
非常に信頼できる									まったく信頼できない

3．あなたはケイス上院議員にどの程度同情をしますか？

1	2	3	4	5	6	7	8	9	10
非常にする									まったくしない

4．あなたはケイス上院議員にどの程度怒りを感じますか？

1	2	3	4	5	6	7	8	9	10
非常に感じる									まったく感じない

5．あなたはケイス上院議員を許しますか？

1	2	3	4	5	6	7	8	9	10
絶対に許す									絶対に許さない

6．ケイス上院議員にはどの程度の罰が与えられるべきですか？

1	2	3	4	5	6	7	8	9	10
何も与えない									できる限り大きな

7．あなたはケイス上院議員に投票しますか？

1	2	3	4	5	6	7	8	9	10
絶対にしない									絶対にする

表 3.8　3つの実験条件における判断の平均値

	実験条件		
	統制	告白	否認
正直さ	1.71	4.13	2.71
信頼性	1.75	3.16	2.62
同情	2.75	3.20	2.58
怒り	6.13	4.25	4.37
許し	1.96	4.08	2.66
罰	6.33	4.38	5.38
投票	1.75	3.29	3.29

注) Weiner et al., 1991, p.297 からのデータ。

おいて告白によるポジティブな影響がみられた。告白は誠実さと信頼性の認知を増加させ，同情を増加させた一方で，怒りを減少させた。これらの結果は他の多くの調査と一致するものである（たとえば Cody & McLaughlin, 1990; Ohbuchi et al., 1989; Gold & Weiner, 2000 の展望を参照）。

　その後の研究で（Gold & Weiner, 2000），われわれは，告白の有効性を決める要因として後悔が果たす役割に特に興味をもった。シナリオでは，官庁で働く人物がロシアに秘密文書を渡したとして捕らえられたということが描かれていた。1つめの条件は告白がないものであり，2つめの条件では告白はあるが後悔はなく，3つめの条件では告白してさらにそのなかに後悔が含まれていた（「彼女は大泣きし，してしまったことに対してどんなに心苦しく思っているのかを言った。泣きながら，彼女は自分の行動についてひどく恐ろしく感じたと語った。彼女が自分のしてしまったことに対して本当に強く後悔を感じていることは明らかであった」（Gold & Weiner, 2000, p.293））。その後，参加者は違反者に対する認知（どれだけ道徳的か），感情反応（怒りと同情），彼女が将来ほかにそのような犯罪を行なう可能性，下すべき罰，許しを評定した。

　表3.9に示されているように，告白しても後悔がなければ，告白しなかった人物よりもよいという結果は得られなかった。すなわち，両者とも望ましくないとみなされた。他方，後悔を伴う告白は，ポジティブな道徳的印象，怒りの減少，同情の増加，その人物が将来そのような犯罪を起こす可能性の減少，そして許しをもたらした。

　これらの知見は，メディアで幅広く議論されている状況と関連している。著名な元野球選手のピート・ローズは，野球賭博をして告発された。それは違法なこ

121

表3.9 後悔ありでの告白，後悔なしでの告白，告白なしの条件別の評定

	実験条件		
	後悔あり	後悔なし	告白なし
道徳性	3.65	3.09	2.62
怒り	4.29	4.69	4.56
同情	3.55	2.28	2.42
再犯	3.29	5.72	4.83
罰	4.66	4.69	4.56
許し	4.47	2.91	3.49

注) Gold & Weiner, 2000, p.295 からのデータ。

とであり，ローズが出場した試合の結果に疑念を抱かせるものであった。数年に渡りローズは罪を否認した。しかし，強力な証拠が存在したため，コーチをするという彼の希望を果たすことは許されず，野球殿堂入りも認められなかった（もし賭博の容疑がなければ確実であった）。現在，彼は自伝やメディアのインタビューで違法行為を告白し，犯罪を認めている。これまでに展望した実験的証拠に基づくと，この告白により，許しが得られ，彼の球界への復活に対する障害が取り除かれたと予想するかもしれない。しかし，彼の告白はポジティブに受け入れられなかった。一番の問題は，ローズが後悔をほとんど示さなかったことである。後悔が不十分であることを認めつつも，ローズは自分が容易に感情を表出するような人間ではないと言っている。この説明は，彼が個人的利益のために印象管理方略として告白したという疑念と信念に一致する。すなわち，彼は心から後悔をしていない。これまでのところ，ローズの求める許しは得られていない。

　ピート・ローズの事例は，有名な人物が告白の後に許されたり，告白しなかったために厳しく判断される典型的な事例とは逆のものである。リチャード・ニクソンは民主党本部の窃盗を告白することを拒否したが，彼は明らかにその事件に関与していた。多くの学者は，もし彼が告白すれば，弾劾は起こらなかっただろうと考えている（Weiner, 1995 の展望を参照）。

　なぜ人は，許しなどを得るために告白が有効な手段だと知っていても，告白しないのだろうか。それは，これらの犯罪者が違反行為により生じる損害を認識できないからかもしれない。または，否認や他の自己高揚メカニズムが合理的判断を妨害するからかもしれない。理由が何であれ，個人が違反への関与を認めないことはふつう機能的ではない。それは，有罪とわかっているときに否認すると，告白した場合と比較して，必ず望ましくない結果となるからである（Weiner et al., 1991 を参照)。他方，罪が不確実であれば，否認は告白よりも効果的な方略となる。警察官に赤信号を渡ったとわざわざ告白したら，きっと違反切符を切られてしまうことになるのだから。

なぜ告白は効果的か？

なぜ告白が機能するのか，ということを理解せねばならない。帰属の視点からみれば，告白は逆の効果があるはずである。違反者が責任を完全に認めるということは，理論的には怒りやその後の罰や報復などを増加させるものである。しかし実際はその逆である。これは，理論をこの領域に拡張できないということを意味しているのだろうか。また，これらの明らかに矛盾する知見を，理論の範囲内に組み込むことは可能であろうか。

決定的なものとして受け入れられる実証的証拠は十分にはないが，告白が効果的な方法である理由の説明は数多く提案されている。告白のポジティブな効果には，数多くのメカニズムが関与している。これらの説明は，次章で詳細に論ずる罰の2つの目的にたどることができる。それは，功利（人物の道具的変化）と報復（違反者に「仕返しをする」こと）である。告白の有効性に対する功利的理由のなかでも，後悔を含む告白は，道徳的規則が破られたということを違反者が認識し，その規則の価値を違反者が受け入れたことを示すシグナルとなることが指摘されている。ブルームシュタインら（Blumstein et al., 1974）はこれを次のように表現している。

> 違反者は懺悔を表出することで，適正な道徳的位置に戻ろうとする。彼の破った規則に対する敬意を示すことで，違反者は違反した集団の道徳的優美に再度入る権利を主張する。……懺悔を示すことは，責任の減少を主張することと同様に，違反者のアイデンティティを分割することでもある。彼は自分の行動に過ちがあったことを認め，彼の道徳的特性に対する一時的な打撃を受け入れる。同時に彼の最も重要な正義を再確認する（規則の認識）。(p.552)

この立場の他の主張は，告白がその人の社会的アイデンティティを回復するというものである。告白では，悪事が行なわれたということを認めるが，それが悪い人間によって行なわれたということは認めない。すなわち，違反者の「人間的な側面」が存在する。帰属の用語では，告白は行為－傾性のつながりを切断する。ゴフマン（Goffman, 1971）が述べたように，「謝罪（しばしば告白の同義語とし

て使用される用語)は，個人が自分自身を2つの部分に分割することをとおして行なわれる意志表示である。1つは違反したことによる罪となる部分であり，もう1つは，行為とは分離された，違反した規則に関する信念を肯定する部分である」(p.113)。

　この立場を現在の理論的枠組みでとらえるためには，追加的概念や関係が必要である。これまでに仮定したとおり，理論は，行為から原因に進み，その後，個人的統制と行為責任の推論，怒りと同情の感情，行動へと進む。追加が必要とされる過程は，行為責任からその人物の特性への過程であり，それがその後に感情や行動も引き起こすという部分である。告白は行為と特性のつながりを切断するため，違反者はもはや悪い人物だとみなされない。すなわち先にも指摘したとおり，告白者は罪を主張するが道徳的な人物のままなのである。これは理論的に次のように表現することができる。

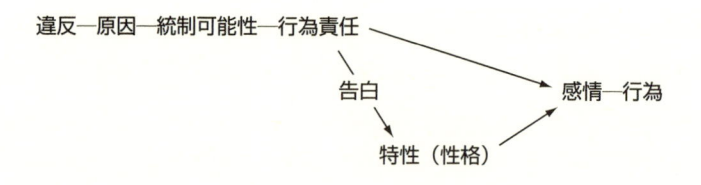

```
違反―原因―統制可能性―行為責任
            │              ↘
           告白            感情―行為
            ↓              ↗
          特性(性格)
```

　ほとんどの状況では，行為から人物への一般化は予測に必要とされない。しかし，これを追加して組み込むことが合理的であり，必要であるように見える場合もある。悪い行為をしている「よい」人物は，同様の違反をしている「悪い」人物ほどは罰を受けないだろう（たとえ同等に責任があると判断されても）。これは人物につながるリンクを追加することが理論的に必要だということを意味している。このリンクは傲慢さや謙虚さを議論するときにも追加されたものである。

　「よい人物の悪い行為」の説明に関しては，ほかに道徳性の認知以外のメカニズムをもとにした概念化もある。原因の統制可能性に加えて，原因の特性を区別する他の性質として安定性があることを憶えているだろうか。原因のなかには，比較的持続するとみなされるものと（たとえば適性），一時的なものとみなされるものがある（たとえば運）。告白は，悪事をもたらした原因の安定性に関する考えに影響し，それが将来違反行為をする可能性の予期に影響する。告白のない違反や後悔のない告白は，犯罪が「悪い種」や他の持続するパーソナリティ特性

によって行なわれたものだとのシグナルを送る。他方，もし告白が，行為とその人物の持続する特性への帰属との間のリンクを切断するのであれば，違反は安定性の低い原因（たとえば判断における一時的な間違い）に帰属されるであろう。すなわち，告白によりもたらされる帰属の変化は，怒りに影響を与えるのではなく（もしくはそれに加えて），原因の安定性と将来の不道徳行動の予期に影響を及ぼす。もし予期が低ければ，功利目的の罰は喚起されず，罰が減少する。

　この立場を支持するものとしてゴールドとワイナー（2000）の研究を思い出してみよう。この研究では，秘密書類をロシアに渡すという罪を犯した人物が，後悔を伴って告白するか，後悔を伴わずに告白するか，もしくは何も話さないようすが記述されていた。表3.9に示されているように，後悔を伴う告白はさまざまなネガティブ判断を減少させるという点で効果的なものであった。最も重要な効果は，原因の安定性や将来の違反の予期（再犯）の認知と関連し，それらは後悔を伴う告白の後に有意に減少した。さらに，複雑な統計手続きを使用することで，もし後悔の安定性に対する影響が説明されれば（統制されれば），後悔が他の測定された変数（道徳性判断を除く）に及ぼす影響が大きく減少することをわれわれは明らかにした。これは告白の有効性が主として原因や行動の安定性の認知，そしてこれらより程度は低くなるが，違反者の道徳性の認知によって決定されるとの考えを支持している。

　この議論は主として告白－功利的罰の関係に焦点をあてたが，告白－報復の関係に関連する告白の有効性に関する思索的な説明もある。大きな後悔を伴う告白は，違反者が罪悪感を感じ苦しんでいることを示すシグナルとなっているのかもしれない。したがって，そこで下される判決には，報復や仕返しをする目標が含まれているものだが，その目的はすでに達成されている。これは罰の低下を導く。

●**許し**　これまでの議論から明らかなことは，告白（もしくは言い訳でさえ）の後には，その人物は許されることも許されないこともあるということである。しかし，許しは突然行なわれるものではなく，時間をかけて行なわれるもので，全か無かの過程でもない。許しは，共感や視点取得，受けた損害に対する考え，関係的満足やコミットメントなどを含む，数多くの変数により決定される（McCullough, 2000を参照）。これは，違反者に対する許しがないと，その人物を

避けたいとの強い思いが，報復や他の方法で損害を与えたいとの気持ちとともに生じることを考えると，適応的な反応であるといえる。これらの反社会的反応は，許しとともになくなる。したがって，許しは関係性を再構築する向社会的行為である（Fincham, 2000 を参照）。

フィンチャム（2000）は，「責任という構成概念は許しの分析において非常に有効である」（p.3）という。これは，もし他者が違反行為に責任がないのであれば，許しも起こらないということからもいえる。したがって，「許しは，被害に対する責任が違反者にあり，それによってその人物が被害者から同情や愛情や信頼を得る権利を喪失し，被害者が憤りを感じる権利をもっている，という十分な認識がある状況で行なわれる」（Fincham, 2000, p.4）。さらに責任判断に影響する過程は，許しにも影響を及ぼす。すなわち許しにおいては，原因や意図などの概念と同情や怒りといった感情が役割を果たす。これ以上は本書の目的からそれてしまうため，許しの過程をさらに掘り下げることはしない。しかし，告白－許しのつながりが非常に複雑であることを理解しておくことは重要である。

‖ 説明提供に関して最後に述べておきたいこと ‖

否認，言い訳，正当化，告白に関する議論のなかで，私は単純さと倹約性を求めてきたことに問題があったのではないかと再び感じている（それを私は犯罪だとはみなさないが）。そうすることで，私は不注意にも，選択や選好，説明や説明の内容やその効果などに影響を及ぼす無数の要因を認識してこなかった。説明に関しては，ジェンダーや発達水準，説明を行なう人と受ける人の地位などにより，大きな違いが存在する（Takaku, 2000 を参照）。1つの簡単な例を示すと，女性はより多く謝罪し後悔を示しやすく，男性よりも告白に対してポジティブな反応をとりやすい。

それに加えて，文化も説明提供の多くの側面に影響を及ぼす。日本とアメリカの参加者による説明の適切さの判断に関するタカク（2000）のデータを考えてみよう。彼の研究では，文化に加えて違反による被害者の地位が実験的に操作された。彼の報告によると，日本人参加者は謝罪（告白）を適切だと判断したが，アメリカ人は日本人よりも言い訳と正当化と回避（否認）をより受け入れられるものと判断した。すなわち，日本人は主張的でない説明に賛同したが，アメリカ人

◆◆第3章◆◆　道徳的感情とポジティブな道徳的印象の形成

は事態を悪化させるような主張的なコミュニケーションを選好したのである。日本人がアメリカ人よりもポジティブな対人関係や社会秩序を維持する願望をもっていることはよく知られていることであるため，これによりこのデータパターンは説明されるだろう。それに加えて，日本における謝罪は，特に被害者が高い社会的地位にあるときに適切だと判断される。このように，文化と地位は，これまでの議論で見落としていたが説明提供に影響するものであった。

しかし，タカク（2000）は次のように記している。

> 説明の種類別による責任，怒り，同情の評定について実施された帰属分析は……日本人とアメリカ人の帰属パターンが非常に類似しているという考えを強く支持している。文化的背景にかかわらず，すべての参加者はさまざまな説明に対して類似した感情反応パターンを予期し，違反者の責任の認知を操作した際に，これらの感情が直接的に説明の有効性と関連していた。(pp.385-386)

要するに，本書をとおして議論されているとおり，文化差と個人差は，動機の「深層構造」を修正することなしに，一般的概念に組み込むことが可能なのである。文化やジェンダーによって選択される説明に違いはあるが，同じ過程（出来事―帰属信念―責任判断―感情―行為）がそのもとにあることは明らかである。

▌まとめ▌

本書で採用されてきた最も基本的な原則は，動機づけが感情の直接的結果であり，それが思考，より詳細にいえば原因帰属や責任の認知に関する認知的評価によって導かれるということである。これらの原因は道徳的意味をもち，should（～すべき），could（～することができた），ought（～する義務がある），blame（～のせいである）などの単語と関連をもつものである。これらの語句と関連のある感情もまた道徳的意味合いをもつ。

本章では12の道徳的感情が同定された。これらのうちの2つである怒りと同情は，前章で広範に検討され，達成評価，スティグマに対する反応，援助の提供，違反行為に対する反応，攻撃などを含む行動を媒介する。追加的な道徳的感情は，称賛，妬み，感謝，罪悪感，憤り，嫉妬，後悔，他者の不幸に対する喜び，軽蔑，恥である。これらの感情は3つの次元をもとに記述することができる。それは，表出の対象（自己か他者），原因との連合（能力か努力），誘意性（ポジティブか

ネガティブ）である。道徳的な感情のほとんど（たとえば怒りと感謝）は他者に向けられ努力と結びついているものであり，これはそれらの制御機能と一致している。さらに，3つの感情（妬み，軽蔑，恥）は，原因（能力不足）がターゲットの意志による統制を超えたものであれば，罰（ネガティブ感情）が与えられている限り，「不道徳」と名づけられる。

怒りと同情以外の道徳的感情の同定により，追加的な原因―感情―行為リンクについて検討する機会が与えられた。動機の「深層構造」は，怒りや同情の感情とそれらと結びついた行動に限定されたものではなく，特定の感情―行動反応パターンを超えたものである。したがって，能力不足―軽蔑―無視の過程は本書のテーマと一致するものである。ただし，低い能力に対するこれらの反応には，同情や向社会的行動が含まれない。一般的な法則を発展させるためには，外的な具体性（顕型）ではなく，そのもとにある構造（元型）が検討されなければならない。

もしある人物が道徳的感情の対象であれば，その人が道徳的に正しいことを示した原因を伝達することが，この人物にとって利得となる。成功の原因としての努力や，失敗の原因としての能力不足は，他者からのポジティブな道徳的反応を促進させる。一生懸命に努力したために成功したときには称賛され，能力が低いために失敗したときには同情が引き起こされる。これらの関係に関する知識があれば，人はポジティブな個人的利得が得られる原因を選択してコミュニケーションすることができる。たとえば，成功の原因が努力や運にあると公言するなどがあげられよう。これは謙虚さの推論を促進する。逆に，自分は高い能力があったから成功したのだと伝達すると，真の原因にかかわらず傲慢だと推論される。

原因に関するコミュニケーションはさまざまな文脈で起こり，言い訳や正当化や告白において表明されることがある。言い訳では，言い訳をする者は，原因を内的で統制可能なものから外的で統制不可能なものに移そうとする。これは，怒りとそれにより生じる反社会的行動を減少させる。言い訳は適応的反応であるが，ネガティブな影響も起こりうるいくぶん主張的な説明である。同様に，正当化も，責任を認めるというよりむしろ高度な道徳的目標に訴えることで違反を正当化しようとする点において，いくぶん主張的である。

他方，告白は違反者が責任を完全に受け入れるという点で主張的でない説明である。特に，後悔を伴う告白は効果的な方法である。違反者はよりよい（より道

徳的な）人物だとみなされ，違反が再び行なわれる可能性が低いと判断される。告白はしばしば（いつもとは限らないが）許しを導く。許しは多くの決定要因をもつ複雑な心理学的過程である。

　本書をとおして主張されていることは，社会的生活が神学の原則や法律の規則によって導かれているということである。したがって，感情が道徳的基盤を保持しており，神学の枠組みにおいても議論が可能だということを示すことが必要である。感情は責任判断と同様に，よいか悪い，正しいか間違いとみなされるものである。それらは，罰や非難と同様に，「公正」もしくは「価値がある」と考えられる。したがって，感情は道徳的もしくは不道徳的であり，人間は裁判官で人生は法廷だとする比喩は，感情状態も含むものである。

第4章

報酬と罰

　本書では，動機づけの過程において報酬と罰が重要な役目を果たしていることが明らかにされており，このことはこれまで暗黙のうちに指摘されていた。たとえば，課題の達成に対する評価は，報酬か罰を与えることだと解釈できる。また，他者に対する援助行動は報酬であり，攻撃行動は罰の一種だと考えられる。さらに違反行為に関する議論では，権力の基盤としての報酬と罰という考えが示されてきた。自分自身に対して抱く感情（誇り・罪悪感）や他者に対して抱く感情（感謝・怒り）ですら，報酬や罰としての価値をもっている。したがって今ここで報酬と罰の話題に立ち返り，帰属という観点から，報酬と罰に先行する事象および報酬と罰のもたらす結果について明らかにしておきたい。

　「報酬と罰」は，心理学において最もよく研究されているトピックの1つである。賞罰の研究がさかんに行なわれる理由として，①報酬と罰が動機づけや課題の遂行に明らかに影響するという日常の観察，②心理学における行動主義の影響，の2点にある程度求めることができる。報酬が反応の生起頻度を高め，罰が反応の生起頻度を低めるということが，行動主義的観点から理論的に導かれ，実験により検証されてきた。この原理や法則が表明された最も初期の論文は，ジェームズ（James, W.）に師事したソーンダイク（Thorndike, 1911）の論文である。ソーンダイク（1911）は動物の学習の観察をもとに，後世に大きな影響力もつようになった効果の法則を提唱した。この法則によれば，刺激－反応の連続の後に「充足状態」が続くと，刺激－反応の連合強度が増す。他方，この連続の後に「不快状態」が続くと，刺激－反応の連合強度は弱まる。ソーンダイクの効果の法則は，期待×価値理論が予測するような，望ましい状態へと有機体をうながす「未来の快楽主義」をとらえているというよりも，得られた結果の善し悪しが直前にとった反応の頻度を変化させるという「過去の快楽主義」をとらえたもので

ある。

　ソーンダイクの導いた結論は，われわれが常日頃抱いている信念や「素朴心理学」の一部と整合している。大人がよいと認める行動をとった子どもは，将来それと同じ行動を行なうだろうという期待をこめて報酬を与えられる。他方クッキーの箱に手を突っ込んだ子どもは，この違反行為を抑制し，将来同じ行動をしないようにするために叱責される。ソーンダイクは後年，罰が学習や課題遂行に対して効果をもつとはあまり考えなくなった。とはいえ彼の主張は，スキナー(Skinner, B. F.) およびスキナー派やその他の行動主義者の間で頻繁に引用されることとなった。

　しかしその後，報酬と罰が学習や動機づけに及ぼす影響は，行動主義者が考えていたよりずっと複雑であることが明らかとなった。帰属理論は，報酬と罰がもたらす結果の詳細を論じた理論の1つである。ここでは，報酬と罰のもつ影響力を社会的動機づけと社会的正義に関する帰属理論によって説明するにあたり，以下にあげた3つの研究の方向性を検討する。

1. 達成関連課題を行なう動機づけを，報酬が低下させ，罰が高める（しかもこの高まりは，今後さらに罰せられるのを回避するために生じるのではない），ということを立証する研究。これはソーンダイクがとった立場と矛盾する。成功や失敗の後に与えられる報酬と罰は，原因の認知に対して予想外の影響力をもち，ソーンダイクの予測とは逆の結果をもたらすことがある。
2. 哲学では古くから，報復目標と功利目標を区別しているが，その立場から，罰することの目的に着目した研究。罰に関するこれら2つの目的は，単に有機体の行動を変容させることだけに焦点をあてている場合には，検討の対象とされにくい。だが，違反行為の原因の認知は，どのようなときに報復（功利ではなく）が求められるのかを，ある程度決めている。
3. 罰を回避するためではなく（これについてはすでに第1章で紹介した）報酬を得るために規則違反に追従した場合，それが他者からどのように判断されるのかという対人認知研究。違反行為をうながすポジティブな誘因と嫌悪的な誘因は，違反者について根本的に異なる信念を形成すると考えられる。こうした社会的推論は，ソーンダイクの理論が説明しうる範囲を超えている。

以上をまとめると，これらの研究領域は報酬と罰に関する行動主義者の発想に限界があることを示しており，帰属についての分析を行なえば新たに実験的・理論的進展が得られることを示唆している。

動機づけを低下させる要因としての報酬と高める要因としての罰

 本章で提案する帰属理論の立場からすれば，報酬と罰が動機づけに与える影響は，図1.4をみると最もよく理解できる（この問題に対する他の帰属的アプローチについては，Deci, 1975を参照）。思考・感情・行為を関連づけているこの図は，報酬が動機づけを低下させ，罰が動機づけを高める条件を示している。なぜ報酬と罰が動機づけに対してこのように影響するのかを理解するには，図1.4に表わされた順序でいうなら，進行方向に（左から右に）ではなく，逆方向に（右から左に）過程をたどってみる必要がある。双方向性が理論的に成り立ちうることは先行研究でも指摘されていたが，本書ではこれまで図1.4の過程が逆方向に進行する可能性を検討してこなかった。加えて，報酬と罰がもたらす影響についてここで行なう分析は，本書には記載していないが，以前に拙著にて検討した動機づけの個人内過程の理論（Weiner, 1986を参照）についてある程度の理解を必要とする。しかしそれにあたらずとも，本書の読者であれば，今回の分析の論理を理解できるだろう。

 報酬が動機づけを低下させ，罰が動機づけを高めるという影響関係の存在を示すために，目標達成の失敗について考えてみよう。一般には，もし失敗が，怒りや批判，その他のネガティブ反応や罰の対象となるのなら，それは失敗の責任が行為者自身にあることを示唆するといわれている。行為者自身に責任があるのであれば，失敗の原因は行為者による統制が可能だったはずである。失敗の原因のなかで統制可能な原因の最たるものは，努力不足である。われわれが認知する原因は「努力をしなかったこと」なのだから，行為者はもっと何らかの努力（たとえば学業に関していうなら，もっと長い時間勉強する，あるいはもっと一生懸命勉強すること）ができるはずである。したがって，目標を達成できなかったことに対して与えられる罰や他のネガティブな反応は，罰せられる側に「あなたは成功できるのだが，もっと一生懸命やる必要があるのだ」と伝えていることになる。

このような状況は，結果的に課題への動機づけを高めるだろう（Bandura, 1986 を参照）。それは罰を回避するためではなく，罰が課題に取り組むことをうながすような情報を提供しているからなのである。

　他方，失敗しているのに怒り・非難・罰・その他の反社会的な反応がない，もしくは代わりに同情・称賛・援助・その他向社会的な反応が示されるのであれば，理論的にいって（図1.4の過程でいう右から左への進行），行為者は失敗に対して責任がないのだと認知されている。もし責任がないのであれば（課題をこなせないのであれば），失敗の原因は行為者（生徒）による統制が不可能である可能性が高い。課題達成の失敗に関して統制不可能な原因のうち主要なものは，能力（適性）の不足である。したがって，特に単純な課題に失敗した場合に，失敗に対する罰がなく同情や他の向社会的反応が示されるということは，生徒に「君には課題をこなす能力がないのだ」と伝えていることになる。他者から得られる向社会的な反応が快を与え，課題の遂行をうながすこともあるだろうが，この場合は課題に取り組もうという動機づけを低下させてしまう（Bandura,1986を参照）。

　これらの分析は，失敗の原因帰属を行なうことで生じた感情や行動などが，教師側から発せられる情報として生徒に伝達されるということだけではなく，生徒がこの伝達された情報を使って自分自身に原因や責任があるかを推測することも想定している。さらにこれらの分析は，①実際に教師は生徒が努力しなかったことに怒りを感じることや（努力不足の知覚が怒りにつながらない場合もありうるが），②同情が，生徒を受容し，見守る気持ちの表れとして生徒の動機づけを高める効果は，生徒の能力の低さを暗示し，やる気を失わせる効果よりも小さい，ということも想定している。教師が発する帰属に関する情報をもとに，生徒自身が導き出した因果信念は（ここでは議論しないが，この信念は自分に向けた感情を伴う），すでに述べたような過程を経てその後の動機づけに影響するだろう。

　ここで仮定している過程は，以下のようにまとめられる。

1．失敗—怒りや非難の伝達，もしくは批判を受ける—行為者による推測「観察者は，失敗の責任が私にあると思っている」—行為者による推測「観察者は，私が失敗の原因を統制できた（例：努力が足りない）と思っている」—行為者は，このような観察者の責任性判断・原因のカテゴリー化・因果信念

を受け入れ、こうした情報を用いて、「自分には能力はあるが努力が足りない」と推測する—動機づけの高まり
2. 失敗—同情の伝達、もしくは批判を受けない—行為者による推測「観察者は、失敗の責任が私にはないと思っている」—行為者による推測「観察者は、私には失敗の原因を統制する力がない（例：適性欠如）と思っている」—行為者は、このような観察者の責任性判断・原因のカテゴリー化・因果信念を受け入れ、こうした情報を用いて、「自分は適性を欠いている」と推測する—動機づけの低下

このように長く複雑な過程の実験的検証はあまり行なわれていない。しかし他者が示す向社会的または反社会的な感情と因果信念の推論との関係のように、図1.4の右から左への過程のうち一部についてであれば、仮説を支持する系統だった多くの研究結果が得られている。以下ではこれらの研究を取り上げる。再度書いておくと、私のめざすところは感情または行動と推測された原因の関係を扱った研究をもれなく紹介することではない。むしろ本章で考察の対象となっている現象を検討した研究の代表例を読者に紹介したい。

伝達される感情や行動から原因推論への影響過程

観察者から伝達される感情や行動が原因推論の予測因子（原因推論をするための手がかり）としてはたらきうることを立証する研究は、主に発達心理学の領域で行なわれてきた（Graham, 1990を参照）。しかしこの手の研究は、もとは成人を参加者とする研究から始まった（Meyer et al., 1979）。そこでまずはメイヤーら（1979）の研究を取り上げてみよう。なお読者には本章を読み進める前に、ボックス4.1に示されているメイヤーらが用いた実験手続き（改訂版）への回答を完成させておいてほしい。

メイヤーら（1979）は成人参加者に対して、簡単な算数の問題を解いた2名の生徒か、解けなかった2名の生徒の、いずれかに関する情報を記載した質問紙への回答を求めた（ボックス4.1には問題を解けなかった失敗条件のみを示している）。成功条件では、2名のうち1名は教師からほめられたが、もう1名は正解したと伝えられただけだった。失敗条件では、2名のうち1名は教師から不満や怒りを表明されたが、もう1名に対しては感情の表明がなかった。その後、いずれ

◈ **ボックス 4.1　罰から原因を推論する場合** ◈

　学校で試験を受けている 2 人の生徒を想像してください。2 人とも成績は同じ C 判定です。生徒の 1 人（ジェーン）は，先生から「あなたの成績は C です」と言われるだけです。もう 1 人の生徒（メアリー）は，先生から「あなたの成績は C です。先生はとても不満に思っているし，腹が立っています」と言われます。2 人の生徒について次の質問に答えてください。

ジェーンについて
先生は，ジェーンの能力や賢さについてどう思っていますか？
　1．大変賢い
　2．賢い
　3．平均的
　4．平均以下
　5．頭が悪い

先生は，ジェーンが試験の準備をどのくらい一生懸命したと考えていますか？
　1．非常に一生懸命
　2．一生懸命
　3．平均的
　4．平均以下
　5．まったく準備していない

メアリーについて
先生は，メアリーの能力や賢さについてどう思っていますか？
　1．大変賢い
　2．賢い
　3．平均的
　4．平均以下
　5．頭が悪い

先生は，メアリーが試験の準備をどのくらい一生懸命したと考えていますか？
　1．非常に一生懸命
　2．一生懸命
　3．平均的
　4．平均以下
　5．まったく準備していない

生徒両方について
先生はどちらの生徒のほうが頭がいいと思っていますか？　該当する名前に○をつけてください。

　　ジェーン　　メアリー

◆◆第4章◆◆　報酬と罰

> 先生はどちらの生徒のほうがより一生懸命勉強したと思っていますか？　該当する名前に○をつけてください。
>
> 　　　ジェーン　　メアリー

の条件の参加者も，教師が2名の生徒の能力と努力をどのように考えていると思うかを回答した。

　成功条件の場合，ほめられた生徒はほめられなかった生徒よりも，能力が低く努力したとみなされていた。参加者は以下のような論理でこう結論したと考えられる。「大変な努力をして成功した人には，最大の賛辞が送られる（第1章と図1.1を参照）。しかし多大な努力によって得られた成功は，その人の能力が比較的低いことを暗に示している（Kun & Weiner, 1973を参照）。したがってほめられている人は，無視される人に比べて努力をしているが，能力は低いといえる。」

　失敗条件では，非難された生徒のほうが非難されなかった生徒よりも，能力は高いが努力していないと判断された（ボックス4.1のあなたの反応をみてほしい）。努力しなかったために失敗した場合，人は非難される（図1.1参照）。努力不足に原因があるとみなされる失敗は，その人が比較的高い能力を備えていることを示している。要するに，称賛（報酬）は生徒の能力が低いことを暗示しており，動機づけを低下させるが，不満や怒り（罰）は，生徒は高い能力をもつのに十分な努力をしていないという情報を提供し，それにより動機づけが高められる。

　メイヤーら（1979）の研究を発展させたワイナーら（Weiner, Graham, Stern & Lawson, 1982）は，9歳児から成人までの幅広い年齢層を研究対象とし，また伝達される感情の種類をふやした実験を行なった。ワイナーらは，以下のようなシナリオを参加者に与えた。「ある生徒がテストに失敗し，教師は，怒り・哀れみ・罪悪感・驚き・悲しみのいずれかの感情を抱いた。この教師は生徒が失敗した原因をどのように考えているだろうか」。6つの原因帰属（以下では4カテゴリにまとめている）が，回答の選択肢として提示された。①一生懸命勉強しなかった／まったく勉強しなかった，②能力が低い，③テストが難しすぎた／教師がわかりやすい説明をしなかった，④運が悪かった。この研究では報酬条件，すなわち生徒を称賛する条件はなかった。

　以下では怒りと哀れみを伝達した場合のデータのみを報告する。その理由は，

怒りと哀れみの感情は，失敗の原因をそれぞれ努力不足，能力の低さに帰属することで誘発されるとわかっていることに加えて，これらが図1.4において要となる感情だからである。表4.1をみると，生徒に怒りが伝達された場合，参加者は，「教師は生徒の失敗の原因を，能力の低さ（x=3.9）や他の原因（教師自身や運）よりも，努力不足（x=7.7）に帰属している」と推測していることがわかる。他方，生徒に哀れみが示された場合，参加者は「教師は失敗の原因を，努力不足（x=3.3）や他の原因よりも，生徒の能力の低さ（x=6.1）に帰属している」と考えていることがわかる。このパターンの推論はすべての年齢層の参加者で確認できる。

　ワイナーら（1982）が次に行なった研究では，5歳児も参加者に含まれていた。まったく同一ではないものの，類似した手続きが使用された。参加者は，教師から怒りや哀れみが示された場合に，各感情が生起した原因として能力不足と努力不足のうちいずれか一方を選択した。表4.2は，「正答」（怒りの表明で努力不足，哀れみの表明で能力不足）を選択した率を，表明された感情と参加者の年齢ごとに示したものである。表4.2から，5歳児でさえ怒りを示された場合には失敗の原因を努力不足だと推論することがわかる（77%）。しかし示される感情が哀れみであるときには原因推論ができていないことから，他の年齢群に比べて5歳児

表4.1　教師が伝える感情の関係が失敗原因の推測に与える影響

原因	伝達される感情	
	怒り	哀れみ
努力	7.7	3.3
能力	3.9	6.1
教師/課題	2.5	5.3
運	2.5	5.0

注）Weiner, Graham, Stern, & Lawson, 1982, p.281 からのデータ。

表4.2　怒りが示された場合は努力，哀れみが示された場合は能力に失敗の原因を求める率（実験参加者の年齢別）

連合	年齢		
	5	7	9
怒りと努力	77	89	100
哀れみと能力	50	62	72

注）Weiner, Graham, Stern, & Lawson, 1982, p.283 からのデータ。

の推論能力は未熟であると考えられる。哀れみは7歳児の場合には原因推論の手がかりとして機能しており，62％が，哀れみの感情をもとに失敗の原因は能力不足だと推論していた。カプラララら（Caprara et al., 1994）がイタリアで行なった研究は，7歳以上の参加者についてこの結果を追認したほか，情緒不安定な傾向や攻撃性のために落ちこぼれるおそれがある子どもの場合でも，同じ結果が得られることを示した。

要するに，怒りが表明されると第三者である「観察者」（実験参加者）は，「責任は失敗した人物にあり，失敗に怒っている人は，失敗を統制可能な原因（努力不足）に帰属している」と推測する。同様に，同情や哀れみが示された場合，参加者は，「同情を示している人物は，失敗した人に責任はないとみなし，失敗を統制不可能な原因（能力不足）に帰属している」と推測する。

グラハムとバーカー（Graham & Barker, 1990）はこの研究を発展させ，生徒が教師から援助を受ける，または無視される場合に行なわれる推論を検討した。2名の生徒が教師のいるところで算数の問題を解く，という仮想の教室場面のビデオ映像が作成された。教師は，頼みもされないのに生徒のうちの1人を手助けするが，もう1人の生徒は放っておかれた。このビデオを見た後に5〜12歳の参加者が，2名の生徒の努力と能力の評定を行なった。すべての年齢の実験参加者が，援助を受けた生徒は無視された生徒よりも能力がないと評定した（表4.3参照）。10歳までの参加者の場合，援助を受けた生徒は努力もしていないとみなされた。しかし，この結果は年齢が上がると反転し，最も年長である12歳の参加者の場合，援助を受けた生徒は無視された生徒よりも努力している（逆の言い方をするなら，無視された生徒は援助を受けた生徒よりも努力していない）と考えていた。

表4.3 実験参加者の年齢および援助の有無の関係が能力・努力帰属の推測に与える影響

条件	年齢			
	5-6	7-8	9-10	11-12
	生徒の能力の認知			
援助あり	3.1	2.3	3.3	4.3
援助なし	5.7	6.9	6.4	6.0
	生徒の努力の認知			
援助あり	3.6	3.6	5.2	6.1
援助なし	5.7	6.8	6.4	4.3

注）Graham & Barker, 1990, p.10 からのデータ。

これらの研究は，年長の子どもや大人の場合，表明される感情だけではなく援助行動も，帰属理論の予測と一致するような情報を伝達していることを示唆している。つまり，称賛と非難（Meyer et al., 1979），哀れみと怒り（Weiner, Graham, Stern, & Lawson, 1982），援助の有無（Graham & Braker, 1990）は，同じパターンの原因推論を生み出すのである。失敗した場合に，非難されず，哀れみを示され，頼みもしない援助が与えられるのならば，それは失敗した人には責任がなく，原因の統制は不可能であり，能力がないという推論を引き起こす。他方，非難や怒りや無視がなされると，失敗した人間に責任があるという信念が生じ，失敗の原因は統制可能であり，努力が足りないと判断される。
　以上をまとめると，人が感情や行動といった情報を使って因果性を推論するという主張には，十分な証拠があるといえる。しかし，これまでに展望してきた研究では，他の種類の責任性と原因の統制可能性に関する判断は検討されておらず，こうした情報の伝達が，自己に関する信念や自分が実際に経験する動機づけ，課題の遂行に影響を与えるという証拠も示されていない。そこで以下では，多くの従属変数を扱い，「仮想の」状況ではなく（実験的ではあるが）「現実の」場面で行なわれた研究に目を向けてみる。この研究の結果は，部分的に（のみ），理論を支持している。

伝達される感情もしくは推測される原因から自己帰属への影響過程

　グラハム（1984）は，6年生に達成課題での失敗を経験させ，その後，その子どもにさまざまな情報の伝達を行なった。ある子どもには，言語的手がかりと非言語的手がかり（例：表情や姿勢）の両方を使って怒りを伝達した。別の子どもには，同情していることを伝えた。残りの子どもには，「教師」から帰属に関連する手がかりが何も与えられなかった。その後，子どもたちは，自分が失敗した理由について教師はどう考えているか，自分が失敗した理由について自分はどう考えているか，今後課題を成功させる見込みなどを含む複数の質問に回答した。
　まず，教師の伝達する感情が失敗の原因に関する情報を含んでいたかをみてみよう。図4.1は，同情を示された後の子どもが，「先生は私に能力がないから失敗したと考えている」と推測したことを示している。他方，教師から怒りの感情を示された子どもの場合，「先生は私が十分努力しなかったから失敗したと考えている」と推測していた。これらの結果は，伝達される感情が，帰属理論の観点か

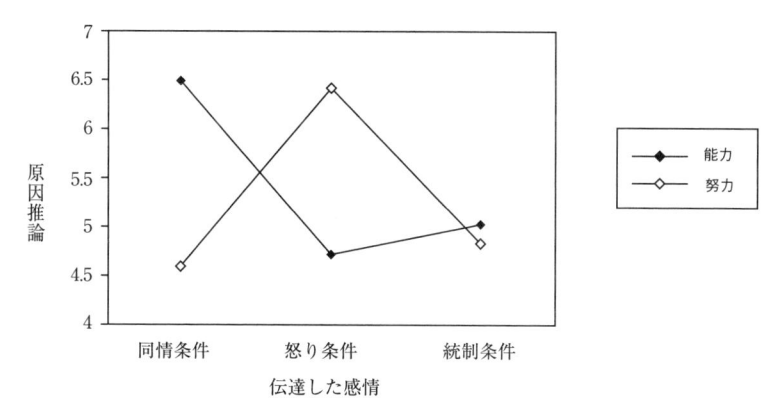

図 4.1　生徒が推測した教師の原因帰属と，教師が伝達した感情の関係（Graham, 1984, p.45）

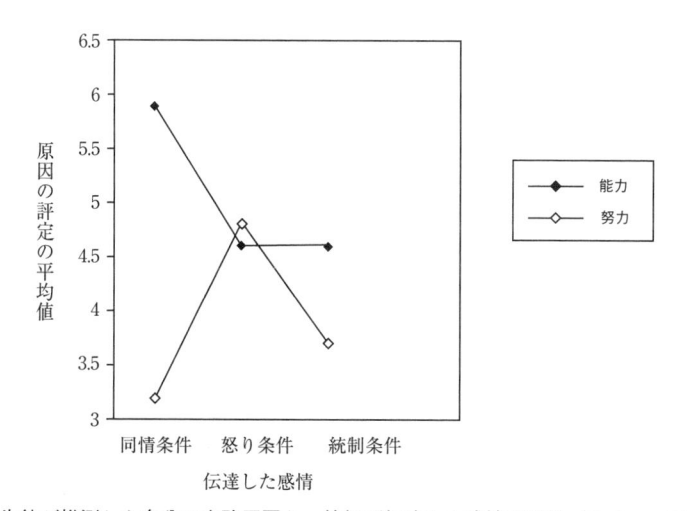

図 4.2　生徒が推測した自分の失敗原因と，教師が伝達した感情の関係（Graham, 1984）

ら導かれる仮説に一致する形で，他者の行なう原因推論を理解する手がかりになっていることを示している。

　ところで，教師の表明する感情や推測される教師の因果信念は，子どもたちの自己評価に影響するのだろうか。図 4.2 は，失敗した原因として自分が考えたことと，伝達された教師の感情との関係を示したものである。この図から，教師が同情を示した場合には，子どもたちが自分の失敗した理由を努力不足ではなく能力不足に求めたことがわかる。つまり，生徒は教師から読み取った失敗の原因を

そのまま受け入れる。しかし教師が怒った場合には、子どもたちが自分の失敗の原因を努力不足と能力不足に求める程度に差はなく、予測は支持されなかった。教師が怒りを表明しても、子どもは自分が十分努力しなかったのだという結論を導けない。

グラハム（1984）は、今後の成功の見込みと感情手がかりの関係もまた、帰属理論の予測に一致することを示した。すなわち自分が今後課題を成功させる見込みは、怒りが伝達された後で最も高くなり、同情の伝達の後で最も低くなった。能力に比べて努力は、思い通りに変化させやすい。そのため、失敗の原因が努力不足にある場合のほうが、将来は成功するという期待が高くなるはずである。つまり、努力不足は能力不足とは異なり、より速やかに変容し「改善」されるのである（原因の安定性について述べた本章後半の議論を参照）。

このように「現実場面」でのグラハムの研究は、「相手から伝達される感情は相手の思考内容に関する情報を提供している」と主張する仮想場面での研究結果（図1.4の右から左への関係）を支持するものである。これに加えて彼女は、相手の思考内容を推論した結果が自らの因果信念に影響すること、しかしそれは相手から得られる感情手がかりが同情の場合のみであって、怒りの場合は成立しないことを示した。そのうえ、自分が将来成功する見込みは、同情の表明による影響を受けるほか、推測することで自ら作り出した因果信念による影響も受けるらしい、ということも示した。したがってグラハム（1984）の研究結果は、半分だけ理論を支持したといえる。この理論を援護する立場にあるという点で、私は理論が半分まで支持されたと解釈する側に立っているが、矛盾を承知でいえば、この理論はまだ半分しか支持されていないという解釈もできる。しかし、グラハムの研究全体を眺めてみると、報酬や他のポジティブな情報の伝達が動機づけを低下させうること、他方罰や他のネガティブな情報の伝達が課題に取り組む動機づけを高めうることが主張されており、これは行動主義の立場と真っ向から対立している。

‖ 罰することの目的 ‖

行動主義の立場からすれば、罰することの目的は、望ましくない反応の生起頻度を低下させることである。しかし、人が社会的場面において誰かを処罰する目

的は，嫌悪刺激が有機体のオペラント行動にもたらす結果を研究する場合に想定されるものよりも，はるかに複雑である。そもそも罰には，報復と功利主義という哲学者が昔から同定してきた2つの目的がある（たとえば，Gert, 1988; Moore, 1987; Rawls, 1955; Vidmar, 2000; Vidmar & Miller, 1980 を参照。心理学者によるさらなる議論については，Carlsmith et al., 2002; Orth, 2003 を参照）。罰に関するこの一般的な2つの目的は，さまざまな下位カテゴリを含んでおり，そうした下位カテゴリを区別することもまた重要である。

報 復

　報復は，過去の過ちに対する仕返しと深いかかわりがある。すなわち，報復の目的は，以前なされた悪行の仇を討つことである。報復目標は，「われわれは相手に対して，相手がわれわれに対してなしたのと同じようにふるまわねばならない」と主張する正義の理論に基づいている。つまり「罰は罪に見合ったものでなければならない」。罪に見合った報復という原則は，以前にも引用したこの言葉，「目には目を，歯には歯を，手には手を」（出エジプト記, 21:24）に明確に表われている。規則に違反した者は，「受けるにふさわしいだけのもの」すなわち「当然の報い」を受ける。したがって，違反者は被害者（最終的には社会そのもの）に対して「借りを返す」。そうすることで，同じ社会に暮らす人々が経験する好ましいことと好ましくないことの配分に，不均衡がなくなり，社会全体でのバランスがとれる（Darley & Pittman, 2003 を参照）。

　当然の報いという発想は，犯罪の深刻さのみが罰を決めるという「厳格責任」の法則に従っている。しかし通常，報復の実行を決める要因のなかには主観的な要素が含まれる。ほとんどの国が実施している刑事裁判においても，また多くの人が行なう社会的制裁においても，罰を下す者は，危害（違反行為）の大きさのみならず，個人の責任や意図，「故意性」（**犯意**）の有無も酌量する（Hart & Honoré, 1959; Katz, 1987; 課題達成の評価を決める要因として結果と努力をあげている第1章も参照のこと）。その理由は，「故意性」を含む複数の要因が，「市民が感じる道徳上の強い怒りに影響し，ひいては与えられてしかるべき罰の大きさにも影響する」（Carlsmith et al., 2002, p. 285）からである。病人の介護という理由が，課題達成場面での努力不足や達成失敗を割り引く要因となるのと同様に，道徳上の正当性があるということは，報復的正義の決定の際にも割引き要因とし

てはたらくかもしれない。したがって，「豪奢で情事に明け暮れる生活を維持するために横領した人物には，その企業で賃金を十分に払われず不当な扱いを受けている外国人労働者に賃金を支給するという高尚な目的のために同額を横領した人物よりも，厳しい判決が下る」(Carlsmith et al., 2002, p.284 と第3章の正当化に関する議論を参照)。

　アメリカ合衆国の大多数の人々は，刑罰を報復的正義に基づいて決定している (Carlsmith et al., 2002; Gerber & Engelhardt-Greer,1996 を参照)。さまざまな犯罪の深刻さの設定と求刑される懲役の長さの間には，非常に高い相関がある（たとえば Klein et al., 1982)。加えて，殺人者に対する処遇として死刑を用いることは，ほとんどの国の大多数の市民によって支持されている。実際に行なわれる報復行為は，復讐や贖罪，つまり生贄を苦しめることを目的に行なわれることが多いが，こうした目的は報復を構成する要素とはいえない。報復は次の点で復讐と異なっている。復讐は必ずしも犯罪行為に対して行なわれるのではなく（例：社会的拒絶)，報復とは異なり，被害者が相手の苦しみを目にしたがる。法律のめざすところは明らかに，復讐よりも報復である。たとえば，もし被害者が死刑執行人の仕事をしているならば，この人物は自分に危害を加えた者の死刑を行なえないことになっている（報復と復讐の違いに関するより詳細な議論については Nozick, 1981 を参照)。報復目標は復讐心によって歪められやすいという理由から，報復は，正義を実現する方法としては野蛮なやり方だ，と考える人もいる（しかし Batson et al., 2000 の見解によると，報復は，なされた悪事以上の対価を要求するような過度の報復，たとえば「片目には両目を」といった大昔の原則に比べれば，文化的に進歩している)。正義を行なううえで報復という方法がもつ別の欠点は，課される罰がしばしば不明瞭な点である。たとえば私の隣人が私の妻を殺し，隣人が未婚ならば，正義という名の秤においてどのような報復がつりあうだろうか。また，もし隣人が妻帯者ならば，隣人の妻は殺されるべきだろうか。

功利主義

　過去の過ちに目を向けている報復目標とは異なり，功利目標は未来に目を向けており，加害者ないしはその社会で暮らす誰か別の人間が将来悪事を起こすおそれが低下すれば，目標は達成される (Murphy & Coleman, 1990)。また，功利目

標は「結果主義の立場」として理解されており，抑止論について議論する際に取り上げられる。功利目標はまた，行動主義者が行動の統制に目を向ける根拠を与えてもいる。

カールスミスら（2002）が述べているように，抑止論は，規則に違反する可能性のある人間は合理的にものを考える，という仮定をおいている。したがって違反行為を防ぐためには，ある状況における利益と損失が少なくとも等しくなっている必要がある。そうすれば不道徳なことを行なっても「得する」ことがなくなるからである。快楽主義の原則で有名な哲学者のベンサム（Bentham, 1962）は，「ある行動をとった結果として予測される苦痛や代償が，満足や利益を上まわるなら，人は将来その行動を完全に抑止するようになる」(p.396) と主張している。

抑止論の立場が罰に関して導く結論は，いくぶん驚くべきものである。たとえば抑止の発想に従うと，私的に与えられる罰は，罪を犯した特定の人物に対してのみ犯罪を思いとどまらせるのであり，社会のほかの人たちには作用しない。したがって抑止論の考え方では，罰は公的に下されねばならず，公的であるからこそ当事者以外の人々も犯罪は割に合わないものだと理解する。さらに，罰が公的になればなるほど厳しくなる理由は（逆も真であり，罰は私的であるほど軽くなる），そうすることで罰が最大の効果を発揮できるからである。また，意思決定理論が主張する期待×価値の枠組みを適用するならば，道徳に反する行為の検出率が低い（逮捕される見込みが低い）場合には，抑止論の立場からいえば，違反行為によって得られるであろう恩恵をできるだけ小さくするために，罰が非常に厳しくなるはずである。功利目標を仮定する場合，大きな犯罪ほど罰が厳しくなるという関係は必ずしも成り立たないが，罰が将来の犯罪の発生を低減するのであれば，犯罪の大きさに応じた罰が課される。

功利という観点からすると，罰することの利点はさまざまである。以下はその例である。

1．犯罪者を社会から隔離する。これによって一般の人々，もしくは以前犯罪による被害を受けた特定の人々の安全が保証される。隔離は一時的にも実施できるが，永続的にも実施しうる。したがって実刑判決は，功利的見解からいっても適切である。
2．犯罪者の更生。教育活動が犯罪者の「目を醒まさせ」，犯罪者が過去の過

ちを認識すれば，更生は完了する。つまり，悪事を犯した人間は生まれ変わり，彼らの望むものや価値観，行動は，大衆のそれと一致するようになる。更生は隔離の時期に行なわれることもあるが，隔離は罰にとって不可欠の要素ではない。また，隔離が犯罪者を更生させる可能性があると考える必要はない（通常は考えない）。それどころか，罰している側が，犯罪者を更生させる手法の有効性について信じていなくても，社会からの隔離が行なわれることもある。

3．犯罪者に恐怖の念を生じさせる。反道徳的行為に対する報復措置が再犯の可能性を低下するとされる理由は，それによって犯罪行為が嫌悪的な結果と連合されるためである。これは，行為に関する快楽主義の原則のほか，行動主義的な発想とも合致する。この立場をとる者は，配偶者との面会をなくす，身体運動施設を除去するなどして，刑務所をより嫌悪的なものにしたがるかもしれない。ここで整理しておくと，隔離の場合，犯罪者は望ましくない行動をとる機会を失い，更生の場合，犯罪者は「よこしまな」欲望をもたなくなる。罰の予期によって恐怖が生じることにより，犯罪者は将来の悪行を抑制すると考えられる。

4．世間一般での犯罪抑止を促進する。功利的発想に従うなら，罰は犯罪者のみに関係しているのではない。罰は，社会で暮らすほかの人たちに警告を発することもできる。この点は，罰が公的である必要性について述べた先の議論でもふれられている。つまり，大衆は規則に違反すればどうなるかについて教えられる必要があり，それによって何が受け入れられない行動なのかを理解する。

　報復的正義の場合と同様に，道徳上の理由から功利的立場に反対する者もいる。たとえば功利的立場で時に論争となることは，もし「無罪の人を罰する」ことが社会にとってより大きな利益をもたらすのならば，これを認めるのか，ということである。また，個人に対してなされる処罰はどのようなものであれ，その犯罪の当事者ではない人々に与える影響まで考えて決めるべきではない，と考える哲学者もいる。さらに結果主義の立場は，正義を決定する要素である犯罪の深刻さや刑期の軽減事由をしばしば軽んじるために，罰がもつ多くの道徳的側面を見過ごしてしまう。そして最後に，すでに間接的に述べたことではあるが，報復的立

場をとるよりも功利的立場をとる場合に，取るに足りない犯罪が厳しく罰せられることになる傾向がある。したがって報復という発想よりも功利主義のほうが「より道徳的」であり，進んだ市民の証であるという考えは，あらゆる場合にあてはまるわけではない。

‖ 帰属的な視点からみた罰することの目的 ‖

　罰を与えることにより，罰の報復目標と功利目標はしばしば同時に達成される（たとえば，死刑判決は，因果応報であるだけでなく，殺人者が再犯しないことを保障する）。同様に，報復主義者は正義を行なうために長期間の懲役判決を下す一方で，更生主義者は犯罪者が更生する猶予を与えるために同じ判決を下す。そうであるにもかかわらず，罰することの目的を決定する要因とは何かを問うこと，ある時点においてその目標に対してどのような手段が優勢であるかを問うことは重要である。これらの疑問に対する回答には無数の要因が関係するが，その要因には文化的規範，判決を下す人物の性別，その社会における犯罪や恐怖の量，ある信念を公的に支持することで得られる政治的利益などが含まれる（Bailey & Peterson, 1994; Ellsworth & Gross, 1994; Roberts & Stalans, 1997 を参照）。規則違反に対する原因帰属は罰することの目的を決定する要因に含まれるので，帰属はこの問題と関連する。

　動機づけの過程に再び目を向けると，以下の順序は規則違反の後に生起する原因帰属と罰することの目的についての過程をとらえている。

規則違反―原因の認知―原因の統制可能性―責任の推論―感情反応―罰することの目的

　上記の過程について詳細に検証するために，まずは図 1.4 の上半分に示された統制可能な規則違反について考えてみよう。統制可能な原因が与えられた場合，それに結びついた責任判断や怒りと同様に，判断者は報復的な正義を求める。すなわち，報復には自由意志を認知し，罪だと判断することが必要とされる。他方，原因が統制不可能な場合は，図 1.4 の下半分に示されたとおり，人物に責任がないという判断や同情感情が生起すると予測される。もし罰が与えられるとするなら，この場合は功利目標によるものとなる。以上より，罰することの目的が決定される過程は，より具体的な 2 つの動機づけの過程に分かれている。

1．規則違反―原因の認知―原因は統制可能である―人に責任がある―怒り，同情の欠如―報復目標が優勢になる
2．規則違反―原因の認知―原因は統制不可能である―人に責任がない―怒りの欠如，同情―功利目標が優勢になる

原因の安定性

　先述の原理は，第1章において紹介された知覚された因果性のもう1つの重要な特性である，「原因の安定性」と独立ではない。原因には3つの基本的特性（所在，統制可能性，安定性）があることを思い出してみよう。なお，所在と統制可能性についてはすでに議論した。しかしながら，安定性も重要な原因の特性であり，罰することの目的を考える場合には特に重要である。

　原因の安定性についての基本的な考え方は，簡単に示すことができる。原因が適性，遺伝的特性，不変の環境のように安定的であると考えられるなら，その原因によって引き起こされる結果は将来の別の機会に再発することが予測される（Weiner, 1986の展望を参照）。そもそも，西洋的な論理に従えば，原因が再度生じるなら，その結果も再度生じると考えられる。したがって，背が低くてバスケットボールの試合で負けた人，数学の適性がなくて数学で失敗した人，「邪悪な性格」のために罪を犯した人は，失敗や犯罪を繰り返すと考えられる（Carroll, 1979; Carroll & Burke, 1990を参照）。このような考え方は，ここでの議論において重要である。なぜなら，原因が永続的であると考えられた場合，ある種の功利目標（たとえば，更生）は達成不可能であるとみなされ，このような考え方は罰の決定と方法に影響するからである。「悪い種」を変化させようとする試みは，無駄だと考えられるかもしれない。

　一方，原因が不安定であると解釈される場合もある。足首を捻挫したためにバスケットボールでじょうずにプレーできなかった場合，一時の努力不足やインフルエンザのために数学で失敗した場合，友人への特別な贈り物を買うために罪を犯した場合は，原因がその時限りであるため，これらのネガティブな行為が繰り返されないと考えられる。原因が不安定である場合，未来は現在とは異なっているだろうとみなされる。したがって，罰を与えるにしても，罰を下す人は違反者にポジティブな影響を及ぼすことができるだろうと考えて，さまざまな選択肢や介入を利用することができる。

原因の認知が罰の目的と判断に与える影響についての実証的研究

　最初に考えるべき問題は，前述の考えが達成の失敗から犯罪までを含む規則違反に適用できるかどうかである。なぜなら，これらは同じ法則に従うものとして議論されてきたからである。罰に関する規則の普遍性の問題について検討するために，われわれ（Weiner et al., 1997）は，成人の参加者に，原因の統制可能性と安定性を操作した3種類の「悪行」についてのシナリオに回答させた。悪行とは，達成失敗，住居侵入罪，殺人である。参加者は，どの程度の厳しい罰を与えるべきか，その罰が功利目標と報復目標に適う程度を評定するように求められた。読者も自分で回答してみることができるように，シナリオの一部をボックス4.2に掲載してある。

◆ ボックス4.2　罰することの目的 ◆

以下に，3種類の「悪行」，達成失敗，住居侵入罪，殺人を呈示します。そして，この悪行の原因についても示してあります。あなたは，①その悪事を行なった人物にどの程度厳しい罰が与えられるべきか，②その罰を与えることがどの程度以下の2つの目的によるものか，この2点について回答してください。
　a．報復：当然の報いであるという理由から，私はこのように判断しました。
　b．功利：この行為を繰り返す可能性を減らすために，私はこのように判断しました。

達成失敗

1．その生徒は，ずっと努力をしてこなかったので，試験に失敗しました。

1	2	3	4	5	6	7
最小限の罰						最大限の罰

a．報復：当然の報いであるという理由から，私はこのように判断しました。

1	2	3	4	5	6	7
まったくそう思わない						非常にそう思う

b．功利：この行為を繰り返す可能性を減らすために，私はこのように判断しました。

1	2	3	4	5	6	7
まったくそう思わない						非常にそう思う

2．その生徒は，最近転校してきたので，試験に失敗しました。

1	2	3	4	5	6	7
最小限の罰						最大限の罰

a．報復：当然の報いであるという理由から，私はこのように判断しました。

1　　　　2　　　　3　　　　4　　　　5　　　　6　　　　7
まったくそう思わない　　　　　　　　　　　　　　　　　　　非常にそう思う

b．功利：この行為を繰り返す可能性を減らすために，私はこのように判断しました。

1　　　　2　　　　3　　　　4　　　　5　　　　6　　　　7
まったくそう思わない　　　　　　　　　　　　　　　　　　　非常にそう思う

3．ある人物は，自動車事故に巻き込まれ，人を殺してしまいました。この人物は，最近脳に大けがをし，それから回復しつつありましたが，そのけがのために，どちらに曲がるべきかについて非合理な判断を下し，それが原因で後続の事故死が生じました。

1　　　　2　　　　3　　　　4　　　　5　　　　6　　　　7
最小限の罰　　　　　　　　　　　　　　　　　　　　　　　最大限の罰

a．報復：当然の報いであるという理由から，私はこのように判断しました。

1　　　　2　　　　3　　　　4　　　　5　　　　6　　　　7
まったくそう思わない　　　　　　　　　　　　　　　　　　　非常にそう思う

b．功利：この行為を繰り返す可能性を減らすために，私はこのように判断しました。

1　　　　2　　　　3　　　　4　　　　5　　　　6　　　　7
まったくそう思わない　　　　　　　　　　　　　　　　　　　非常にそう思う

4．ある人物は，殺意をもって人を殺しました。この被疑者は，意図的な暴力行為を長期間続けてきました。

1　　　　2　　　　3　　　　4　　　　5　　　　6　　　　7
最小限の罰　　　　　　　　　　　　　　　　　　　　　　　最大限の罰

a．報復：当然の報いであるという理由から，私はこのように判断しました。

1　　　　2　　　　3　　　　4　　　　5　　　　6　　　　7
まったくそう思わない　　　　　　　　　　　　　　　　　　　非常にそう思う

b．功利：この行為を繰り返す可能性を減らすために，私はこのように判断しました。

1　　　　2　　　　3　　　　4　　　　5　　　　6　　　　7
まったくそう思わない　　　　　　　　　　　　　　　　　　　非常にそう思う

◆◆第 4 章◆◆　報酬と罰

　ボックス 4.2 にあるように，統制可能かつ安定的であるシナリオでは，生徒が
ずっと努力不足であったために試験で失敗したと記述されていた。住居侵入罪
（ボックス 4.2 には未掲載）と殺人についての同じ因果条件でのシナリオでは，被
告人が何度も盗みを働いてきたこと，殺人を含む意図的な暴力行為を長期間続け
てきたことが記述されていた。統制不可能かつ不安定なシナリオに関しては，達
成失敗シナリオでは生徒が最近転校してきたと記述され，犯罪シナリオでは合理
的な判断を一時的にそこなう脳損傷によって自動車事故を引き起こしてしまい，
他者を死なせたと記述されていた。したがって，統制可能性は意図の程度や責任
を軽減する要因の有無によって操作され，安定性は長期にわたって予測可能で明
白な原因の有無あるいは長期にわたる行動の一貫性によって操作された。

　参加者は，①当然の報いであるという理由から，私はこのように判断しました
（報復），②この行動を再び繰り返す可能性を低減させるために，私はこのように
判断しました（功利），に対してどの程度同意するかについて質問された（ただ
し，達成場面については異なる言葉遣いが用いられた）。

　図 4.3 は，報復目標と功利目標への同意の程度を規則違反ごとに示したもので
ある。この図から，判断対象となる出来事によって罰することの目的が影響され

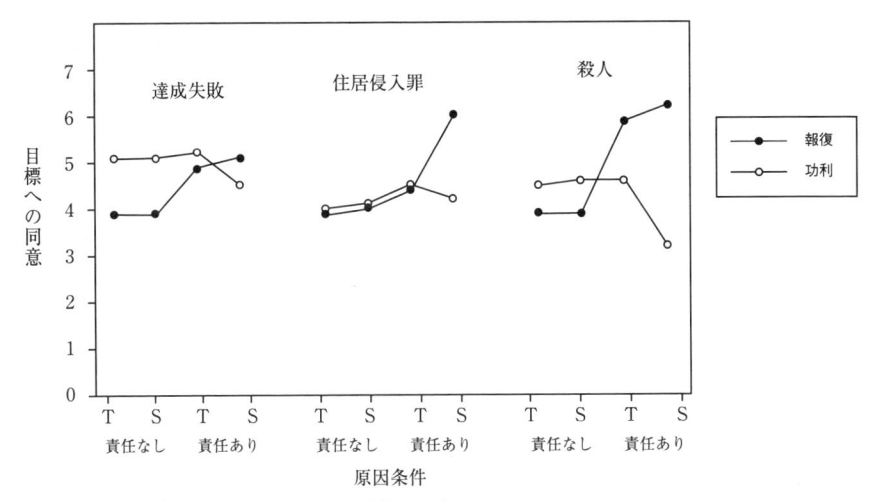

T＝一次的；S＝安定的；Weiner et al., 1997, p.441からのデータ。

　図 4.3　違反者の責任と規則違反（達成失敗，住居侵入罪，殺人）の原因の安定性が
　　　　　罰の目的（報復と功利）への同意に与える影響

ることが示唆された。すなわち，殺人は報復的な欲求を生起させる可能性が高く（Ellsworth & Gross, 1994 を参照），達成失敗は功利的な関心を生起させる可能性が高かった。さらに重要なのは，出来事の原因も罰の目的に同意する程度に影響を与えることが明らかにされたことである。

　原因が統制不可能であり，人物に責任がない場合（各規則違反における左側の2条件）は，原因が統制可能であり，違反者に責任がある場合（右側の2条件）よりも罰することの目的が報復的ではない。統制可能かつ安定的な原因（各規則違反における一番右側の条件）が与えられた場合は，罰することの目的はすべての規則違反において特に報復的である。したがって，「報復」するために，怠惰な学生や意図的な犯罪を繰り返す者を罰したと考えられる。読者の回答も，同様のパターンを示していると思う。要するに，規則違反の原因に応じて，支持される罰の目的が変化した。

　ここで紹介した研究では，行為の原因と罰することの目的の関係が検証されたが，私が提案した動機づけの過程については考察されなかった。しかし，われわれは他の研究で媒介過程についても検討している。次の研究（Graham et al., 1997）では，犯罪についての題材のみが参加者に呈示された。この研究について論じた後で，達成場面における罰の過程を考察する（Reyna & Weiner, 2001）。

●**犯罪場面における罰の過程**　次に報告する研究（Graham et al., 1997）では，殺人の原因の統制可能性と安定性が操作された。この研究では，以下の特徴をもつ人物による殺人事件について記述したシナリオが参加者に提示された。①殺意と長期にわたる犯罪歴をもつ（統制可能かつ安定的な原因条件），②犯罪歴はないが，この事件では殺意をもった（統制可能かつ不安定），③暴力行為をたびたび引き起こす遺伝的なパニック障害をもつ（統制不可能かつ安定的），④特殊な状況下でのみ暴力行為を引き起こすパニック障害をもつが，それが原因で人を殺してしまった（統制不可能かつ不安定）。

　その後，参加者は，犯罪の原因の統制可能性と安定性，責任判断，怒りと同情の感情，将来の犯罪行為の予測，参加者が与えるべきだと考える罰の目的（報復，功利）について評定した。なお，これに先立ち，日常的に報復目標と功利目標のどちらに同意しやすいかについての個人差が調査された。具体的には「罰は，犯罪者に償いをさせるために与えられるべきだ」（報復）と「社会改善に貢献する

表 4.4　原因条件が帰属の諸変数に与える影響

変数	原因条件			
	統制可能		統制不可能	
	安定的	不安定	安定的	不安定
責任	6.1	6.2	4.8	5.5
怒り	5.5	5.6	4.3	3.9
同情	2.3	2.9	3.8	3.8
将来の犯罪行為の予測	5.1	3.6	5.4	4.3

注）Graham et al., 1997 からのデータ。

なら，罰は正当だと認められる」（功利）に対してどの程度同意するかについて質問された。この事前調査は，「人は罰することの目的について性格特性のような信念をもつ。つまり，報復主義者もいれば，功利主義者もいる」と考えている哲学者の視点に基づいて実施された。

表 4.4 は実験条件ごとに帰属に関する諸変数の平均値を示しているが，この表から重要な示唆が得られる。すなわち，責任と怒りは犯罪の原因が統制不可能な場合よりも統制可能な場合に高く評定されたのに対して，同情は原因が統制可能な場合よりも統制不可能な場合に高く評定された。加えて，将来の犯罪の予測は原因が安定的である場合に高く評定された。これらの知見は，予測が正しいことを示している。

図 4.4 は，前述の諸変数と罰と目的との関係を記述したものである。まず報復について考察すると，この図は全般的な報復的態度（報復 1）がその状況における報復的欲求を予測した（報復 2, $\beta = .16$）。加えて，責任（$\beta = .17$）と怒り（$\beta = .15$）は報復的欲求と正の相関関係をもったのに対して，同情（$\beta = -.22$）は報復的欲求と負の相関をもった。功利目標については，図 4.4 の下部に示されているが，責任の認知や感情と無関連であった一方，全般的な功利的信念（$\beta = .25$）や将来の犯罪行為の予測（$\beta = .19$）とは関連していた。

要するに，罰の報復目標と功利目標を規定している原因の特性は異なっている。報復目標は道徳判断やその判断が生み出す感情に起因したのに対して，功利目標は道徳的な関心とは無関連であり，過去よりも未来に焦点があてられた。これらの知見は，罰することの目的についての哲学の議論と一致する。

これまで紹介してきた罰の目的についての研究が「仮想場面的な」特徴をもつことは，明白である。援助行動や攻撃性についてのメタ分析を紹介した際に，実

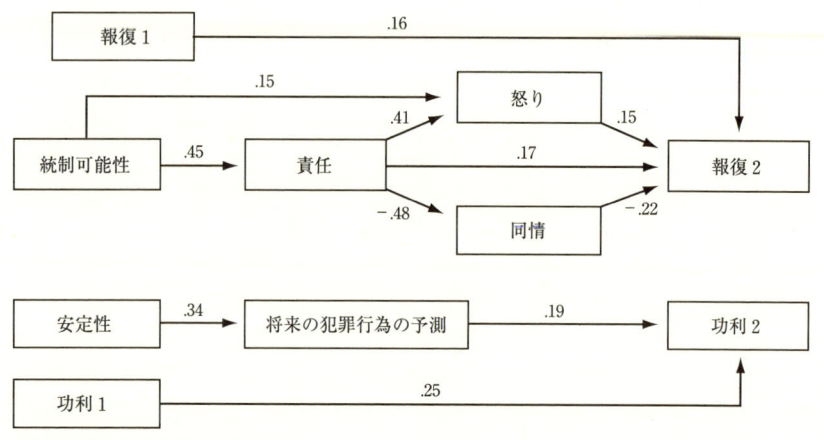

図 4.4 統制可能性，安定性，全般的な罰の目的（報復1と功利1）から，認知・感情的な媒介変数とこの犯罪に特有な罰の目的（報復2と功利2）を予測するうえで，最も適合度の高いモデル

注）Graham et al., 1997, p.343からのデータ。

験がしばしば仮想場面を対象としており，役割演技を含んでいるために，帰属理論の研究者が批判されてきたことを指摘した。したがって，これらのメタ分析には調整変数として状況設定（仮想的，現実的）を含めた。しかし以前に説明したとおり，それらの結果，仮想場面と現実場面の両方において理論が等しく妥当であることが示唆された。この「現実性」の問題に再び焦点をあて，われわれ（Graham et al., 1997）は，罰の目的についての理論が日常場面に適用できるかを調べるために，日常場面での出来事であり，非常に多くの社会的関心を集めた O. J. シンプソンによる殺人について検証した。

その事件については詳細には説明しないが，有名なフットボールの英雄で映画スターであるシンプソン氏は，明らかに嫉妬が原因で，妻と男性1名を殺害したとして告発された。この犯罪の直後，われわれは殺人の原因をどう考えているかについての調査を行ない，統制，責任，怒り，同情，安定性，シンプソン氏による再犯の予測について判断を求めた。また，参加者は罰することの目的についても質問されたが，それには1つの報復目標と3つの功利目標が含まれていた。3つの功利目標とは，更生，被害者の保護，一般的な抑止であった。参加者は，シンプソン氏に与えるべき罰の重さとその判決を下した理由について評定するように求められた。

表 4.5　罰することの目的を従属変数，帰属の諸変数を独立変数とする重回帰分析

	罰の目標							
	報復		更生		保護		抑止	
説明変数	β	t	β	t	β	t	β	t
統制	-.05	<1	-.05	<1	-.03	<1	.15	1.90
責任	.17	2.07*	.00	<1	.04	<1	.19	2.15*
怒り	.30	4.04***	.11	1.54	-.03	<1	-.04	<1
同情	-.30	-3.68***	.39	5.18***	-.07	<1	-.13	-1.54
安定性	-.01	<1	-.34	-4.85***	.19	2.33***	.04	<1
再犯の予測	-.10	-1.33	-.06	<1	.27	3.36***	.08	1.04

注) Graham et al., 1997, p.337 からのデータ。

　表4.5に，報復目標と功利目標の決定要因を示す。この表では，諸変数の相対的な影響力を決定するために，それらの変数が4つの罰の目的に回帰されている（β値は，他のすべての変数を一定に保つことで説明される関係の強さを示す）。表4.5は，報復的欲求がまず怒りと同情によって決定され，その次に重要な説明変数が責任の認知であることを示している。この結果は，図4.4において示された仮想場面の研究データと一致する。しかしながら，功利目標についての知見はより複雑であり，3つの目標間でも結果が一致していなかった。以下に示す例外を除き，仮説を支持するような明快なデータは得られなかった。すなわち，功利目標のなかの1つだけが情動反応と関連し（同情と更生），責任は抑止の目標にだけ関連した（しかしFeather et al., 2001を参照。彼らは刑を宣告する際に同情が役割を果たすことを明らかにした）。他方，原因の安定性は，将来の予測に関連するが，2つの功利目標（更生と保護）を予測した。したがって，データのパターンは，全般的に，仮想場面の研究において報告されたデータを近似的に再現した（ただし完全にではないが）。報復は非道徳的な行為に対する反応（責任の認知とその判断が引き起こす感情）であるのに対して，功利目標は将来のことだけを考慮した判断を導くが，それは原因の安定性の認知によって規定される。

●達成場面における罰の過程　ここで，犯罪場面から達成場面に目を向ける。達成場面においても，犯罪場面と同じ一般的な研究パラダイムが繰り返し用いられてきた。つまり，仮想場面と現実場面の両方が用いられた（Reyna & Weiner, 2001）。仮想場面の研究では，統制可能性と安定性が先行要因として操作された。特に，達成の失敗は，努力の慢性的な不足（怠惰な学生）あるいは一時的な不足，能力

表4.6 統制可能性と安定性という原因帰属の2次元が罰することの目的（報復と功利）への同意に与える影響

	報復		功利	
	安定的	不安定	安定的	不安定
統制可能	5.48	4.68	4.63	5.56
統制不可能	3.77	3.90	5.31	5.16

注）Reyna & Weiner, 2001, p.311 からのデータ。

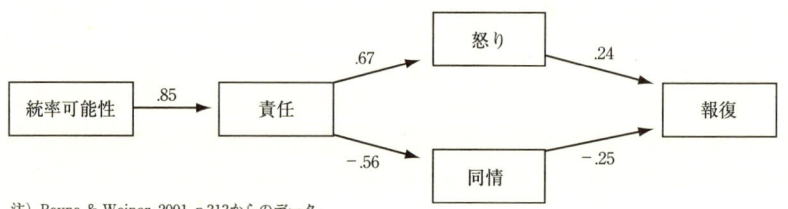

```
統率可能性 ──.85──> 責任 ──.67──> 怒り ──.24──> 報復
                    │                              ↑
                    └──−.56──> 同情 ──−.25────────┘
```

注）Reyna & Weiner, 2001, p.313 からのデータ。

図4.5 帰属，責任判断，感情，報復目標についての媒介モデル

の慢性的な低さ（知性が低い）あるいは一時的な低下に起因すると記述された。このシナリオを呈示した後，報復目標や功利目標に対して同意する程度，統制可能性の認知，責任，怒り，同情が測定された。すなわち，本書で提案された動機づけの過程に関するすべての変数が含まれていた。

表4.6は，原因の統制可能性と安定性が罰の目的への同意に与える影響について示している。原因が統制可能な場合は統制不可能な場合よりも，罰することの目的として報復が選択されやすかった。それに対して，功利目標の場合は同じ結果が得られなかった。さらに，原因が統制可能かつ安定的（すなわち，怠惰）であるなら，功利目標よりも報復目標に同意する程度が高かった。それに対して，統制不可能な場合には，罰することの目的は報復的というより功利的であった。

図4.5は，報復目標を目的変数，原因に関する信念と感情を説明変数とするパス図である。この図は，統制可能な原因が責任判断を増加させ，さらに責任が怒りが高め，怒りが報復的欲求を増加させることを示している。また，責任は同情を低下させ，同情は報復的欲求を減少させた。要約すると，報復についてのモデルは，本書で提唱された理論を完全に支持する。この図では示していないが，功利目標は原因の安定性にのみ関連していた。

達成場面について最後に紹介する研究では，教育場面において教師が罰につい

◆◆第4章◆◆ 報酬と罰

注) Reyna & Weiner, 2001, p.314からのデータ。

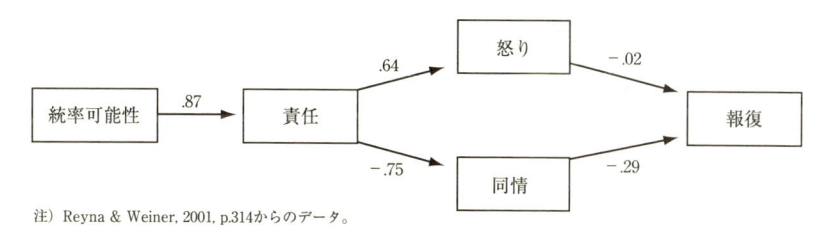

図4.6 帰属,責任判断,感情,功利目標についての媒介モデル

てどのような判断を下すのかについて検討している。公的な教育制度では,校区や法律によって指示された指導要綱に従う限り,教師は学級を自分が適切と思うやり方で運営する自由をかなりもっている。これによって,教師は規則違反を行なった生徒を動機づけたり,叱責したりするためにさまざまな介入を行なうことができる。

教師がどのような介入判断を下すのかを調べるために,フォーカスグループによるインタビューを行なったところ,教師は18個の共通の規律に関する行為を生成した。生徒を校長室に送ることや特権を剥奪することから,生徒を無視すること,追加の宿題を与えること,ほめることにいたるまで,さまざまな厳しさの程度のものがあげられた。教師は,これらの介入が報復目標と功利目標のどちらに適っているかについて評定した。18個の介入行為は,介入に同意する程度と罰の目的への評定結果に基づき,異なるカテゴリーに分類された。カテゴリーのうちの2つは,「罰的介入」と「報復」と命名され,教室の前で生徒を叱ることや放課後の居残りを命じることなどの介入が含まれた。他の2カテゴリーは,「正の強化」と「えこひいき」と命名され,生徒をほめること,報酬を与えること,特別扱いすること,悪い成績を挽回するための機会を与えることなどの介入が含まれた。これらは,報復的というよりも功利的なものとして評定された。

次に,別の教師らを対象にした調査が行なわれたが,彼らにはボックス4.2に記述された4つの達成シナリオが提示された。教師は責任についての信念,怒り,同情を評定した。加えて,18個の介入を使用する可能性についても評定したが,それらは報復目標か功利目標のどちらかに分類されていた。その結果(図4.6),統制可能性は責任と関連し,責任は同情を抑制し,怒りを促進することが示唆された。そして,同情(の欠如)だけが報復的欲求を予測した。したがって,時に怒りが,時に同情が,時に両感情が,責任の認知とともに,報復と関連した。こ

157

の非一貫性の理由は不明であるが，この過程が複雑であることを示していると考えられる。加えて，この図では示していないが，功利的欲求は原因の安定性と主に関連していた。

したがって，同じ行為が報復的機能と功利的機能を同時にもちうるが，教育場面においても報復目標と功利目標は別々に認知されていた。これは，帰属理論と一致する。一般的に生徒の将来や行動変容についての関心が高いといわれる教師であっても，報復的な罰を使用するし，生徒の規則違反についての因果信念に基づいてどのような罰を下すかを決定する。

まとめ

行為者の反応変容をうながすためだけに，罰が与えられるわけではないことが示されてきた。罰を与える理由には報復（これには復讐と贖罪が含まれる場合とそうでない場合があるが），更生，第三者が違反する可能性を変化させることが含まれるが，これらはオペラントの研究では無視されてきた。

社会改善のために実施されるこれらの罰の目的は，原因に関する信念と密接に関連している。統制可能な原因は功利目標よりも報復目標と関連するのに対して，原因の安定性は報復目標よりも功利目標と関連する。この法則は，犯罪場面だけでなく，達成場面や教育場面においても適用可能であった。したがって，法律，神学，哲学から導き出された原則は，動機づけられた行動に関する研究においても重要であると考えられる。

帰属理論により議論できる罰についての2つのトピック（報酬と罰が正反対の動機づけ効果をもつこと，罰することにはさまざまな目的が存在すること）について検証してきた。次に第3のトピックとして，罰を恐れて服従した場合と比較して，報酬を期待して服従することが，責任判断と服従の結果にどのような影響を与えるかについて目を向ける。

‖ 報酬の期待と罰の脅威が責任判断に与える影響 ‖

帰属理論研究の初期，観察された行動がその場の社会的規範に反するときに，他者の傾性について最も明確に推論できるという主張がなされていた。たとえば，就職の面接場面で，就職希望者が敵意的にふるまった場合（規範と不一致）はそ

の人物に攻撃的な傾性が帰属されるが，過度に丁寧にふるまった場合（規範と一致）はその人物が「従順」であるとはいえない（Jones et al., 1961）。同様に，図書館でしゃべっている人は，パーティでしゃべっている人よりも外向的であると判断される。

帰属理論の研究者は，監視下での罰の可能性を操作した場面で，傾性の帰属の決定要因についても検討してきた。たとえば，ストリックランド（Strickland, 1958）は，退屈な課題に取り組む2人の（架空の）学生を監視するように参加者に依頼した。参加者は，2人の一方を観察し，罰する権力をもっていた。監視の後で，参加者は2人の課題成績が同程度で達成基準を満たしているので，罰は与えられなかったと告げられた。それにもかかわらず，参加者は，監視していなかった学生と比較して，監視していた学生の成績を罰の外的脅威に帰属し，その学生のほうをより信頼していない旨を表明し，後続の課題時により長く監視した。要するに，他者に対する権力をもっているとき，仮にそれが行使されなかったとしても，よい結果は権力に帰属されるのである。

他者を服従させるために用いられる権力の種類は数多く存在するが，そのなかには報酬と罰が含まれる（第1章での議論を参照）。ここで，この問題に焦点をあてる。ロドリゲス（1995），ロドリゲスとロイド（1998）の研究では，罪を犯すことを求められ，その要求に従ったとき，罰を避けるために服従した場合と報酬を得るために服従した場合では結果が異なることが示された。ロドリゲス（1995）やロドリゲスとロイド（1998）によると，報酬が約束された場合は，罰によって脅迫された場合よりも，犯罪への服従がその人物に帰属され，その犯罪への責任が重いと判断される（Reeder & Spores, 1983; Wells, 1980を参照）。特に，たとえば第1章で示したように，看護師が医師から無認可の薬品の投与を要求され，その要求に従ったとき，投薬しないなら減給すると脅された場合よりも，服従後に昇給が約束された場合に，その行為に対する看護師の責任は重いと判断される。すなわち，報酬を得るために罪を犯した場合は，その人物は罪人であると判断される（図1.4の上半分）。それに対して，罰を避けるために罪を犯した場合は，責任判断が割り引かれる（図1.4の下半分）。

ここで，これらの知見によって提起される3つの問題について指摘する。

1. これらの効果は，さまざまな規則違反や誘因をとおして観察されるのであ

ろうか？ すなわち，これらの知見は，どれほど一般的で，信頼できるのであろうか？

2．これらの効果は，服従率の認知の違いに起因するのであろうか？ すなわち，図書館とパーティでのおしゃべりの例で説明したように，その行動が社会的規範に一致しているか不一致であるかによるものであろうか？ もし報酬を得るためよりも罰を避けるために罪を犯す人のほうが多いと信じられているなら，責任判断の違いは誘因の誘意性そのものに起因するのではなく，その行動と結びついた社会的規範によるものだと考えられる。言い換えれば，罰を避けるために多数が罪を犯すのなら，その行為の原因は行為者よりはむしろネガティブな誘因にあると判断される。反対に，報酬を得るために罪を犯す人がほとんどいないのなら，その行為の原因は誘因ではなく行為者にあると考えられる。規則違反と連合する社会的規範を統制することは，ある意味では，誘因の主観的な大きさを一定に保つことに等しい。

3．これらの現象を説明することが可能な理論とは何か？ また，それらの理論は，ここで主張された社会的動機づけや社会的正義に関する理論とどのように関連するのか？

さらなる実証的な証拠と社会的規範の役割

グライトマイヤーとワイナー（Greitemeyer & Weiner, 2003）によって行なわれた一連の研究において使用された，次のシナリオについて考えてみよう。

> ある教員が大人数の授業をしている。この教員は，TA に近づいてきて，授業評価が十分に高くなかったと言い，規則違反ではあるが，約 20 枚の偽の授業評価をアンケートの回収箱に紛れ込ませるように求めた。その教員が TA に言った内容は，以下に提示されている。結局，その TA は要求に従って，20 枚の偽の授業評価を回収箱に入れた。(p.1373)

TA に提示された誘因（すなわち，報酬と罰）の一部をボックス 4.3 に掲載しておくので，読者も実際に評定してみてほしい。具体的な内容としては，「私は，君が申請した来年度の特別奨学金を得られる［罰の場合は，得られない］ように手配しよう」などがある。読者も参加者のように，TA が服従に対してどの程度の責任を負うか，その要求に服従する TA は何％いると思うかについて評定してほしい。

◆◆第 4 章◆◆　報酬と罰

◆ ボックス 4.3　規則違反に対する責任 ◆

　ある教員が大教室で授業をしています。この教員は，TA に近づいてきて，授業評価が十分に高くなかったと言い，規則違反ですが，約 20 枚の偽の授業評価をアンケートの回収箱に紛れ込ませるように求めました。その教員が TA に言った内容は，以下に呈示されています。結局，その TA は教員の要求に従って，20 枚の偽の授業評価を紛れ込ませました。この TA が服従に対してどの程度の責任をもつか，TA の何％がその要求に従うと思うかについて回答してください。責任の評定は，1（まったく責任がない）から 9（非常に責任がある）です。服従の評定は，0 ％から 100 ％です。

	責任 1 = まったく責任がない 9 = 非常に責任がある	服従 0 ％～100 ％
1．君が来年度に申請した奨学金を得られるように手配するつもりだ。		
2．君が来年度に申請した奨学金を得られないようにしてしまうつもりだ。		
3．君が応募した来年度からの仕事に対してよい内容の推薦状を書くつもりだ。		
4．君が応募した来年度からの仕事に対してよくない内容の推薦状を書くつもりだ。		
5．君の得になるようなことをしてあげよう。		
6．君の得になるようなことはしてあげない。		

　本研究のデータを表 4.7 に示すが，この表では，誘因，犯罪行為に対する個人的な責任の評定（R），服従率の認知（C：要求に従うと思われる TA の割合）が 3 つの実験条件ごとに示されている。まず指摘すべきなのは，服従率の認知が誘因の誘意性（報酬あるいはポジティブ 対 罰あるいはネガティブ）によって影響されなかったことである。したがって，誘因の誘意性によって責任の認知に差異が生じるという現象は，社会的規範の認知に差異があったために生じたわけではない。

　この表から，責任判断は罰誘因条件よりも報酬誘因条件において高かったことがわかる。たとえば，TA がよい内容の推薦状を受け取るために服従した場合は，よくない内容の推薦状を避けるために服従した場合（$x = 6.35$）よりも，その人

161

表4.7 3つの実験におけるポジティブ・ネガティブな誘因が服従率と責任の認知に与える影響

ポジティブ・ネガティブな誘因	実験1 C	実験1 R	実験2 C	実験2 R	実験3 C	実験3 R
君が来年度に申請した奨学金を得られるようにするつもりだ。	74.1	6.83	54.3	7.24	55.7	6.68
君が来年度に申請した奨学金を得られないようにしてしまうつもりだ。	66.2	5.91	51.0	6.35	57.6	4.45
君の博士論文に対して非常によい成績を与えるつもりだ。	66.8	7.28	50.4	7.32	57.6	7.32
君の博士論文に対して悪い成績を与えるつもりだ。	70.1	5.60	50.1	6.41	62.2	4.77
君が応募した来年度からの仕事を得られるように取り計らうつもりだ。	69.2	6.93	51.9	7.49	58.0	7.15
君が応募した来年度からの仕事を得られないように取り計らうつもりだ。	66.8	5.48	52.9	6.81	59.3	4.87
君が応募した来年度からの仕事に対してよい内容の推薦状を書くつもりだ。	62.9	7.13	45.6	7.35	45.7	6.96
君が応募した来年度からの仕事に対してよくない内容の推薦状を書くつもりだ。	49.5	6.37	45.1	6.81	40.0	5.87
君がTAの報酬をよぶんに受け取るように取り計らうつもりだ。	46.4	7.50	39.7	7.81	37.0	7.26
君がTAの報酬を規定より少なくしか受け取れないように手配するつもりだ。	55.8	6.21	37.4	7.16	46.9	5.89
来年度、君が楽なTAの仕事を得るようにつもりだ。	45.1	7.11	36.2	7.92	35.6	7.15
来年度、君が大変なTAの仕事を得るようにつもりだ。	34.1	5.95	40.7	7.30	30.4	5.60
期末試験の採点や他の仕事を君に頼まないつもりだ。	33.3	7.26	30.5	8.16	34.6	7.04
期末試験の採点や他の仕事を君に大量にさせるつもりだ。	38.9	6.49	36.4	7.54	31.8	6.04
君の得になることをしてあげよう。	42.0	7.27	40.5	8.22	33.0	7.38
君の得になることはしてあげない。	22.6	7.10	40.8	8.22	20.2	7.09
君には本当に感謝するだろう。	30.5	6.95	27.1	8.05	28.5	7.00
君に対してとても怒るだろう。	33.6	6.67	28.4	8.05	29.6	6.00

注1) ポジティブな誘因は「君が違反行為をしたら」という言葉に続いて呈示され、ネガティブな誘因は「君が違反行為をしなかったら」という言葉に続いて呈示された。 C＝服従、R＝責任
注2) Greitemeyer & Weiner, 2003, p.1374からのデータ。

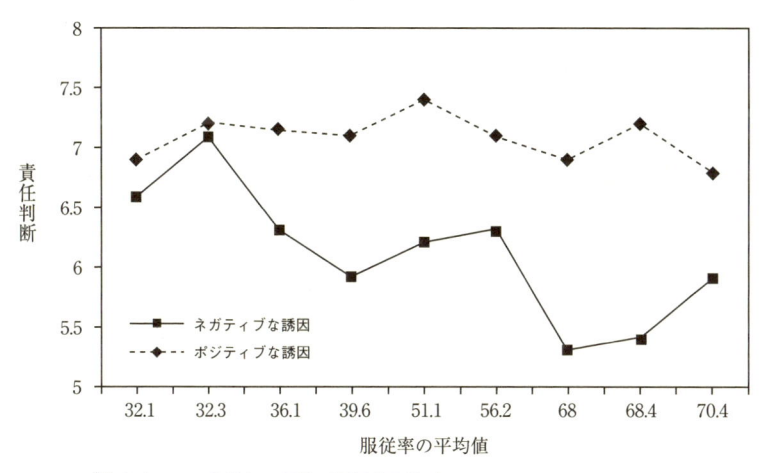

◆◆第4章◆◆ 報酬と罰

図4.7 服従率と誘因の誘意性が規則違反に対する責任判断に与える影響

注）Greitemeyer & Weiner, 2003, p.1374からのデータ。

物には責任があると判断された（3つの実験を通して $x = 7.15$）。しかし，この効果は，社会的規範の認知との交互作用がみられた（図4.7を参照）。図4.7は，9つの誘因条件ごとに，誘因の誘意性と服従率の認知が責任判断に与える影響について示している。この図によると，服従率が低い場合，誘因の誘意性は責任判断に比較的小さい影響しかもたなかった。他方，服従率が高い場合（たとえば，70％），報酬と罰の差異は増加した。誘因がきわめて魅力的である場合には，多数が服従すると予測されたとしても，違反者には責任があると判断された。すなわち，社会的規範は責任判断を低減させなかった。言い換えれば，違反行為が社会的規範と一致しない場合は，報酬と罰のどちらが与えられたとしても，責任が重いと判断された。他方，違反行為が社会的規範と一致する場合は，誘因の誘意性がネガティブであるときに，責任がより軽いと判断された。たとえば，みんなが100万ドルのために小さな罪を犯すことに同意する場合は，報酬が高い価値をもつ誘因であるだけでなく，服従した人物が強欲（不道徳）であると判断される。しかしながら，大切なものを奪われないために小さな罪を犯すことにみんなが同意する場合は，損失が重大であり，服従した人物が非難されるべきではないとされる。われわれは，さまざまな犯罪状況や誘因を用いた場合においても同様の結果のパターンが得られることを明らかにしてきた。したがって，それは「事実」である（Greitemeyer & Weiner, 2003を参照）。ボックス4.3に対する読者の回

答も，この結論を支持しているのではなかろうか。

既存の理論による解釈

　直接的な検証に基づいておらず，すべてのデータを説明できるわけでもないが，既存の理論もこれらの知見を説明することができる。それらの理論とは，法理論，レヴィンの理論，プロスペクト理論である。それらについて順番に検証する。

●**法理論**　法の視点からすると，強要は責任を低減させる（LaFave & Scott, 1986 の第5章を参照）。もし暴力の脅威や深刻な傷害の恐怖によって，ある行為を実行（あるいは自粛）するように非合法に強制されるなら，その人物はその後の犯罪に対して責任をもたない。たとえば，銀行強盗がその場にいる顧客に銃を向けることによってお金を集めることを強要する場合，その顧客はその行為に対して責任をもたない。法律においては，肉体的な暴力の可能性がある場合，特に過度の暴力を与えられた場合にのみ，強要があったと推測されうる。すなわち，強盗が「お金を拾うのを手伝え！　手伝わなければ，腕を撃つぞ！」と言ったような場合は，強要があったとはみなされず，強盗に協力した人は完全に責任があると判断される。前述の服従シナリオでは，教授による脅威には身体的な暴力が含まれていない。それにもかかわらず，素人にとっては，苦痛の脅威の多くが強要としてみなされ，責任の認知を低減させた（法律家と素人の間でみられる他の乖離については，Robinson & Darley, 1995 を参照）。他方，報酬は，強要を低減する要因としてみなされない。すなわち，罪を犯すことでポジティブな誘因を与えられるなら，責任は割り引かれない。

　この説明は非常に筋道だっており，「正しい」ように思えるが，それは循環論と同じようなものである。より一般的な言葉でいえば，この説明は実際の現象を単に述べているにすぎない。すなわち，強要（ネガティブな誘因）が与えられた場合には責任が低減されるが，報酬が与えられた場合には責任が低減されない。したがって，「説明」を提供する点では，価値が低いように思える。他の2つの理論によるアプローチは，この欠点をもたず，法律ではなく心理学的な考え方や理論に基礎をおいている。

●**レヴィンの理論**　レヴィン（1935）は，現在では消滅した「グランドセオリー」

の提唱者としてのみならず，期待×価値理論に関する最も初期の理論家の1人として，本書では頻繁に登場してきた。彼の考えは，帰属理論の「創始者」であるハイダーに多大な影響を与えた（Weiner, 1990を参照）。

レヴィンの理論によると，欲求，願望，欲望はその欲求状態を満たすポジティブな誘因（誘意性）を生み出す（すなわち，ある対象に誘意性を付加する）。たとえば，飢えているなら，食べ物はポジティブな誘因になる。そして，特別な昇給は，お金を欲しがっている人にのみ誘因となる。内的な欲求との関連をもたないような誘因は心理学的に存在しないとするレヴィンの理論に従えば，ポジティブな誘因と対人的な推論が関連することとなる。

しかしレヴィンは，この分析をネガティブな誘意性をもつ状況に対して直ちに適用することができなかった。嫌悪的な誘因は，その時々の欲求にほとんど依存しないし，関連しない。たとえば，ショックを回避したいという欲求は，ショックを受けていない時でさえも存在する。したがって，この理論の考え方に基づけば，罰の恐怖よりも報酬のために服従する場合に，対人的な推論が増大することが予期されることになる。

●**プロスペクト理論**　カーネマンとトバスキー（Kahneman & Tversky, 1979; Tversky & Kahneman, 1992を参照）によって構築されたプロスペクト理論は，選択行動に関する理論であるが，本稿で紹介された知見に対しても適用することができる。この理論は，損失が利得よりも大きく見えるというような，利得と損失に対して異なる評価が存在することを指摘する。カーネマンとトバスキー（1979）は，「お金を失うことで体験する腹立たしさは，同額を得ることによる喜びよりも大きい」（p.279）と述べた。もし選択時に損失が利得よりも重みづけられるなら，責任判断を決定・低減する際に誘因の誘意性が重要な役割を果たすという現象の背後には，この評価バイアスが存在しているのかもしれない。行動を誘発させるうえでネガティブな誘因がポジティブな誘因よりも重要であるなら，ネガティブな誘因が与えられた場合はポジティブな場合よりも原因が行為者に帰属されにくいと考えられる。

この理論は責任判断に関する知見をとらえている。しかし，服従率についてわれわれが行なった実験結果によると，ポジティブな状況とネガティブな状況の間にはプロスペクト理論が予測するような差異は存在しなかった。したがって，こ

の理論が考える材料を提供するのは間違いないが，本書で扱った知見に対して適用可能であるかは不明である。

　要約すると，前述のとおり，報酬と罰が帰属判断に非対称的な影響を与えることについての知見はよく整合している。この知見は，行動や行動変容を研究対象としたソーンダイクやスキナーの理論では説明できなかったものである。しかしながら，この現象については明確な理論的説明がいまだになされていない。確かなことは，どれほど誘惑的な報酬であっても，罪を犯すことによって報酬を受け取った場合は不道徳であるとみなされるのに対して，罰を回避するために罪を犯した場合は「罪人」であるとはみなされにくいということである。

‖ まとめ ‖

　報酬と罰のテーマは，心理学において中心的であり続けている。これらが行動に与える結果は，生物を特徴づける快楽の追求に連合しているので，過去に生じたことを強固にしたり弱めたりし，有機体の将来の行動を引き出すと信じられている。本章では，原因帰属と責任判断の知見が，報酬と罰に関する既存の原則にどのような異議を投げかけるのか，また，どのような新しい研究の方向性を提供するかについて示してきた。

1．行動に対する報酬が動機づけを低下させるのに対して，罰が動機づけを高めうることが示されてきた。これらの結果は，単純な行動主義の視点に反するが，報酬と罰が課題に取り組んだ人物の能力や努力についての情報を提供するために生じる。成功に対する報酬は，成功が努力に起因することを示すとともに，報酬を受けた人物が比較的低い能力しかもたないことを暗示する。この自己認知は，将来の動機づけにネガティブな影響を与えうる。反対に，失敗に対する罰は，失敗が努力不足に起因すること，そしてその人物が高い能力をもつことを暗示する。その人が高い能力をもっていると解釈することで，動機づけにポジティブな効果がもたらされる。これらの理論から導き出されたことは，報酬と罰，称賛と批判，援助と無視の後で原因帰属の判断を求めた実証研究によって支持されている。

2．罰は行為者の行動を変容させるためだけに実施されるのではないが，行動

主義の視点においてはそうであるとされていた。しかしながら，罰はむしろ報復目標や功利目標のために与えられる。報復目標は，ネガティブな結果の原因が行為者によって統制可能である場合に生起する。そして，その人物は，責任があるとみなされ，同情よりも怒りの対象となる。一方，功利目標は，将来の予測に影響する原因の安定性の認知によって生じる。これらの理論的な分析は，達成場面と犯罪場面，仮想場面と「現実的な」状況についての実証研究によって支持されている。

3．罪を犯すことで報酬を得る場合と罰を回避する場合では，服従の原因について対照的な推論がもたらされる。報酬の約束がある場合，不道徳にふるまった人物は，たとえ多数がそのようにふるまうとしても，責任があるとみなされる。他方，罰を回避するために罪を犯した場合，特に他者もそのようにふるまう場合に，その人物の責任は比較的軽減される。すなわち，この場合は，高い服従規範により責任判断が割り引かれる。法理論，レヴィンの理論，プロスペクト理論から導き出された説明はこれらの知見に適用できるかもしれないが，このことはいまだに解明されていない。

本章を通じて，帰属理論は他の視点によって指摘されてこなかった方法で賞罰に関するさまざまな問題についての理解を促進することが示されてきた。これらの問題についての実証研究や理論が発展することは，罰が社会的動機づけや社会的正義の中核に位置しているという点で重要である。罰に関するトピックに対して帰属理論が適用可能であるかを問うことは，帰属理論が豊かな発展的可能性をもつとともに，多様な事象と関係することを示すことにつながる。

第5章

審判のとき：
理論は役に立つのか

　レヴィンが「よい理論ほど実用的なものはない」と主張したことは広く知られている。しかし，私の経験では，単純で理論とは無関係なルールほど実用的なものはないのである。報酬を与えられた反応は起こりやすくなり，罰を与えられた反応は起こりにくくなるという原則は，スキナーの名前などまったく聞いたことがなく，「理論」の意味など知らない人によって，何百万という家庭や学校で行動を変容するために使われている。報酬が能力不足の，また罰が努力不足の手がかりとなることを第3章で議論した際に述べたとおり，この原則が常に正しいわけではない。とはいえ，それなりに正しいところもあることは，さまざまな物質の誘因価を評価する薬学研究での動物実験が，しばしばこの原則を用いていることからもわかる。

　動機づけ理論や社会心理学の理論に実用的な価値を見出すのは難しい。理論内の概念体系により，たしかに知識が増え，理解が進む。もしも，熟達が人間の目標であるなら，理論はたしかにその目標を達成させる機能をもっている。しかし，もしも，ひどい鬱に悩む人が救いを求めているなら，人間の動機づけに関する理論よりも薬のほうが役立つことは確かであろう。また，もしも，特定の場所でネズミを右に曲がらせようとするのであれば，誘因の概念的分析などしなくても，そこに食べ物を置けばよい。社会心理学者に対して研究成果の実用的な価値について尋ねると，30年前のミルグラム（Milgram, S.）の服従研究やジンバルドーの監獄研究，ジャニス（Janis, I. L.）の集団思考の研究，またさらに以前のレヴィンのグループダイナミックス研究にまでさかのぼって答えを探そうとする（Zimbardo, 2004を参照）。しかし，これらの研究知見が，（実際にうまくいくのだとしても）人間の行動を変えるために使われることはほとんどなく，またこれらは動機づけの研究というよりは社会心理学の研究なのである。レヴィンは「よ

い理論は実用的ではない」，または「実用に理論は必要ない」と言うべきであったのかもしれないし，理論志向をそれほどもたない他の人たちに応用を任せて，いわゆる「ライフスペース」概念をどう表現するかに満足していればよかったのかもしれない。

とはいえ，日常の出来事に理論を適用して，それが妥当なことを確かめたくなるものである。私もそのような誘惑に勝つことができず，この章で，社会的動機づけと正義に関する帰属理論の実用性を考えてみることにする。この理論は，素朴な信念をうまくとらえているがゆえに，多くの実用的な示唆がすでになされているという問題に直面する。たとえば，理論から導き出されることの1つが，悪いことをしてもうまく言い訳すれば責任を問われずにすむということである（第4章参照）。理論的には，言い訳により原因帰属が統制可能なものから統制不可能なものへと変わり，怒りが緩和され，好意的な反応が増加する。「期末試験の成績評価を上げてもらえませんか？　勉強するのがわずらわしかったので成績が悪かったのです」と言う学生などこれまで見たことがない。しかし，「私の祖父がなくなったので」とか「風邪を引いたので」といった言い訳はよく使われる。このように言う学生は，帰属理論をきちんと教えられているわけではないが，正しい言い訳をする。すなわち，帰属の原理を日常の相互作用のなかで用いているのである。そうだとすると，理論は「役に立ち」「応用可能」なのだろうか，それとも，きちんとした理論の内容を知らなくても使えるということは，日常生活上の問題に，理論が無関係ということになるのだろうか。

この章では，理論の応用的な実用性について述べる。その際，素朴な帰属的分析に基づく観察を無視するわけではないが，そこに焦点をあててはいけない。むしろ，理論から論理的に導き出されることで，これから応用できそうなことを考えたい。この章で扱うのは，次のような6つの話題——教室場面，精神疾患や肺癌などのスティグマ，結婚における満足，消費者行動，攻撃——である。また，これらの各話題における印象管理の問題についても議論する。

‖ 法廷としての教室 ‖

教育や教室での行動に関しては，さまざまな比喩がある。それらのなかには，教育機関を学問の聖堂として，学界の「神聖な議論を聞く場」として記述してい

◆◆第5章◆◆　審判のとき：理論は役に立つのか

るものもあり，学校や教室が宗教的，または聖なる場としてたとえられている。その反対に，「自由な交換」や「ギブ・アンド・テイク」が奨励される「知識の市場」のように，学校を商業場面としてたとえることもある。これらの宗教的，または世俗的な比喩は，それぞれ，異なったタイプの教育活動，教室での行動，学校での規範を生み出すと考えてよいだろう。実際，これらの対照的な比喩から連想する建物も，異なったものとなりそうである（ゴシック様式と壁仕切りのない建物と）。

　「教室は法廷である」というのも，教育機関や教室場面に関する比喩である（これは，人生は法廷であるという本書のテーマのバリエーションである）。この比喩にあてはまるような次の知見を考えよう。これらは，本書ですでに紹介したものである。

1. 試験の結果に対する評価は，犯罪に対する判決の宣告と同様，（少なくとも）2つの事柄から決められる。客観的にみて試験の成績がどのくらい悪かったか（犯罪の深刻さ，または違反行為）と，失敗した学生が悪い成績に対してどの程度責められるべきか，または責任があるのか（努力の程度，または犯意，第1章を参照）である。比較的単純な状況や道徳的発達段階が低い場合には，犯罪への罰は犯罪の深刻さ（厳格責任）にのみ基づくかもしれないし，それと同様に，学校場面の多くでは，得た点数が唯一の評価基準である。
2. 責任についての判断や「故意性」の推論に基づいて達成評価を行なうことは公正で正しいことだとみなされている（第1章を参照）。犯罪と比べると，達成評価ではそれほどあたりまえと思われていないかもしれないが，このルールは行動規則として認められているものと一貫している。能力の低い人と高い人では責任に関して異なる基準が適用される。
3. 犯罪者に対してと同様，失敗した学生への罰にも報復目標と功利目標の対立がある。教育，犯罪の両場面で，（試験での失敗や犯罪など）望ましくない結果や違反行為に対する責任は，どちらの目標が追求されるかに影響する。責任があるとみなされれば報復目標が追求されるのに対して，責任がない場合には，功利目標が追求される。しかし，たとえ教師が生徒の将来や行動の変化のことを主に考えていたとしても，報復的な罰も用いるのである。

171

4．達成場面でも犯罪においても，印象管理のテクニック，または「よく見せる」ために使われる方法には類似性がある。どちらにおいても，被告人は，統制可能な原因に帰属されないように，自分の責任だと思われないようにしようとする（第3章を参照）。達成場面の研究の主張は，高い能力があると他者に思われたいと学生が考えているというものであった （Convington, 1992）。しかし，教室が法廷であるという比喩からは，なぜ学生がいつもそのように考えるわけではないのかを理解できるだろう——低い能力・多くの努力を他者に伝達することは，失敗のときの罰を軽くする機能をもっているのである。したがって，学生の印象管理方略には，犯罪者の方略と同様，能力の低さを伝達し，責任と周囲からの冷たい反応を減らすことが含まれるのである。

まとめると，教室場面でも法廷と同様の規則や信念によって反応が決まることを数多くの証拠が示しているのである。

実用性についての議論

比喩には比較的当たり障りのないものが多いなかで，教室が法廷であるという比喩はとりわけ意地悪いものに思える。そのように思う理由の1つは，比喩が単に理解を助けるものとしてではなく，行動に指針を与えんとするものであるからだ。教室を法廷であるとみなしている学生は罰を避けようとする。したがって，まわりを欺くことと言い訳が（嘘がばれないとして）対処法略として容認され，その一方，教師は味方や支援者ではなく，むしろ受けるべき報いに従って処分を下す裁判官や監獄の看守である。したがって，学校は法廷と同じように近寄りたくないところ——内集団と外集団（告訴する人と告訴される人，教師と生徒）に分けられたいやな場所である。

このような学生像は，学問の聖堂，または知識の市場という比喩のもとでの学生像と対照的である。これらの比喩では，教室はまわりを欺いたり罰から逃れたりするのではなく，理解と熟達を目標とする場である。聖堂や市場は敬意や期待感と連合しており，避けたい場ではなく，求められる場なのである。

教師は自らのことを，学習支援者ではなく犯罪を裁く裁判官だと考えたりはしないであろうから，法廷の比喩があてはまるような状況は教師を失望させもする。

◆◆第5章◆◆　審判のとき：理論は役に立つのか

　加えて，判決を受けた者は報復するのが当然だと考え，裁判官にやり返すために復讐しようとする。このような状況が学校で増加する傾向にあり，教師への暴力が劇的に増加しているのである。
　では，この比喩に対抗するために，教師や教育行政に携わる者は何ができるのだろうか。残念なことに，このように問うのは簡単だが，答えるのは難しい。授業成績の評価や他の評価（教師によって繰り返し出される判決）をやめるという答えもあるが，これは多大なコストを伴うし，大学がこのようなことを試みても成功しなかった。もっとも，これに類する例としては，メイナード・ハッチンソンが1940年代にシカゴ大学の総長であったとき，授業担当教員が試験を作成し採点するのではなく，外部の試験委員会が担当したことがある。これにより，学生－教員関係が評価に影響されにくくなり，教師が裁判官であるというようにみなされにくくなったはずである。
　教室の座席配置（たとえば，階段状ではなく円形），教師への近づきやすさや態度（権威的ではなく民主的），生徒に与えられるフィードバックのタイプ（評価的ではなく情報提供的）は，教室を法廷にたとえられるようなものにしないための介入方略の例である。こう述べても誰も驚かないとは思うが，教師に対する認知を裁判官から援助者，促進者，奨励者へと変えることは，簡単にできることではないし，本書や私の専門の範囲を超えることであると認めざるを得ない。しかし，法廷の比喩は，学生を動機づけるための教室での介入を考えるときには有用である。

教師のトレーニングコース

　教師の仕事は難しいものであるが，それに取り組む際に，次にあげるような本書で述べた法則が役に立つであろう。

1. 生徒へのコミュニケーションには，教師が意図しないのに能力の低さの手がかりとして機能するものもある。意図がよいにもかかわらず悪い結果を招くものとして，簡単な課題での成功に対してほめたり報酬を与えたりすること，罰しないこと，怒らないこと，簡単な課題での失敗に対して同情すること，必要がないのに援助を行なうことがあげられる（第4章を参照）。このようなことがいえるのは，理論内の変数間の関係が双方向的であるからだ

(たとえば，能力不足が同情を生じさせるように，同情の表出は生徒が「できない」ことを示す)。教室の中でも外でも，教師が能力の低さを伝達する危険を意識することは重要である。たとえば，このあいだ，私は野球場でコーチが次のように言うのを耳にした。「ジミーがいるチームが最初に攻撃だ。ジミー，君はライトを守りたまえ。ジョニー，君は二塁を守るが，ジミーをカバーするために深く守れよ」。このコーチはジミーへの評価を傷つけようとは思っていないが，結果としてそうなっているのである。このような問題を自覚して実行へとつなげることができるようになる点が，帰属理論の重要な価値なのである。
2．第4章で，行動を変えるために罰を与えると，行動変化の原因が罰に帰属されてしまうのに対して，報酬による行動の改善は，行動変化の原因が人に帰属されるという結果につながることを示した。したがって，このような主張から，報酬は望ましい帰属を促進するという点において，罰よりも効果的な動機づけ要因であるということができる。これは「犯罪者」のように生徒を監視するのではなく，生徒が自己高揚できる機会を増やすことにつながる。

　帰属理論の教室場面への応用は，対人行動よりも個人内の認知や感情を考えたときにより重要である。成功と失敗に対して個人が行なう原因帰属を変えることは，その後の遂行に大きな効果をもつ。たとえば，失敗の帰属を能力不足から努力不足に変えることは，成功への期待を増加させ，恥ずかしさを感じさせるのではなく罪悪感を促進し，動機づけを高める。対人理論の応用は，観察者の観点から生じる効果を論ずる必要があり，それほど明確で劇的なわけではない。とはいっても，先に述べたように，対人間の理論は教室場面での問題を改善するのに応用できるのである。

║人生の法廷における精神疾患と他のスティグマ║

　法廷で，精神疾患者は犯罪に対して正常な人と同様の厳しい罰を受けない。精神疾患があると責任が軽くなる——不適当な行為に対して十分に責任があるとされるためには，違反者は正しいことと間違っていること，善と悪を区別できなければならない。さらに犯罪者はその自分の行為に対して意志に基づく統制をもつ

◆◆第5章◆◆　審判のとき：理論は役に立つのか

と知覚されなければならない。内的な声に命令されたから罪を犯したということだと，犯罪行為に対して完全な責任があることにはならない。したがって刑罰は，責任を軽減する要因がない場合と比べて報復的ではなく，軽いものとなる。

　しかし，本物の法廷ではなく人生という法廷で，また，家族のなかで精神疾患者はどのように扱われるのだろうか。人々は法廷での裁判官と同じように精神疾患という苦境を考慮して対応するのだろうか。精神疾患は「病気」と判断され許されるのか，それとも「罪人」と知覚され，より厳しく扱われるのだろうか。

　アメリカの歴史のなかでの一時期，精神疾患は道徳的判断の対象となり，悪魔に魂を売り渡した罪により，悪魔に取り付かれていると考えられた。比較的最近の研究も，いまだこのような見方があることを示しており，ネフとフサイニ（Neff & Husaini, 1985）は約700人の農村地区居住者に対する調査で，サンプルの40％以上が精神疾患者を道徳面で弱く，その行動に責任があると考えていることを報告している。

　しかし，病気やスティグマの原因をどうみるかは，時代によって大きく変わる。たとえばホモセクシュアルは，道徳的な弱さではなく生物学的な原因によるとみられるようになってきており，多くの人は，エイズの原因をもはや神が復讐を望んでいるからだとは考えていない。同様に，精神疾患の原因の認知も変化しており，現在は人々の考え方に大きな差異がある。これらの差異とその結果は，表出された感情（Expressed Emotion: EE）として知られている研究領域で議論されている。

表出された感情

　神経心理学と精神疾患の医療モデルが発展している現在の状況では，主要な精神障害である統合失調症や鬱（特に躁鬱）が遺伝的（生物学的）に説明され，またそれに伴い，時間をかけた精神療法よりも薬物により治療される。それに対応し，社会心理的要因が重度の精神疾患に与える影響は注目されなくなってきている。社会心理的関心や概念のなかでいまだ関心をもたれ用いられているのは，表出された感情，またはEEとして知られているもので，これは精神疾患の道徳的側面に着目したものである（もちろん悪魔崇拝のことではない）。

　EEは障害をもつ，また障害が悪化した人に対する家族の批判的，敵意的態度を反映している。EEは単なる一般的な感情表出ではなく，ある家族メンバーが

他の家族メンバーのことをどの程度否定的に語るかという問題なのである。EEは社会心理的なメンタルヘルス研究のなかで中心的な位置を占めると考えられている。なぜなら「EEは，いまや，この障害（統合失調症）や他の精神疾患の臨床治療の効果が上がらないことを予測する妥当性の高い要因だからである」(Barrowclough & Hooley, 2003, p.849)。この結論を支持するものとして，26の研究のメタ分析では（Butzlaff & Hooley, 1998），「EEが高い家庭環境に住んでいると，統合失調症患者の入院期間後9か月から12か月の再発率が倍になる」と結論づけている。

本書をとおして，言語的攻撃や攻撃行動の前には怒りがあり，怒りは望ましくない行為を統制可能性の高い原因に帰属することや，責任があるという推論により生じると考えてきた。したがって，帰属の観点からのEEの概念的分析は次のようになる。

統合失調症的行動—個人の統制のもとにあると知覚される—精神疾患をもつ人はこれらの行為に責任がある—その人への怒りと敵意的反応（EE）—治療の効果があがらない（問題行動の繰り返し）

EE研究が，自由意志と責任の概念を加えた帰属的観点からの分析にうまくあてはまることを示す実証的証拠にはどのようなものがあるのだろうか？　どのように研究が行なわれ，どのような知見が得られているのだろうか。この手の研究で典型的に行なわれるのは，精神疾患者の主たる介護者に対しての半構造化インタビューである。音声テープにインタビュー内容を吹き込み，それを敵意と批判的態度指標の点から評定し，回答者をEEが高い人と低い人に分類する（ここでは論じないが，過度の関与についても分類する）。さらに，個人的統制への帰属についても得点化する（帰属の評定尺度を実施している研究もある）。このような帰属の観点からの分析は，最初，フーリー（1985, 1987）によって始められたもので，望ましくない行動を患者の意志の力で変えることができると回答者が考えているのかどうかを検討している（例：彼が統合失調症だからといってまったく手を洗えないわけはないだろう）。最後に，統合失調症患者の再発率が計算される。

バーロクロフとフーリー（2003）は，関連研究の展望のなかで，精神疾患者のネガティブな行動の帰属とEEとの間の関係を検討したサンプルが異なる13の

研究を見出し，次のような結論を得ている。

> EEと帰属研究の展望から得られる，明確かつ一貫した知見がある。それは簡単にいうと，患者の家族で，批判的，または敵意的であるがゆえにEEが高い人は，EEが低い家族とは異なる原因帰属を行なう……すべての研究をとおして，批判的であるがゆえにEEが高いと分類される家族は，批判的ではない家族に比べて，一貫して症状や問題の原因を患者の統制力のなさに帰属していた。このような結果は，中国におけるEEの高い患者の家族においてもあてはまるのである。(Yang et al., 2003)

> また，家族が行なう批判の数と統制可能性への帰属バイアスの強さとの間には，正の相関があった。(Barrowclough & Hooley, 2003, p.863)

　研究知見の頑健さと一貫性から，EEと帰属にかかわる問題はおおむね解決していると思うかもしれないが，そうではない。たとえば，ここで論じた理論によるとEE（感情）は帰属よりも強力かつ直接的に，再発を予測する要因となるはずだが，バーロクロフら（1994）は，帰属が主たる予測要因となるという議論をしている。したがって，理論的に導かれた仮説ですら検討の必要がある。さらに，帰属と批判がともに再発の最も強力な予測要因であることを見出している研究者もおり（例：Lopez et al., 1999），ここでも，認知が行動に間接的ではなく（または，間接的に加えて）直接影響するかどうかが問題となる。さらに，統制可能性の低い原因への帰属がポジティブな感情につながり，それらが，今度は再発率を下げるはずだという議論もできよう。このような議論を支持する研究もあるが（Weisman et al., 1993を参照）数は多くない。したがって，さらなる研究が必要なのである。しかしながら，研究の理論的，実証的な基礎が確立されていることは明らかである。

現場での実用

　もしも，EEが再発を促進するという点で患者に害をなすものであれば，介護者が症状を統制可能であると認知しないように，またそのような認知の結果としてネガティブ感情や敵意的反応を向けないようにするための，心理教育的介入が必要となる。すなわち，家庭環境を変えるための帰属トレーニングを導入しなければならない。統合失調症患者の家族への介入は広く行なわれているが，帰属とその結果に焦点をあてることは始まったばかりである。望ましい側面をみれば，

EE が高い家族内における患者の再発率は，家族からの敵意と批判が低下したときに低くなる（Pitschel-Waltz et al., 2001 を参照）。理論全体からの示唆に基づき，理論内の変数を網羅する実証データを収集する研究が必要なのである。

理論から示唆される困難な問題もある。統制力に帰属しなくなれば怒りの表出が減るので，家庭内の雰囲気が改善されると予測できる。しかし，このことは，介護者が患者に，自分の望ましくない行動に対して責任がないというメッセージを伝えなければならないということなのだろうか？　これは，能力不足で失敗している生徒に，努力をする必要がないとか，非常にがんばったところで能力の限界を超えることができないと言うのと同じかもしれない。責任がないと伝えることは諸刃の剣であり，この問題についてワイスマンら（1993）は，「患者にうまく対応している家族は，異常で分裂的な行動が病気の副作用のようなもので避けることができないという認知と，患者自身の統制力の認知との間の微妙なバランスを保っているのかもしれない」(p. 604) と述べている。つまり心理教育的介入は，望ましくない行動に責任がないと考えたことで生じるよい結果と悪い結果を，注意深く見定めながら行なう必要がある。おそらく，発病に対して責任がないとみなす（同情も向けられる）一方，その解決にはある程度責任があることを（そのような動機をもつと期待しながら）強調することが，要求をしながらも非難を向けないための有効なやり方である。

神学者のラインホルド・ニーバーによる祈祷は，アルコホリック・アノニマスとも関係があり，有名でよく引用されるが，ここでの議論にも関連する。それは次のようなものである。

> 神よ，変えられないことを平静に受け入れる潔さ，変えなければならないことを変える勇気，そしてそれらを区別する英知をわれに与えたまえ。

精神疾患者に対する認知や反応という問題に関しては，この祈りを次のように書き換えられよう。

> 神よ，他者が変えられないことを平静に受け入れる潔さ，変えることができるなら変えるよう他者に求める勇気，そしてそれらを区別する英知をわれに与えたまえ。

「責任の認知－怒り－要求」という連合と，「責任のなさの認知－同情－要求しないこと」という連合の対比という点から，他文化では統合失調症患者に対し

て家族がどのようにふるまうのかをみてみることで、洞察が得られるかもしれない。精神疾患者に対するサポートは国や民族によって変わるが、一般に次のようなことがいえよう。

> 発展途上や、より伝統的な文化では、産業が発展したところほど高 EE 態度がみられない傾向にある……産業化されていない社会や伝統的な社会に住む統合失調症患者は、一般に産業化された社会に住んでいる患者よりも予後がよい。より伝統的な社会において患者の病後の経過がよいのは、おそらく文化と関連した帰属のパターンや病気の原因に関する信念の違いによるのではないだろうか。(Barrowclough & Hooley, 2003, p. 886)

まとめると、統合失調症患者は人生の法廷において異なった審判に直面する。彼らを病気と考えるような裁判官は、発展途上の国に多く、敵意的ではなく温かく接し、回復を助けるような家庭環境が作られる。その一方、統合失調症患者を罪人と考えている裁判官も多い。このような人は、先進国に多く、怒りをもって接し、再発を招くような家庭環境が作られる。全体の教育レベルが高くなることが、必ずしも統制可能性の低い原因への帰属と温かい接し方につながるわけではない。その逆に、産業化が進んだ国では、独立、自由意志、個人の責任ということが信じられており、これが怒りと病気の再発を増加させる。

応用的帰属理論の研究者は、家族に対する心理教育的介入の基本が、患者の行動に統制不可能なものがあると気づかせることであると考える。症状が「現われて」いるとき、たとえば幻覚があるとき、一般にそれらは統制不可能であると考えられる。しかし、無気力や自分の身の回りのことができないなど、受動的な症状は、意志の力により統制や制御が可能であると考えられがちである。このような考えは変えることができ、家族にとって患者はより理解可能な存在となる。このように認知を変えることで、より望ましい感情と、長期的には再発防止につながるような結果がもたらされるはずである。帰属理論に依拠している介入手法の開発はすでに行なわれており、理論の応用という点で有望な領域となっている。

肺癌と他のスティグマ

他の精神障害、特に鬱においても（Butzlaff & Hooley, 1998 を参照）、EE と病気の進行との関係が見出されており、EE につながる前提条件である、因果認知の果たす役割の研究が進められている。他の精神疾患についても、統合失調症に

ついて行なったのと同様の議論が適用できる。また，この議論は精神疾患に限定されるものではなく，他の病気一般に広げることができよう（Thompson et al., 1995; Wearden et al., 2000 を参照）。

したがって，特に興味深いのは，一般には発現や治癒が意志力の統制のもとにあるとみられている病気（そしてスティグマ）についての検討である。たとえば，本書ですでに述べたように，肥満はしばしば意志力の欠如や自らを律する力の弱さによると信じられている。太りすぎの人は食べ過ぎていたり運動をしなさすぎだというのである。このように信じられているので，太りすぎの人は怒りや非好意的な反応を向けられる。家庭の雰囲気がこのようなものだと，太りすぎの人はよけいに不安を感じるようになり，それがさらに過食へとつながりがちである。したがって肥満に関しても，心理教育的な家庭への介入がよい効果をもたらすであろう。ただし，どの行動と結果が統制可能で，どれが統制不可能かを区別するという難しい問題がある。「ニーバーの葛藤」とでもいうべきものである。

一般に，ライフスタイルが病気の原因であると信じられるようになってきている（以前に述べたように，たとえばホモセクシュアルというスティグマのように，常にこれが正しいわけではないのにもかかわらず）。ライフスタイルは，食事，運動，危険を冒す行動，活動の選択など，広範囲の統制可能な行動を含んでいる。すなわち，発病と治癒の両方が個人の統制のもとにあると考えられるようになってきているのである。これは肥満や薬物使用（「No」と言おう），そしてまた現代社会で最も多い病気である癌と心臓病にもあてはまる。ここでは，癌について述べることとするが，同様の分析は心臓病や他の病気にもあてはまる。

癌にはさまざまなものがあるが，最も多いのは肺癌である。肺癌の主な原因が喫煙であるということは一般によく知られている。喫煙に対する人々の反応は冷淡なものとなってきており（Kim & Shanahan, 2003 を参照），肺癌患者の家族が，このようなつらい病をもたらしたことに対して喫煙者を責める（Cooper, 1984）。このように原因であると名指しで責めることで，家族関係が緊張し，コミュニケーションが困難となる（Zhang & Siminoff, 2003 を参照）。したがって，肺癌患者とその配偶者，他の家族は，病気やそれに関連した事柄に対して，恐れ，心配，考えや感情を共有しない。このことが特に重要なのは，ソーシャルサポート研究が示すように，家庭環境が慢性的な病気の進行に大きな影響を与えるからである。他の癌（たとえば，膵臓癌，前立腺癌）では，統制可能な原因への帰属があまり

なされず，非難を向けソーシャルサポートを与えないということが，それほどみられないかもしれないが，この点についてはデータが必要である。

　肺癌患者の家族に対して，どのような介入を行なうのがよいのだろうか。すでに述べたように，喫煙は意志に基づく選択であるとみなされるので，発病に対して非難と怒りが向けられる可能性が高い。夫婦間葛藤に関して次に論ずるように，おそらく，罪の自覚があってもなくても許すことを強調する家族介入が，家庭の雰囲気を改善しサポートの供与を促進することに効果をあげるかもしれない。そして，特に病気にもかかわらず喫煙行動が続くときには，またもや「ニーバーの葛藤」をかかえることとなる。帰属理論は介入プログラムに対して具体的な方策を示すことはしないが，原因帰属の葛藤と特定の原因帰属がもたらす結果を理解することに貢献するのである。

‖ 法廷での配偶者 ‖

　たいていの道徳的判断は夫婦関係か親子関係のなかで行なわれる。これらの関係が個人の幸福を最も大きく左右するので，社会的（道徳的）秩序が保たれることがとても重要になる。これらの関係における両者とも，裁判官や道徳の番人という役割をとりうる。したがって，夫婦が互いに相手の行いをあげつらって非難したり，子どもが悪いことをしていて責任があると親がみなす一方，子どもが親を不公平，不当だと思ったりするというような，悲惨な結果にもつながる。

　結婚生活における満足度を決める要因として，因果信念，責任判断，非難について多くの研究が行なわれてきた（Bradbury et al., 1996; Bradbury & Fincham, 1990 の展望を参照）。EE 研究でもそうであったように，結論は複雑で多くの問題が未解決のまま残っている。研究を困難にしている理由の1つは，結婚生活の満足度が，たとえばスティグマに対する反応や援助，攻撃がそうであるように，複数の規定要因をもつからである。帰属理論の研究者にとっては不運なことだが，人生には因果信念以上に重要なことがたくさんある。たとえば，結婚生活の満足度は，経済状態や仕事のストレス，子どもの存在への適応や，姻戚にまで影響される。責任の推論が，結婚の成功や失敗の主たる原因となりそうにはないので，結婚生活の不和について，責任に関する信念の重要さを証明するのは難しい。しかし，だからといって，関係に対する満足度に責任の信念が大きな影響を与えな

いというのではない。実際，結婚生活における満足度という問題は，帰属理論が応用できる重要な領域なのである。

研究の目的と研究知見

　関連する実証的研究の基本的な目的は明確で，ポジティブ，またはネガティブな結婚生活上での出来事の原因帰属と，結婚生活での満足度の間に関係があるかどうかを検証することである。満足度の低い夫婦間では，片方の望ましくない行動，たとえば義理の親に冷たいことが，統制可能性の高い原因に帰属され，意図的なもの，たとえば，「自分の家族が頻繁に訪問できるよう，義理の親が来るのをやめさせたいのだ」と思われるかもしれない。満足度の高い夫婦であれば，「私の父はたしかにこのごろ変なふるまいをする。あなたが困るのも当然だ」と考えることだろう。

　結婚生活における原因帰属を吟味するにあたっては，実際の，または仮定的な結婚生活での出来事を提示して，これらの出来事の原因に関する信念を尋ねることがよく行なわれる。原因の所在や安定性次元に加えて，時間を超えた普遍性次元上での原因の評定や，責任の判断，非難が測定される。研究によっては，複数回，データを収集する。

　このような研究の一般的な結論は，ブラッドバリーら（1996）が要約しているように「結婚に不満を抱いている配偶者は，そうでない配偶者よりも，結婚生活上の問題に対して相手を責めがちで，相手の望ましくない行動を意図的で利己的動機に基づくとみがちである。このような知見は頑健なものだと思われる」（p. 569）。

　これらの結果は，結婚生活がうまくいかないことに関して，原因帰属が重要な役割をもつことを示唆しているが，より洗練された手法により行なわれた最近の研究により，ここでの結論に次のような疑問が投げかけられている。

1．帰属は，永続的で性格特性ともいえるような傾向を反映しているのだろうか。もし結婚における帰属が安定的ではない，または結婚生活の満足度によって変化するなら，帰属が原因となっているかどうかは疑問である（Karney & Bradbury, 2000 を参照）。
2．帰属が結婚の満足の原因なのか，結婚の満足が帰属を変えるのか，どちら

なのだろうか。すなわち，帰属と結婚生活の満足度とはどのような順序で連合しているのだろうか。帰属がその後の満足度のレベルを予測する力は，満足度が将来なされる帰属を予測する力より強いのだろうか。これらの問いは，最初の問いであげた安定性の問題とも関係しているのは明らかである。これらの疑問により，複数回のデータを収集する研究が進むことで順序性がより明らかになるだろう。
3．外的環境や条件，他の結婚生活の満足度を規定する多くの要因は，帰属と満足度の連合に影響するのだろうか（Neff & Karney, 2004を参照）。つまり，帰属と満足度の関係に影響する調整変数があるのだろうか。

これらの問いに対する現時点での答えは，次のようなものである。

1．帰属が時間や状況を超えて変わらないという仮説は支持されていない。すなわち，時間や状況を超えて普遍的な特性と同類ではないのである（Karney & Bradbury, 2000を参照）。むしろ，帰属は結婚生活がおかれている状態の変化に伴い変わる。加えて，帰属はそれぞれの状況に特異的である——約束に遅れたと配偶者を非難しても，欠陥のある電気製品を買ったことで配偶者を責めることはないかもしれない。これはそれほど驚くことではなく，帰属の特異性は他の研究領域でも示されている。
2．帰属に時間や状況を超えた一貫性がないとすると，「結婚生活の不和が帰属の先行要因なのではなく，帰属が結婚生活の不和の先行要因である」という主張を支持するのは難しくなる。しかし，その一方で，このような主張の正しさを示唆するものとして，帰属が結婚生活の満足度の変化を予測する程度は，結婚生活の満足度が帰属の変化を予測する程度よりも強いという結果が得られている（Karney & Bradbury, 2000を参照）
3．帰属と結婚生活の満足度との関係を変化させる要因としては，結婚の全体的ストレスレベルがある（Neff & Karney, 2004を参照）。「ストレスに満ちた状況は，しばしば関係を悪く評価することにつながるが，これはストレスの『副次的結果』として知られている」（Tesser & Beach, 1998）。「妻に関しては，よくない行動に対して相手を非難する傾向とストレスの増大が連合している。つまり，ストレスは妻がどのような責任帰属を行なうのかと連合

しているのである」(Neff & Karney, 2004, p.145)。これは，帰属が安定的でなく，帰属と結婚生活での不満との関係に関して調整変数が存在するという議論の正しさを示している。

したがって，結婚生活の満足度に及ぼす帰属の影響は複雑である。しかし，だからといって結婚における（または，どのような対人関係においても同様に）因果信念の重要性が低くなるものではない。

理論の応用

帰属理論が結婚生活の葛藤を軽減することに利用できるかどうかは，これから立証されねばならない。もしも，原因や他者の責任に関する認知や推論が関係への満足度を決めるならば（そしてこれはある程度正しいように思えるが），帰属に関する推論を変えることにより結婚生活の満足度を促進するという介入が可能かもしれない。これは，EEや統合失調症の再発に関して行なった議論と概念的に同じである。このような介入の効果を支持する知見も報告されている。たとえば，マーゴリンとワイス（Margolin & Weiss, 1978）は，「非難的な帰属をせず，関係がうまくいかないことに対して自分に責任があると考え，相手の積極的な努力を受け入れるようにする」(p.1485) ことを支援する結婚カウンセリングを行ない，訓練期間の後には，結婚生活への満足度が増加したという結果を得ている。しかし，今までに行なわれてきた介入研究の結果は一貫しておらず，行なわれている数も少ない（Bradbury & Fincham, 1990 を参照）。

このように結果が明らかでなく，例のニーバー葛藤（責任を減じることは非難を抑制するが，当人の努力も減らす）が相変わらず存在するので，帰属理論と関連した他の介入手法も提案されている。一方では，相手にあまり多くを求めず，欠点を受け入れ，変えようとせずにいるべきだと示唆されている（Christensen & Jacobson, 2000）。つまり，相手を非難している人も，裁判官の役割をあきらめて，対人行動の指針としての「人生は法廷である」という比喩を捨てようといっているのである。これは，原告に（認知的にではあるが）異なる文化に移り，まったく新しいやり方で他者をみるようにというようなものである。批判的に相手をみなければ，それに対応して，統制可能であるという信念が弱くなり，その結果，ネガティブな感情も弱くなるということなのだろう。

◆◆第5章◆◆　審判のとき：理論は役に立つのか

　このようなことが可能だろうか。宗教のなかには，復讐をせず，むしろ「もう一方の頬を出せ」というものもある。このようにできる人もいるだろうし，できる場合もあるだろう。しかし，これが効果的な介入技法かどうかは，これからの研究で示されなければならない。
　これと似たようなやり方で，悪いことをした人よりも原告に焦点をあて，被害者に相手を許すよう求めているものもある（Fincham, 2002 を参照）。本書で以前に論じたように，許しは告白によって促進される（これは違反行為をした人が，そういう行為をしたよい人であるということを示す）。さらに，責任がないという認知も許すことにつながる（じつのところ，他者に責任がないと認知されれば，許しは必要でなくなる）。責任があるとみなしている他者を許すことは，「もう一方の頬を出し」聖人らしくふるまうことと似ている。またしても，これが怒りを感じているときに可能か，結婚生活のストレスを緩和するのかについては，実証研究が必要である。これらの比較的最近提案された介入は，違反行為をした人に対する被害者の認知の結果よりも，被害者の行動（受け入れる，許す）に焦点があてられている。したがって，個人内過程のモデルを対人関係の文脈内に取り込んだものといえる。

‖ 法廷におけるビジネス ‖

　不正な商習慣に関する訴訟が多い。内密の価格協定，欠陥商品を承知のうえで売ること，他者をだましてお金をむしり取るなどは，詐欺やペテンの氷山の一角にすぎない。しかし，すべてのごまかしが犯罪というわけではない。肉を売るときは古い肉のほうから先に売るし，車のディーラーは最も人気のないモデルから売り払おうとしたがるし，店員は似合わなくてもそのスーツの色がお似合いですと言う。
　客が商品やサービスに不満をもった場合，その原因は，自分か（私がコンピュータをうまく使えないだけだ），商品に帰属される（このコンピュータはユーザーフレンドリーじゃない）。さらに，消費者の不満の原因は，会社にとって統制不可能な原因（飛行機はひどい吹雪で遅れた）か，統制可能な原因に帰属される（この係員はちゃんとトレーニングを受けてないから搭乗手続きが全然進まない）。後者の場合，怒りが生起するだけではなく，会社に対するさまざまな敵意

的反応が起こる。消費者は買った商品に対する弁償を求めるかもしれないし，報復的罰のような要求を追加してくるかもしれない。会社に苦情を言うかもしれないし，何らかの賠償を求めるかもしれない（Folkes, 1984; Weiner, 2000a を参照）。

このような分析から次のような問いがでてくるが，まだ研究が十分行なわれておらず，答えが得られていない。

1．問題のなかには（ちょうど他のスティグマと同じように）統制可能な，また統制不可能な原因の認知に結びついているものがある。どんなサービスでも，統制可能なエラーや個人の責任だと非難を受けることがあるし，人がその製作に大きくかかわっているとみなされる商品もそうである（たとえば車）。人は，自動車の修理や，航空会社，またはウエイターに対して，（必ずしも意図的ではないにせよ）統制可能な遅れに怒る。怒りは能動的な行為――その場から離れることより（または，離れることに加えて）立ち向かうこと――を引き起こす。
2．訴えられた会社や従業員は印象を管理しなければならない。第3章で示したように，組織が用いる印象管理方略のなかに言い訳がある（例：飛行機の遅れは悪天候のせいです）。どんな言い訳が正しいのか間違っているのか，また，嘘のときに正しいと思われたり，その逆になったりするのだろうか。人間は嘘を見抜くのがじょうずではないし，本当は正しいことを言っていても，嘘だと推論してしまう（Weiner, 1992a の展望を参照）。たとえば，もし航空会社の担当者が，飛行機の遅れは悪天候のためであると言ったら，自動車整備工が，パーツがすぐには手に入らないと言ったら，消費者はこれらを正しいと信じるだろうか。また，これらが正しいことはどのくらいあるのだろうか。

さらに，商品に関することで悪い結果が起こり非難されるとき，誰に責任があるとみられるのだろうか。たとえば，石油漏れがあったとき，責任があるとみなされるのは船長か会社の取締役のどちらだろうか。日本では，会社の取締役が個人の統制を明らかに超えた行為に対して責任をとり，公に罪を認め辞職することがよくある。海軍もテイルフック事件（海軍の職員がホテルで多数の女性に対してセクハラをした）に対して，ハラスメントをした職員だけを非難するのではなく，（会社のように）最後には責任をとった。先

ごろ起こったイラクの監獄での虐待スキャンダルでは，このように上位の立場にある者が責任をとることをしていない。上の地位にある，たとえば司令官や政府のメンバーは，これらの非道な行いに対して責任を認めていない。

3．ここまで，私は望ましくない結果に焦点をあててきた。というのはそれらが，よい経験よりも原因の探索を引き起こしやすいからである。しかし，以前に書いたように，望ましい結果に対しても個人的責任の判断はある。これらはポジティブな感情と連合し，道徳システムの「バランスをとる」行動を引き起こす。たとえば，歯医者が予定の時間を超えて患者を治療したとき，または，サービス業に携わる人が客の要求にこたえようとよぶんに努力をしたとき，満足した顧客による統制可能な原因への帰属は感謝を生み出す。感謝は，さらに，その個人や会社との関係を維持する可能性を高める。たとえば，特別なクリスマスプレゼントのような，他のよい結果ももたらすかもしれない。よぶんに努力したと知覚されることで，商品や個人への忠誠が少しずつ増す。これらの議論は，帰属理論の応用研究者にとっては，多くの関連した問題提起へとつながる。もしも私が会社の取締役だったとしたら（滅相もないことだが），どのような条件のときに，面識もない社員個人の欠点について，私が責任をとるべきかについて知りたいと思うだろう。いつ告白し，謝罪するか，いつ個人の責任を否定するべきかについて知りたいと思うだろう。商品に欠陥があったとき，情報が確実に提供されるようにしておきたいと思うだろう。というのは，情報が不十分で状況がよくわからないとき，人々は不道徳な行いを探して判決を下すからである。たとえば，われわれは吹雪のときでさえ，飛行機が遅れると航空会社を責めがちである。しかし，いらだった客に吹雪の状況をはっきりと伝えれば，このようなことは起こりにくいであろう。

これらは，帰属理論の応用として研究されるべき問題の一部であり，ビジネスのやり方に直接の示唆を与えるものである。われわれが，原因を理解しようとし，誰の，または何の責任なのかを決めようとしている裁判官であるという考え方が，ここにあげた問題の根本にある。

人生の法廷における攻撃者と被害者

　攻撃の規定要因は非常にたくさんある。それらは個人的な属性（例：偏見）から環境的原因（例：気温が高い）まで，また持続的な要因（例：遺伝的な衝動性）から一時的原因（例：いらいらさせるような出来事）まで，統制不可能な原因（例：ホルモンバランスの崩れ）から統制可能なもの（例：金銭を得ようとして）までさまざまである。すでに述べたように，攻撃を引き起こすに十分な原因があまりに多くあり，そのどれもが必要条件となりそうにはなく，すべてを網羅した攻撃理論を作るのは不可能である（現時点で不可能なのは確かだし，将来もおそらく不可能だろう）。

　本書では，攻撃に対する社会 – 認知的アプローチを取り上げている。これは，敵意的行動がどのように，またなぜ行なわれるのかを理解するうえで，望ましくない出来事の知覚，挑発の可能性の推論，そして他の情報処理活動が枢要となるというものである。帰属分析は，この社会 – 認知的視点におけるサブテーマの1つを構成している。攻撃行動の理解に最も関連する原因の解釈は，敵意的だとみなされうる行為の統制可能性の知覚である。すでに述べたように，これは攻撃という現象の一側面にしかすぎない。特定の理論に基づく研究は，現象に関連する変数の一部しか扱っていないがゆえに，理解できることに限界がある。

　本章のこのセクションでは，攻撃的な人たちとして，虐待する母親と攻撃的な青少年の両者を考える。彼らの攻撃の源泉は異なるものの（ここでは議論しないが，たとえば，育児負担と仲間からのプレッシャー），行動については同じような理論的解釈が可能である。

虐待する母親と子どもの身体的虐待

　帰属の視点から子どもへの身体的虐待を考えると，次のような一連の例が予測できる。

1. ビリーは机の上と新しいシャツに牛乳をこぼした。母親は，自分をいらいらさせようとしてわざとこぼしたのだと思った。母親は怒って彼をぶった。
2. ビリーは机の上と新しいシャツに牛乳をこぼした。母親は，ビリーが不器用だからであり，わざとやったとか不注意だったなどとは思わなかった。母

親は，この出来事にうろたえたし，掃除もせねばならないが，子どもに対して怒りはしなかった（目標が妨害されていらいらするのと反対に）。シャツが汚れたことをかわいそうに思い，傷つけるような仕返しをするのではなく，手助けをした。

　このような子どもへの身体的虐待が，「帰属―感情―行為」という過程で生起することを示すデータが散見できる。子どもへの虐待研究の歴史において，虐待の決め手となる前提条件は子どもの発達に関する非現実的な親の期待と，「期待に対応して起こる，乳児や子ども自身の要求，能力の限界，無力さへの無関心」であると信じられていたこともあった（Spinetta & Rigler, 1972, p. 299）。身体的虐待を行なう親は子どもを育てる知識に欠けていると考えられていた。虐待する親は，そうでない親と異なり，誤った期待をもち統制可能であるという推論をするとされてきた（Azar et al., 1984; Bradley & Peters, 1991）。この仮説は今でも妥当だと思われているが，それを否定するデータも報告されている（Rosenberg & Reppucci, 1983; Twentyman & Plotkin, 1982 を参照）。この仮説が正しいことを示すのが難しいのは，身体的攻撃にはたくさんの規定要因，特に暴力をふるう親のアルコール中毒と薬物中毒の問題があるからである。
　このような虐待する親に対する見方と関連しているのは，彼らは子どもが逆らうと，意図的に行なったと見がちであり（Golub, 1984 を参照），子どもが行なった悪い行いに関して統制可能であると考えがちだということである（Bugental, 1987; Bugental et al., 1989）。このような議論を支持する研究は他にもあり，子どもに対して身体的虐待を加える可能性が高い親は，そうでない親よりも，他のことが原因であることを示す情報があっても，子どもが意図的にそうしたという推論を変えないのである（Milner & Foody, 1994）。
　このような帰属の観点からいうと，子どもの行動が意図的であるという認知に間接的に影響を与える要因は，どんなものでも身体的虐待へとつながるはずである。たとえば，貧しさは子どもに対する虐待事件を増加させることが知られている。帰属アプローチの観点からは，失職すると，他者が意図的に敵意的行動をしたとみるようになると論ずることができる（結婚生活への不満に作用していると議論した「ストレスの副作用」である）。ストレス状態にあるとき，虐待する母親は，子どもの行動が適切かどうかを判断するための状況手がかりに，気がつき

にくくなる（Milner, 1993）。この一連の過程は次のようにまとめることができる。

親のストレスが高い―子どもの行動が望ましくないものと知覚される―子どもの責任の推論―強い怒り―敵意的な報復（厳しい罰）

グラハムら（Graham et al., 2001）はこの分析を検証する実験で、最初にまず、虐待歴のある母親、中毒状態にあり虐待のリスクがあるが実際に虐待歴のない母親、虐待歴がなくリスクもない統制群の母親を同定した。参加者は子どもが学校に行くのに着替えるのを嫌がったり、食事のことで口答えしたり、時間になっても寝なかったりなどの問題行動をしているビデオを見せられた。次いで、これらの行動に対する子どもの責任や、どのくらい怒りと同情（かわいそうに思う）を感じるかを評定し、子どもがどのくらい罰せられるべきかを評定した。また、自分の子どもがビデオの主人公のように行動しているのを想像し評定を繰り返した。さらに、親としてのストレスの程度を評定する尺度にも回答した。

表5.1に、ビデオ内の子どもと自分の子どもに関する判断の平均値が記載してあるが、これらは密接に関係している。表5.1にあるように、虐待歴のある親はより強いストレス下にあり、望ましくない行動に対する子どもの責任をより高く評定し、より強い怒りと同情を感じ、重い罰が与えられるべきだと考えていることを示している。もっとも、同情と罰の評定については、条件間に有意な差がない。同情の結果は仮説とは一致しないのだが、インタビューにより、虐待歴のある母親は、与えようとしている罰が厳しいゆえに子どもがかわいそうだと思うことで、このような結果になることが明らかになっている。

また、回帰分析によると、全変数を考慮したとき、与えようとしている罰の厳

表5.1 親の虐待歴条件ごとの各従属変数の平均値

	虐待歴		
	虐待歴あり (N = 14)	リスクあり (N = 28)	統制条件 (N = 33)
親のストレス指標	61.5	53.75	39.76
帰属判断			
責任	4.61	4.06	3.83
怒り	4.50	3.91	3.59
同情	3.92	3.63	3.42
罰	3.92	3.78	3.40

注）Graham et al., 2001, p.245 からのデータ。

しさを最も直接的に決める要因は，母親が望ましくない行動をした子どもに対してどのくらい怒りを感じているかであった。この結果は理論から予測されるとおりである。

● **身体的虐待への介入**　虐待する親への治療プログラムは，子どもの養育に関する知識を増やして，親としてのスキル，特にしつけの効果的な用い方を教え，怒りを抑えるなど自己制御力を身につけさせることに焦点をあてたものが多い（Azar, 1997; Fiendler & Becker, 1994; National Research Council, 1993）。目に見える行動（実際の虐待）の変化をめざしているので，これらさまざまな要素から構成されている複合的プログラムでは，心理的過程や，行動の要因となる心的過程，思考や感情には，それほど着目していない。

以前の議論や表5.1に示してある結果から，虐待する母親への介入や虐待リスクのある母親への予防的治療に関して次のような示唆が得られる。介入は，帰属の変化に焦点をあて，悪行に対する子どもの責任の知覚を抑制するようなトレーニングから始めるのが妥当である。さらに，介入が成功するためには，責任の推論に影響する前提条件に戻ってのはたらきかけが必要かもしれない。たとえば，他の子どもの行動に関する情報により，ある年齢の子どもはおおむねそのような行動をするということを示せば，それほど「非道徳的」な行動とはみなさなくなり，また，子どもに対して高すぎる期待をもっていることがわかるだろう。

すでに述べたように，この議論は，因果信念という特定の社会的認知に焦点をあてているが，虐待する母親は，数多くの非適応的行動を示すし，社会経験の解釈も非適応的である。虐待する親に対する複合的プログラムは，広範囲に及ぶ攻撃の決定要因に対応しようとしている。そのような包括的プログラムでは本当に介入効果をもつ部分を見分けるのが難しい。もしも，応用のみが目的で，即座に効果が現われることを望むのであれば，効果をもつ部分を特定することにそれほど関心が向かないかもしれない。介入効果の有無が意味をもつのである。しかし，理論的関心をもち，社会認知的過程と特定の行動変化との関係（因果的関連）を理解することが目的なら，包括的な介入アプローチからよい（あいまいではない）データは得られない。介入研究においては，緻密な理論的検討と広く治療効果を得ることの間にトレードオフが明らかに存在する。

青少年の攻撃行動

虐待する母親の場合と同様に,青少年の攻撃行動の規定要因は非常に多い。攻撃は,衝動的傾向の強い,「①適切な親としてのスキルに欠けた未婚の母親から未熟児で生まれた,②知能テストの点数が低く,③学校に行かずに家にいて TV を見ることを好む」少年に特に起こりやすい (Graham & Hudley, 1991, p.77)。

さらに,主にドッジらが行なった研究に基づき (Dodge & Crick, 1990 の展望を参照),攻撃的な青少年は仲間が引き起こした嫌な出来事に対して,敵意的な意図を推論するという帰属バイアスを示すことが報告されている(第1章を参照)。この主張を支持する典型的な実験がグラハムら (1992) である。実験では,最初に仲間による指名と教師の評定により,攻撃的,または非攻撃的な青少年を同定し,彼らに,人の持ち物を壊したなどのネガティブな結果を記載した架空の短い話を読ませ,質問に答えさせた。壊した原因は偶然,意図的,またはあいまいに記載されていた。その結果,他の研究と同様,「攻撃的な実験参加者は原因があいまいに記載されていたときに,架空の登場人物が悪意をもって行動したと信じる傾向にあった」(Graham & Hudley, 1991, p.84) ことが示された。また,いくつかの行動から選択するよう求められたときには,彼らは仕返しをするという行動を選択した。

なぜ,攻撃的な青少年とそうでない青少年は,社会的な出来事を表象したり解釈したりするやり方が異なるのだろうか。続いての研究で,グラハムとハドリー (1994) は,両者の違いが記憶にある概念の接近可能性にあり,攻撃的な子どもは人生経験において非難をしたり受けたりという事例が非常に多いため,意図を推論すると論じている。この接近可能性による説明を検証するために,グラハムとハドリー (1994) はまず,攻撃的,または攻撃的ではない少年の参加者に,友人が意図的,または意図的にではなく挑発的なことをしたという短い物語を読ませた。この操作は意図に関する概念を活性化するために導入されたものである。そして,参加者はあいまいな原因で行なわれたネガティブな行動についての短い物語を読み,この行動の原因の認知,感情反応,自分がどう行動するかを報告した。

グラハムとハドリー (1994) によると,攻撃的な少年は,最初の物語が意図的な行動を記載しているときに,あいまいな物語における意図,怒り,非難についての評定は影響を受けなかった。意図はすでに出来事の解釈時に活性化している

と考えられるので，この結果は予測と合致している。その一方，非攻撃的な少年では，意図の概念が活性化されたときに有意に評定値が高くなったが，これは，通常は出来事の解釈に影響するように意図の概念が活性化していないからであろう。したがって，データから「原因の信念の接近可能性に関する個人差が，攻撃的な少年と非攻撃的な少年とを区別するうえで重要である」（Graham & Hudley, 1994, p.370）ことが示唆される。

●**攻撃行動を抑制するための介入**　ハドリー（1991）は基礎的な研究に基づき，攻撃傾向のある子どもを対象とし，意図の推論を変えるために学校で実施する認知介入プログラムを作成した。この6週間に及ぶプログラムの一部は，意図の推論をより正確なものに改善することに向けられている。さらに，原因があいまいな状況で，行動を意図的ではないと考えさせようとしている。これらをゲーム，物語の作成，仲間との実習などをとおして行なっている（Hudley & Graham, 1993も参照）。

　介入プログラムの効果を検証するために，仮定的な社会的ジレンマ状況を提示し，介入前と介入後に反応を測定した。その状況で攻撃がなぜなされたかはあいまいに記載されていた。結果は図5.1に示されているとおり，介入が成功したことを示している。意図の帰属，怒り，そして攻撃行動がトレーニングプログラム

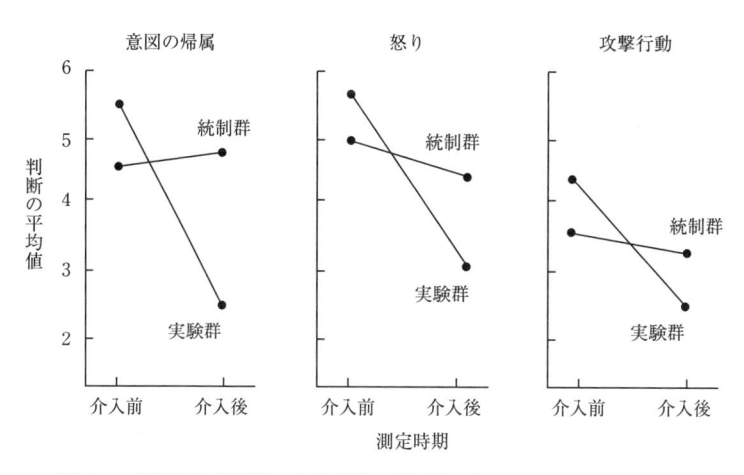

図5.1　実験群と統制群の介入前後の評定値（Graham & Hudley, 1991, p.88）

(実験群)のあとには，統制群よりも減少した。したがって，この介入手法はターゲットとなる青少年の攻撃行動を減らすのに有望なアプローチといえよう。

グラハムとハドリー(1991)によると，介入効果がみられるのは自分から攻撃を行なう人ではなく，相手に反応して攻撃的になる人である。すなわち，このプログラムのターゲットは，挑発なしに攻撃行動をとる人ではなく，他者からの脅威を感じたときに攻撃行動をとる人なのである。理論的には，後者についてのみ，帰属過程が活性化し，それが攻撃行動の重要な要因となるのである。

●**言い訳の仕方を教える**　ここまで述べてきた攻撃的な青少年に対しての介入は，他者の行動を意図的なものではなく非意図的なものとみるように変えようとしている。これらの青少年がおかれている敵意的な環境では，この介入は実用的でも正確でもないかもしれない。別のアプローチとしては，攻撃的な子ども自身の敵意的行動を，意図的ではないと他者に解釈させ，怒りと報復の可能性を低下させることがあげられる。そのためには，攻撃の被害者に対して事実とは異なることを伝える必要があろう。

事実を語り正直でいることは，多くの社会における行動の基本的なルールであるが，社会関係を維持するためには事実を述べてはならない場合があることを理解するのも，社会的能力の1つである。自尊心を傷つけないための「罪のない嘘」や言い訳がこれにあてはまる。これらの例では，事実に忠実であるより重要なことがある。たとえば，十代の子どもは，友達からパーティに招かれたとき，本当は他の友人と遊んだから行かなかったときでも，病気でいけなかったと言うかもしれない。このような場合，事実にこだわることはよくない結果を招くのである。

規則違反に対する言い訳や，偽善的な告白ですら，望ましい結果をもたらすこともある。もし言い訳や告白が受け入れられたら，個人は悪い行いに対して責任がないとみられたり，許しを得たりしやすくなる。これらの結果は，他者からの怒りを最小にし，敵意的な争いを防ぐのに役立つ。

攻撃的な子どもは非攻撃的な子どもに比べて，他者とかかわるときに向社会的な目標をもたないことが研究で示されている(Crick & Ladd, 1990を参照)。さらに，攻撃的な子どもは他者の感情をあまり正確に認知できず，友人の感情を傷つけることに対して気遣いを示さない(Rabiner & Gordon, 1993を参照)。これは，攻撃的な子どもが，望ましい関係を育てたり葛藤場面での敵意を和らげるた

めに必要な社会的スキルに欠けていることを示唆する。このような議論に基づき，グラハムら（1995）は，攻撃的な子どもは言い訳の機能の理解に欠けており，そのため葛藤が明白になりがちではと考えた。

この仮説を検証するために，グラハムら（1995）は年少（幼稚園から5年生）と年長（6年生から中学2年生）の攻撃的，非攻撃的な子どもに，攻撃場面を記載した短い物語を与えた。参加者は，自分が母親か友人に対して悪いことをしたと想像するよう教示された（例：約束した時間に行かなかった）。物語には，統制可能な原因，もしくは統制不可能な原因が記載されており，参加者は，これらの状況で自分にどの程度責任があると他者に思われるか，他者がどの程度怒るか，本当の原因を他者に伝えるかどうかを答えた。

表5.2は統制可能な原因を明らかにすると答えた参加者の割合であり，非攻撃的な子どもでは，統制可能な原因を伝える割合が発達とともに減ることが示されている。言い方を変えれば，非攻撃的な子どもは，成長して社会関係に敏感になるにつれ，うそをつくようになる（統制可能な原因を言わない）。その一方，この傾向は攻撃的な子どもにはみられない。年長の攻撃的な子どもも年少の子どもと同様，本当のことを言い，他者を怒らせるような原因を伝えるのである。

さらに，成長するにつれ，原因の統制可能性，怒り，そして事実を言わないことの間の関係が強くなる。つまり，これらの変数間の相関が増加しているのである。しかし，図5.2に示されているように，これらの関係の強さは，または，社会的理解の指標は，年長者においては，攻撃的な子どもよりも非攻撃的な子どものほうがかなり高い。

このような知見から，グラハムら（1995）は，攻撃的な子どもに対しては他者への見方を変えるよりも（またはそれに加えて），他者からどうみられているか

表5.2 攻撃性，年齢，攻撃の対象ごとの統制可能な原因を伝えると答えた参加者の割合（パーセント）

| | 攻撃性 | | | |
| | 攻撃的 | | 非攻撃的 | |
攻撃対象	年少 ($n=32$)	年長 ($n=28$)	年少 ($n=22$)	年長 ($n=24$)
母親	69	68	68	33
友人	47	43	64	25

注）Graham et al., 1995, p.281 からのデータ。

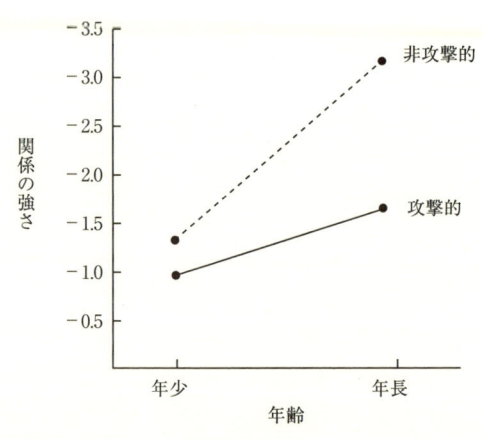

図 5.2 攻撃性と年齢ごとの社会的理解指標の平均（帰属変数間の相関に基づく）
(Graham et al., 1995, p.281)

を変えることに焦点をあてた介入ストラテジーが効果をもつと示唆している。言い訳，謝罪，他者の怒りを静めるための弁明を適切に使うためのトレーニングは，このような介入プログラムの基本である。これらのプログラムでは，攻撃的な子どもは他者の弁明を尊重することも学び，言い訳や告白に続いて，許すこともできるようになるかもしれない。このアプローチは前に述べたものとは異なる介入方法であるが，帰属理論に基づくものなのである。

‖ まとめ ‖

　心理学者の掲げる目標は「心理学の普及」，つまり，日常生活に使われるように，人々にその知識を伝えることである。心理学が日常生活に強い影響とインパクトをもつ場面，たとえば，心理テスト，臨床的診断やサイコセラピーなどで，この目標が達成されているのは明らかである。その一方，社会心理学や動機づけ研究成果の「普及」はより困難である。われわれ心理学者が普及させるに十分なことを知らないのかもしれないし，心理学者が知っていることは他の人も人生経験から知っていることなのかもしれないし，他の人が知らないことを多く知っているけれども，その知識は理論が主で，実用的な価値をもたないからかもしれない。
　この章では，本書で提唱されている社会的動機づけと正義の理論の応用に関す

第5章　審判のとき：理論は役に立つのか

る議論を行なった。応用の可能性がある領域は，学級場面，精神的・身体的障害をもつ人を介護する人たちの反応，結婚生活の不満，消費者へのコミュニケーション，虐待する母親と青少年の攻撃行動であった。これらの各領域において，われわれが裁判官であるという比喩が重要である。教師は生徒を評価し，そのことで教室が法廷であるという有害な解釈が生じる。家族介護者は，介護している統合失調症患者や癌患者を批判し，病気を悪化させる。夫婦はお互いに相手を非難しあい，結婚生活がますますひどいものとなる。製造業者やサービス提供者は消費者に対して情報を伝えず，その結果，責任があると思われ報復的な要求をされる。虐待する母親と攻撃的な青少年はいやなことが起こると相手が意図的に行なったと思い，弁明を聞き入れない。帰属理論はこれらのさまざまな現象を解明することができる。なぜなら，すべては責任の知覚と怒りが関与しているからである。

具体的な介入を提案しているが，読者の皆さんは（筆者もそうだが）帰属理論により社会問題がすぐに解決すると声を大にして言えるとは思っていないだろう。たとえば成績評価をしないようにすることで学級の雰囲気がよくなるのだろうか。夫婦が互いに非難しあうことをやめれば結婚生活はよいものになるのだろうか？　航空会社が天候の状況をアナウンスすれば消費者は満足するのだろうか？　虐待する母親と青少年が，いやな出来事について他人を責めなくなったら，また，攻撃的な青少年に言い訳が大切だとか弁明を尊重するよう教えれば，攻撃行動が収まるのだろうか？　これらの問いへの答えは「イエス」であると私は考えているが，もたらされる変化は小さく，人によって効果があったりなかったりするだろうこともわかっている。（たとえよいものであっても）期待しすぎたり過大な望みをもたないでおこう。

その一方，社会的動機と正義の帰属理論が，現実の世界に応用できることもまた事実であり，ここではその一部しか議論できなかったこともたしかである。応用の原理原則は，理論から直接もたらされたものであり，応用がうまくいけば，理論の正しさに確信がもてるようになるだろう。なんと励まされることか。これがまさにそのとおりなら，レヴィンだって大喜びしただろう。

◈ エピローグ ◈

　帰属理論の起源をさかのぼると，認識論や認識研究がずっと抱いていた哲学への興味に行き着く。理論の基礎となった論文（1944）で，ハイダーは，われわれの目に入るのが太陽光線だけなのに，なぜ建物が見えるのかを問うた。後にこの問いは，内的な思考が直接観察不可能なのに，なぜ他者の意図を推論できるのかという問いへと形を変えた。ハイダーは物体知覚の法則が対人知覚，社会的知覚の法則と似ていると考えていた（後者のほうがより複雑ではあるが）。両者ともにおいて，与えられた情報が，それを超えて直接観察不可能で，推論の結果得られる何かへと変換されるはずである。つまり，観察者は，感覚情報として得る近接的，または直接的刺激の知覚に基づき，建物や意図のように間接的で推論の結果得た刺激を知覚する。本書で論じてきたことは，この考え方に沿っている。われわれは努力しない人を見て，努力不足が統制可能な原因だとか，その人に責任があるとか，道徳に反すると考えると主張してきた。これは知覚的刺激に基づき，その情報を超えた推論を行なっているのである。

　ハイダーの洞察に基づき，帰属理論は最初，「いかにわれわれは知るか」という認識論的問題，つまり，自分や他者について因果推論を行なう際に，どのような情報や処理過程が関与しているのかという問題に焦点をあてていた。この問題を論じている数少ない重要著作物には，ハイダーの『対人関係の心理学』（1958）という本も含まれる。また，傾性または対応推論に関して論じたジョーンズとデイビス（Jones & Davis, 1965）や，原因の判断に用いられる情報のタイプ（一貫性，合意性，弁別性）をあげたケリー（Kelley, 1967）がそれに続き，後の研究に影響を与えた。プロローグでも論じたように，出来事の原因が人の内部にあるか（内的か），外部にあるか（外的か）に着目した議論が行なわれた。原因の所在に関する推論が，帰属分析と出来事の原因探索の中心であった。

　動機づけを研究している心理学者にとって，認識論やいかに知るのかという問題に限定された帰属研究は，それほど興味をもてるものではない。その一方，知識を行為とつなげること，「なぜ」と「だからどうなのか」，または「したがって」をつなげることは，因果信念の研究を動機づけに関する心理学の中心に位置づけ

ることになる。これは，行動傾向が因果信念と因果認識により生起した感情に基づいているからである。子どもが能力不足，または十分に努力していないという判断に，どのようにたどり着くのか（刺激と認知とのつながり）という問題は興味の対象となる。この場合，失敗した他者の数など，じかに得る刺激や情報があれば，判断がしやすくなる。また，努力不足が意志の統制のもとにあると分類され，その人に責任があると考えられるということにも興味をもつ。しかし，それに加えて，子どもの失敗が努力不足ではなく能力不足に帰属されるかどうかが，その子の親の感情や行動を予測するうえで根本的に重要なのである（認知－感情，認知－行為，そして認知－感情－行為の連結）。親は同情して支援するのか，怒って罰を与えるのか。社会心理学者や動機づけ研究者にとって，帰属分析の価値は，原因帰属の前提条件ではなく（または前提条件に加えて），その結果についての議論にある。

　相反するような感情や行動につながる原因帰属が生じる状況には，どのようなものがあるのだろうか。石が崖崩れのせいで落ちてきたのか，それとも誰かがあなたに向かって投げたからなのかによって，どのように感じ行動するかが大きく違ってくるだろう。同様に，前に述べたように，学校での自分の子どもの失敗に，親がどのように感じ行動するかは，能力不足，努力不足のどちらであると考えるかに依存している。また，デートの相手が約束したのに来なかった場合，どのように感じ行動するかは，相手が入院したので見舞いに来るようにという電話が後からかかってきたときと，その日の夜に相手が他人と映画館にいるのを目撃したときとで異なってくる。このような例は無限にある。単にこのような例をあげていっても，動機づけの科学的研究や帰属理論は進展しないし，またそのような例は無限にあるので，あげ尽くすことは不可能である。理論は，表現型や目に見える特徴の点からではなく，共通する本質的形質や背後にある特性に従って，個々の事例を分類してまとめるためのものである。理論は，その各要素を互いに関連づけるよう構造化されていなければならないし，構造は観察可能な世界とつながっていなければならない。理論はまた，ダイナミックス――感情そして・または行動の変化を生み出す力と行動傾向――についても論じていなくてはならない。この本で述べた社会的動機づけと正義の理論はこのような特質をもっている――構造，理論の各要素の関連づけ，実例との関連づけ，そして感情と行動の予測である。この理論は原因と出来事の本質的な特性に基盤をおいているので，多くの

行動領域に対して一般化できる。

この理論はあらゆる行動領域におけるすべての事例を説明するためのものではないが，すべてではないにせよ，多くの動機づけにかかわる領域でみられる諸事例を説明するためのものである―理論には適用の焦点と範囲がある。理論の守備範囲かどうかは，道徳性，意図的か統制不可能か，処遇に価するかどうか，正義，公平などが中心となる問題かどうかによってある程度決まる。したがってこの理論は，物理学や生物学よりも神学や法学の教えに従っており，人間以外の動物の動機ではなく，人間の動機を説明する理論である。

長所について

このようなアプローチはどんな点ですぐれ，何を成し遂げたといえるのだろうか。

この理論は，接近と回避傾向，報酬と罰，近づいたり離れたり反発したりすること，認知・感情・行動，調整変数と媒介変数など，人間の動機づけ研究における幅広い問題や領域を扱っている。

達成行動に対する評価，スティグマ化された人への反応，援助の提供，さまざまな理由により悪い行いをした人に対する罰，そして攻撃的報復など，動機づけにかかわる行動を説明している。

数多くの感情，特に怒りと同情，そしてこれらほどではないが，称賛，妬み，感謝，罪悪感，憤慨，嫉妬，後悔，他人の不幸に対する喜び，軽蔑，恥を説明している。

道徳的責任の決定要因，自由意志と決定論の関係，原因と理由の区別，功利主義的罰と報復的罰の対比，道徳的・非道徳的感情の指摘，言い訳・正当化・告白の機能など，多くの哲学的，神学的，そして法学的問題に関して，洞察やこれまでのものに代わる見解を提供している。

傲慢さと謙虚さ，望ましい（道徳的な）特性一般や望ましくない（非道徳的な）特性一般など，多くの性格推論を説明できる。

政治的イデオロギーのような**個人差**，夫婦間など**2者間の行動**，精神疾患や身体障害をもつ人とその家族との間における**家族ダイナミックス**，会社が違反行為に対して釈明するときの**組織行動**，メキシコとアメリカにおける肥満に対する反

応の**文化差**なども，この理論は説明し，理論のなかに組み入れている。

　（哲学的，神学的な貢献を論じたときに述べたように）印象管理のテクニックや弁明も理論の対象となる。たとえば，言い訳は，典型的には原因を統制可能なものから統制不可能なものへと変えようする試みである。正当化は，意志的に選択したとみられないようにして責任を減ずることで，ネガティブな反応を抑制するし，告白は，特性の推論や悪い行いの原因の安定性に関する推論を変える。

　数え切れないほどの実証実験が可能で，ほほどんな場面でも同じ結果が得られるだろう。たとえば，能力不足よりも努力不足での失敗に対してより重い罰が与えられる，アルツハイマー病よりもエイズのほうが非難される，感染血液の輸血によるよりもふしだらな性行動によりエイズに感染したほうが非難される，罰への恐れよりも約束された報酬を得るために違反行為をした人に対してネガティブな反応が向けられる，常習的な遅刻ではなく会社の倒産により失業したときのほうが援助を受ける，他者からの攻撃が偶然ではなく意図的であったとき攻撃的な報復をする可能性が高いなどである。これらは単に例を示しているだけであり，同じ法則を示すさまざまな実証例を数え切れないくらいあげることができる。同様に，責任があるという認知から怒り，責任がないという認知から同情というように，感情を生起させる認知も間違いなく実証できるし，怒りが責任の認知を示す例のように，感情から原因の認知が推論されることも実証できる。そして，さまざまな印象管理方略の結果や実用性も，対照的な原因帰属から生起する罰の目的も実証可能である。

　理論はさまざまな文脈に適用されてきたし，今もされている。それは，学校場面，夫婦へのカウンセリング，精神病患者の家族へのカウンセリング，攻撃的な親や仲間への介入，組織場面などである。

　自画自賛するなら，この理論は，学問分野をまたいでも動機づけの研究としても幅広い問題を扱い，深く，予測が確かで，応用しやすいという特徴を持ち合わせており，それは，他の人間の動機づけ理論にはないことであると信じている。

∥ 欠点について ∥

　このように理論のすばらしさを列挙しているが，では欠点はないのだろうか。答えは間違いなく「ある」である。私が思うに，最も目につく問題は，なぜ人が

◆◆エピローグ◆◆

食物や水や性行動を求めるのかを，この理論では説明できないことである。また，この理論は，以前の成功や失敗に対する原因帰属がなければ，どのレストランを選ぶのかさえ説明できない（ウエイターにいくらくらいチップを渡すかが何で決まるのかわかっているのと対照的に）。これらの欠点は，動機，欲求，本能，誘因，価値，習慣，感情の予期，ホメオスタシス，そして快楽主義といった伝統的な動機づけの概念を，この理論がもたないことから生じる。この理論では，人は，平衡状態に戻ったり，快を最大にして苦痛を最小にしたりすることを求めているのではない。生存に必要なものがないからとか報奨を求める動機などにより，行動が生起するのではない。むしろ，結果，出来事，状態を観察することで，理解への欲求が喚起されるのである。理解，または原因の帰属は，他の認知とともに感情に影響を与える。これらの認知と感情は行動を生起させる力をもち，感情が人をある行動へと引きつけるというより押し出すのである。身体からわき起こる欲求や誘因など，何代もの研究者に重宝がられ，動機づけ研究が積年親しんできた核となる概念をもたないことにより，この理論の焦点と扱う範囲が制限される。

　これは致命的な欠点だろうか。もし，この理論により，空腹の人がレストランを選ぶという行動を説明したければそうだろう。私が考えるに，ある動機づけに関するすべての行動を説明できる，または動機づけの領域をまたいで多くの行動を説明できるような理論は（近い将来には）出てこないだろう。道徳的判断を説明する理論で食べるという行動をうまく説明できそうにはない。だからこそ，人間の行動の説明と密接に関係しているという理由で，理論の土台として比喩を用いようとしたのである。人は裁判官であるとか人生は法廷であるという本書の指針となる比喩は，生存の必要を満たすための行動を理解するには役に立たないが，他のさまざまな人間の動機づけに関連するのである。

　また，本書でこれまでに問題提起され「解決」された問題が，実際に終結したと考えるのは無謀なことかもしれない。たとえば，すべての領域や状況において動機の後に来るものが何なのかわかっているわけではない。責任の評価が怒りに先行しなければならないのかどうかわからないし，怒りが反社会的行動を必ず生起させるのか，認知や感情が行動の十分条件なのか（必要条件なのかも）わからない。帰属理論と素朴心理学とのつながりやそれが重要な問題なのかどうかもわからない。人間の動機づけられた行動は，複数の要因が関与し予測が困難であるという複雑さをもつので，理論に対する最も明確な証拠と核となる仮定をもって

しても，理解しえないことがしばしば出てくるのである。

‖ 理論の寿命 ‖

　心理学の理論をペットにたとえると，その寿命は猫や犬と同様，10年から13年くらい——それは人間でいうと70年から90年に相当するのであるが——の間である。寿命は，ある程度はペットの大きさ（理論の規模が大きいほど早く消えてしまう）や血統などに依存する。ペットはだいたい10歳くらいになると弱ってきて，目が悪くなり，新しい環境や生活の困難さに適応できなくなる。最近の出来事よりも昔のことやその記憶にとらわれ，融通が利かなくなる。

　前に述べたように，現代の帰属理論は，ハイダーの**『対人関係の心理学』**(1958)の出版とともに生まれた。それは半世紀も前のことであり，ペットの年齢に換算すると350歳である。私の近所には22歳になる猫がいるが（人間でいうと154歳である），その年齢ですら，動物のペットでも理論でもまれなことである。ここで提出した「帰属—感情—認知理論」ができたのはそれよりは新しく，初めて明確に提示したのは，1995年に私が出版した『責任の判断』という本のなかだと思う。したがって，帰属理論の1つとして私が提出した理論も，おおよそ10歳（人間でいうと70歳）となる。

　なぜ帰属理論はこのように長期間持ちこたえ，認知的不協和理論やバランス理論，社会的比較理論，自己知覚理論など，同時期に出てきた他の理論よりも寿命が長いのだろうか。これら昔からある理論に対してわれわれは敬意を表わすし，忘れたりなどしないが，活発に研究が行なわれている領域ではないとみなしている。では，帰属理論の生命力の原因は何に帰属できるのだろうか。

　帰属理論が長寿である理由の1つは，特定の出来事・状態・結果が生起した原因や因果知覚の結果という，説明に関する普遍的な問題に焦点をあてているからである。したがって，社会心理学者や動機づけ心理学者のみならず，他領域の心理学者や他の関連領域の研究者にとっても有用で興味深いのである。このように領域を超えての成果は，理論を刺激し，凋落期かと思われるときに新しい生命を吹き込んだ。認知心理学者の認識論と因果推論に対する関心が，帰属原理を検討し再形成する力となった。鬱が非適応的な因果信念により生起したり，常習的犯罪が家族からの非難によって促進されたりすることに臨床心理学者が関心をもっ

◆◆エピローグ◆◆

たことで，新たな帰属研究が生まれた。性格心理学者が，因果推論に基づいた楽観的，悲観的など，帰属スタイルの個人差を明らかにしたことで，健康心理学やストレス対処にまで新しい研究の方向が広がった。さらに，貧困，福祉，エイズ，その他多くの結果・状態・状況に対して，原因の認知には重要な個人差があることが明らかとなった。ケリー（1955）が述べたように，世界の解釈は1つではなく，因果信念もまさにそのとおりなのである。また，教育心理学者による，生徒，教師，親が行なう成功や失敗の説明についての研究は，帰属研究の中心の1つとなった。そしてこれらは，帰属研究の本体から伸びた手のなかの代表的ないくつかにすぎない。

素朴理論か科学的理論か？

　帰属理論はしばしば素朴理論，または常識の理論というレッテルを貼られる（他の俗説的理論が，帰属理論とは反対，または異なる説明を提出するので，このようなレッテルは疑問視されているにもかかわらず。Haslam, 2003; Kelley, 1992; Malle, 2004 を参照）。時に，帰属理論は軽蔑をこめて「おばあちゃん心理学」（訳者注：おばあちゃんなら誰でも知っているような常識を述べているにすぎない心理学）だといわれる。おばあちゃん心理学がおとしめられるのは，理論の予測と理論を支持する事例が，ふつうの人によく知られていたり明らかだったりして，新しい知識をもたらさないからである。たとえば，意図的に危害を加えた場合には，意図的ではない場合よりも責任があると判断されるので，他者のつま先をわざと踏んだ人は，押されて意図せずして踏んでしまった人よりも非難されると言っても，読者の皆さんは驚かないだろう。さらに，ふつうの人は，失敗の原因としての努力不足は，能力不足よりも怒りを引き起こすということを知っている。したがって，才能に恵まれた野球選手が，ボールを打ったあと一塁に向かってだらだら走ると，全速で一塁に向かうチームメートよりもネガティブな感情を向けられると予測できる。フォースターリングとルドルフ（Forsterling & Rudolph, 1988）によると，十分に努力せずに失敗した他者に対しては，あきらめではなく怒りを向けるのが適切で知的であるとすら判断される。そしてさらに，同情を感じている人は，怒りを感じたり特になにも感じていない人よりも，困っている人を助ける可能性が高いことも，わかりきったことのように思える。この

ような統制可能性，責任，感情，そして行動との関係にこの理論は焦点をあてている。したがって，このように言いたくなるのではないだろうか。「それで，何が新しいんだ？　前からわかっていたことなんじゃないのか？　研究の知見が信頼できるのは，それがわかりきったことだからだ」

　実際，第1章や第2章で展望した多くの研究での実証例は，常識や一般的知識と一致する。帰属理論は，時に，わかりきったことを研究しており，怒りの決定要因となる責任の信念についての議論ですでに述べたように，ふつうのことをするふつうの人を最もよくとらえている。信心深い人が最も信心深くなっているような瞬間をうまく説明するものではないのである。しかし，私は，達成の評価，スティグマ化された人に対する反応，援助，同調，そして攻撃など，さまざまな数多くの現象が，同じ理論体系のなかに統合されることを示した。ふつうの人は，動機づけの基本的な法則を作ろうとするのではなく，特定の出来事を理解しようとしているのであり，このように一般法則を探すことは，その目的や能力をはるかに超えている。さらに，援助が主に感情の問題である一方で，攻撃が感情と同様推論とも密接にかかわっているかどうかを人々に尋ねて検証しようなど，ふつうの人には思いつかない。このような実証による寄与は素朴理論の特性ではない。

　すこしつじつまが合わないように（私が）思うのは，素朴な，または日常的な知識の一部となっていることを予測する他の心理学の動機づけ理論が，おばあちゃん心理学のレッテルを貼られないことである。たとえば，動因理論は動機づけに対する科学的アプローチの典型であると思われている。この理論の重要な予測は，動因の高い動物，すなわち，飢えやのどの渇きをおぼえている動物は食物や水の予期により，（動因の低い）満腹状態の動物よりも動機づけられるということである。これは誰も驚かさないと思う。同様に，ハイダー（1958）によって提唱されたバランス理論やその他の理論では，ジェーンがビルを好きでビルがジェーンを好きではない（またはその逆）という状況のとき，お互いに好きあっているときよりも，態度を変えようとする力がより強くはたらく。これにも，誰も驚かないだろう。しかし，バランス理論は素朴心理学であるとは思われていない。したがって，常識理論というレッテルの貼られ方には，一貫性や規則がない。

　私は，その多くの予測が日常の理解と一致するという点で，帰属理論の着想は素朴心理学にあると思う。理論の正しさが強く確証できるのは，ある程度はそのためである。しかし，日常みられる事例の研究をすることが欠点であるとは思わ

ない。加えて,理論の鍵となる予測と,理論の中心である変数間の影響関係の全容は,日常の理解の一部ではない。したがって理論で論じてきたことは,素朴理論でもあり科学的理論でもあると理解している。

最後に,おそらく理論の指針となる比喩も,この理論の考え方が科学的より素朴であるといわれるもう1つの理由であろう。フロイト(Freud, S.)やハル(Hull, C. L.)の理論など,これまでの動機づけの理論の多くは生物学と機械としての人間という比喩に基づいているが,この理論はそうではなく,法学と神学をもとに展開している。動機づけへの帰属的アプローチにおける基本的な概念と用語は因果,責任,怒り,同情などである。これらはまさに,この理論が依拠する比喩である裁判官と法廷についての理解の一部であり,物理学の法則に基づき素朴な理解が難しい,不可思議な機械のはたらきによる比喩とは対照的なのである。

次に来るものは?

読者も私と同様に,「それでどうなるんだ?」と思っているのではないだろうか。理論や実証研究がどのように展開すれば,最も実り豊かな方向に行くのだろうか。これまでの議論は,帰属理論が理論として生き続ける道は,いまだ探索されていない領域を探し,新しい理論展開の方向を見つけることにあると示唆している。新しい理論的方向を探すこと,以前には探索されていなかった道を見つけることである。私にはどこにそのような道が見つかるのか,それがどのようなものなのかよくわからない。こういうと読者はがっかりするだろうか。帰属理論の豊かさと豊穣さ――シャベルで地面のどこかを掘り起こすと金塊がでてくるようなものである――に私はずっと感動してきた。

その一方,現段階では,さらなる広がりや新しい方向は必要ないのかもしれない。むしろ現時点であいまいな点をはっきりさせ,知識を確実なものにするべきである。広さよりは深さが(もしくは広さに加えて深さが)要求されているといえるかもしれない。各研究者が,自分の新しい道を切り開きたいという要求をもつことは理解できる。追試研究は非常に価値が低くみられ,新しい方向よりもエキサイティングではないのは確かである。しかし,「主題の変奏」に加えて,追試研究も必要であり,それによって,すでに作り上げられた問いに対する実証的解決ができるのである。

私は，これからの帰属理論と研究方向についてよくわからないといったが，どんな「究極の」動機づけ理論も，帰属理論が提供した，実証的，理論的基盤や，信頼できる発見や概念を認めざるを得なくなるだろう。したがって，帰属理論の数多くの貢献者のひとりとして数えられることに，私は満足している。本書の冒頭の作家，マーガレット・アトウッド（Atwood, M.）の引用に示されているように，「われわれは自分の声が，ラジオの音が消えていくように最後に押し黙るという考えにがまんできない」。

引用文献

Abel, R. (1998). *Speaking respect, respecting speech.* Chicago, IL: University of Chicago Press.
Allred, K. G., Mallozzi, J. S., Matsui, F., & Raia, C. P. (1997). The influence of anger and compassion on negotiation performance. *Organizational Behavior an Human Decision Processes, 70,* 175–187.
Atkinson, J. W. (1957). Motivational determinants of risk-taking behavior. *Psychological Review, 64,* 359–372.
Atkinson, J. W. (1964). *An introduction to motivation.* Princeton, NJ: Van Nostrand.
Atwood, M. (2001). *The blind assassin.* Nelson, NZ: Anchor Press.
Averill, J. R. (1982). *Anger and aggression: An essay on emotion.* New York: Springer-Verlag.
Averill, J. R. (1983). Studies on anger and aggression. *American Psychologist, 38,* 1145–1160.
Azar, S. (1997). A cognitive behavioral approach to understanding and treating parents who physically abuse their children. In D. Wolfe, R. McMahon, & R. Peters (Eds.), *Child abuse: New directions in prevention and treatment across the lifespan* (pp. 79–101). Thousand Oaks, CA: Sage.
Azar, S., Robinson, D., Hekimian, E., & Twentyman, C. (1984). Unrealistic expectations and problem-solving ability in maltreated and comparison mothers. *Journal of Consulting and Clinical Psychology, 52,* 687–691.
Bailey, W. C., & Peterson, R. D. (1994). Murder, capital punishment, and deterrence: A review. In C. Aktaki & C. Brewin (Eds.), *Attributions and psychological change: Applications of attribution theories to clinical and educational practice* (pp. 177–194). London: Academic Press.
Bandura, A. (1986). *Social foundations of thought and action: A social cognitive theory.* Englewood Cliffs, NJ: Prentice-Hall.
Barnes, R. D., Ickes, W., & Kidd, R. F. (1979). Effects of the perceived intentionality and stability of another's dependency on helping behavior. *Personality and Social Psychology Bulletin, 5,* 367–372.
Baron, R. M., & Kenny, D. A. (1986). The moderator–mediator variable distinction in social psychological research: Conceptual, strategic, and statistical consideration. *Journal of Personality and Social Psychology, 51,* 1173–1182.
Barrowclough, C., & Hooley, J. M. (2003). Attributions and expressed emotion: A review. *Clinical Psychology Review, 23,* 849–880.

Barrowclough, C., Tarrier, N., & Johnston, M. (1994). Distress, expressed emotion and attributions in relatives of schizophrenic patients. *Schizophrenia Bulletin, 22,* 691–701.
Batson, C. D., Bowers, M. J., Leonard, E. A., & Smith, E. C. (2000). Does personal morality exacerbate or restrain retaliation after being harmed? *Personality and Social Psychology Bulletin, 26,* 35–45.
Bauerle, S. Y., Amirkhan, J., & Hupka, R. B. (2002). An attribution theory analysis of romantic jealousy. *Motivation and Emotion, 26,* 297–319.
Baumeister, R. F., & Ilko, S. A. (1995). Shallow gratitude: Public and private acknowledgment of external help in accounts of success. *Basic and Applied Social Psychology, 161,* 191–209.
Belgum, D. (1963). *Guilt: Where psychology and religion meet.* Englewood Cliffs, NJ: Prentice-Hall.
Bentham, J. (1962). Principles of penal law. In J. Browning (Ed.), *The works of Jeremy Bentham* (pp. 365–396). New York: Russell and Russell.
Ben-Ze'ev, A. (1992). Pleasure in another's misfortune. *Iyyan, The Jerusalem Philosophical Quarterly, 41,* 41–61.
Ben-Ze'ev, A. (1993). On the virtue of modesty. *American Philosophical Quarterly, 30,* 235–246.
Berkowitz, L. (1993). *Aggression.* New York: McGraw-Hill.
Berlyne, D. E. (1968). Behavior theory as personality theory. In E. F. Borgetta & W. Lambert (Eds.), *Handbook of personality theory and research* (pp. 629–690). Chicago: Rand McNally.
Berndsen, M., van der Pligt, J., Doosje, B., & Manstead, A. S. R. (2004). Guilt and regret: The determining role of interpersonal and intrapersonal harm. *Cognition and Emotion, 18,* 55–70.
Betancourt, H. (1990). An attribution–empathy model of helping behavior. *Personality and Social Psychology Bulletin, 16,* 573–591.
Betancourt, H., & Blair, I. (1992). A cognition (attribution)–emotion model of violence in conflict situations. *Personality and Social Psychology Bulletin, 18,* 343–350.
Betancourt, H., Hardin, C., & Manzi, J. (1995). Beliefs, value orientation, and culture in attribution processes and helping behavior. *Journal of Cross Cultural Psychology, 23,* 179–195
Bies, R. J., & Sitkin, S. B. (1992). Explanations as legitimization: Excuse-making in organizations. In M. L. McLaughlin, M. J. Cody, & S. Read (Eds.), *Explaining one's self to another: Reason giving in a social context* (pp. 183–198). Hillsdale, NJ: Lawrence Erlbaum Associates.
Blumstein, P. W., Carssow, K. G., Hall, J., Hawkins, B., Hoffman, R., Ishem, F., Maurer, C. P., Spens, D., Taylor, J., & Zimmerman, D. L. (1974). The honoring of accounts. *American Sociological Review, 39,* 551–566.
Bollen, K. A. (1989). *Structural equations with latent variables.* New York: Wiley.
Bradbury, T. N., Beach, S. R. H., Fincham, F. D., & Nelson, G. M. (1996). Attributions and behavior in functional and dysfunctional marriages. *Journal of Consulting and Clinical Psychology, 64,* 569–576.
Bradbury, T. N., & Fincham, F. D. (1990). Attributions in marriage: Review and critique. *Psychological Bulletin, 107,* 3–33.
Bradley, E., & Peters, R. (1991). Physically abusive and nonabusive mothers' perceptions of parenting and child behavior. *American Journal of Orthopsychiatry, 61,* 455–460.
Bugenthal, D. (1987). Attributions and moderator variables within social interaction systems. *Journal of Social and Clinical Psychology, 5,* 469–484.

Bugenthal, D., Blue, J., & Cruzcosa, M. (1989). Perceived control over caregiving outcomes: Implications for child abuse. *Developmental Psychology, 52,* 532–539.
Bush, G. W. (1999a, January 27). *State of the state address* [On-line]. Available on the Internet: http://www.georgebush.com/speeches/1-27-99sos.html
Bush, G. W. (1999b, July 22). *The duty of hope* [On-line]. Available on the Internet: http://www.georgebush.com/speeches/7-22-99_duty_of_hope.html
Buss, A. R. (1978). Causes and reasons in attribution theory: A conceptual critique. *Journal of Personality and Social Psychology, 36,* 1311–1321.
Butzlaff, R. L., & Hooley, J. M. (1998). Expressed emotion and psychiatric relapse: A meta-analysis. *Archives of General Psychiatry, 55,* 547–552.
Byrne, C. A., & Arias, I. (1997). Marital satisfaction and marital violence: Moderating effects of attributional processes. *Journal of Family Psychology, 11,* 188–185.
Caprara, G. V., Pastorelli, C., & Weiner, B. (1994). At-risk children's causal inferences given emotional feedback and their understanding of the excuse-giving process. *European Journal of Personality, 8,* 31–43.
Carlsmith, K. M., Darley, J. M., & Robinson, P. H. (2002). Why do we punish? Deterrence and just deserts as motives for punishment. *Journal of Personality and Social Psychology, 83,* 284–299.
Carlston, D. E., & Shovar, N. (1983). Effects of performance attributions on others' perceptions of the attributor. *Journal of Personality and Social Psychology, 44,* 515–525.
Carroll, J. S. (1979). Judgments by parole boards. In I. H. Frieze, D. Bar-Tal, & J. S. Carroll (Eds.), *New approaches to social problems: Applications of attribution theory* (pp. 285–308). San Francisco: Jossey-Bass.
Carroll, J. S., & Burke, P. A. (1990). Evaluation and prediction in expert parole decisions. *Criminal Justice and Behavior, 17,* 315–332.
Christensen, A., & Jacobson, N. S. (2000). *Reconcilable differences.* New York: Guilford.
Clinton, W. J. (1995). The President's radio address: January 1, 1994. In *Public papers of the Presidents of the United States: William J. Clinton, 1994, Book 1* (pp. 1–2). Washington, DC: U.S. Government Printing Office.
Clinton, W. J. (1996). Address before a joint session of the Congress on the state of the Union: January 24, 1995 (pp. 75–86). In *Public Papers of the Presidents of the United States: William J. Clinton, 1995, Book 1* (pp. 75–86). Washington, DC: U.S. Government Printing Office.
Cody, M., & McLaughlin, M. (1990). Interpersonal accounting. In H. Giles & W. Robinson (Eds), *Handbook of language and social psychology* (pp. 227–255). New York: Wiley.
Cook, T. D., Cooper, H. M., Cordray, T. S., Hartmann, H., Hedges, L. V., Light, R. J., Louis, T. A., & Mosteller, F. (Eds.). (1992). *Meta-analysis for explanation: A casebook.* New York: Russell Sage Foundation.
Cooper, E. T. (1984). A pilot study of the effects of the diagnosis of lung cancer on family relationships. *Cancer Nursing, 7,* 301–308.
Covington, M. (1992). *Making the grade: A self-worth perspective on motivation and school reform.* New York: Cambridge University Press.
Crandall, C. S. (1995). Do parents discriminate against their own heavyweight daughters? *Personality and Social Psychology Bulletin, 21,* 724–735.
Crandall, C. S., & Martinez, R. (1996). Culture, ideology, and anti-fat attitudes. *Personality and Social Psychology Bulletin, 22,* 1165–1176.
Crick, N., & Dodge, K. (1994). A review and reformulation of social information-processing mechanisms in children's social adjustment. *Psychological Bulletin, 115,*

74–101.
Crick, N., & Ladd, G. (1990). Children's perceptions of the outcomes of social strategies: Do the ends justify the means? *Developmental Psychology, 26,* 612–620.
Crocker, J., & Major, B. (1989). Social stigma and self-esteem: The self-protective properties of stigma. *Psychological Review, 96,* 608–630.
Dagnan, D., Trower, P., & Smith, R. (1998). Care staff responses to people with learning disabilities and challenging behavior: A cognitive-emotional analysis. *British Journal of Clinical Psychology, 37,* 59–68.
Darley, J. M., & Pittman, T. S. (2003). The psychology of compensatory and retributive justice. *Personality and Social Psychology Review, 7,* 324–336.
Deci, E. L. (1975). *Intrinsic motivation.* New York: Plenum.
Dijker, A. J., & Kooman, W. (2003). Extending Weiner's attribution-emotion model of stigmatization of ill persons. *Basic and Applied Social Psychology, 25,* 51–68.
Dillon, K. M. (1998). Reasons for missing class. *Psychological Reports, 83,* 435–441.
Dodge, K. A. (1980). Social cognition and children's aggressive behavior. *Child Development, 51,* 162–170.
Dodge, K. A., & Crick, N. (1990). Social information-processing biases of aggressive behavior in children. *Personality and Social Psychology Bulletin, 16,* 8–22.
Dwyer, S. (2003). Moral development and moral responsibility. *The Monist, 86,* 181–199.
Dyck, R. J., & Rule, B. G. (1978). Effect on retaliation of causal attributions concerning attack. *Journal of Personality and Social Psychology, 36,* 521–529.
Eagly, A. H., & Crowley, M. (1986). Gender and helping behavior: A meta-analytic review of the social psychological literature. *Psychological Bulletin, 100,* 283–308.
Eisenberg, N. (1986). *Altruistic emotion, cognition, and behavior.* Hillsdale, NJ: Lawrence Erlbaum Associates.
Ellsworth, P. C., & Gross, S. R. (1994). Hardening of the attitudes: Americans' views of the death penalty. *Journal of Social Issues, 50,* 19–52.
Emmons, R. A., & McCullough, M. E. (2003). Counting blessings versus burdens: An experimental investigation of gratitude and subjective well-being in daily life. *Journal of Personality and Social Psychology, 84,* 377–389.
Enzle, M. E., & Shopflocher, D. (1978). Instigation of attribution processes by attribution questions. *Personality and Social Psychology Bulletin, 4,* 595–599.
Epstein, S., & Taylor, S. P. (1967). Instigation to aggression as a function of degree of defeat and perceived aggressive intent of the opponent. *Journal of Personality, 35,* 265–289.
Eysenck, H. (1993). Creativity and personality: An attempt to bridge divergent traditions. *Psychological Inquiry, 4,* 238–246.
Farwell, L., & Weiner, B. (1996). Self-perception of fairness in individual and group contexts. *Personality and Social Psychology Bulletin, 22,* 867–881.
Farwell, L., & Weiner, B. (2000). Bleeding hearts and the heartless: Popular perceptions of liberal and conservative ideologies. *Personality and Social Psychology Bulletin, 26,* 845–852.
Feagin, J. (1972). Poverty: We still believe that God helps those who help themselves. *Psychology Today, 6,* 101–129.
Feather, N. T. (1974). Explanations of poverty in Australian and American samples: The person, society, or fate? *Australian Journal of Psychology, 26,* 199–216.
Feather, N. T. (1985). Attitudes, values, and attributions: Explanations of unemployment. *Journal of Personality and Social Psychology, 48,* 876–889.

Feather, N. T. (1989). Attitudes toward the high achiever: The fall of the tall poppy. *Australian Journal of Psychology, 41*, 239–267.
Feather, N. T. (1991). Attitudes toward the high achiever: Effects of perceiver's own level of competence. *Journal of Psychology, 43*, 121–124.
Feather, N. T. (1996). Reactions to penalties for an offense in relation to authoritarianism, values, perceived responsibility, perceived seriousness, and deservingness. *Journal of Personality and Social Psychology, 71*, 571–587.
Feather, N. T. (1999). *Values, achievement, and justice.* New York: Kluwer Academic.
Feather, N. T., Boeckmann, R. J., & McKee, I. R. (2001). Jail sentence, community service, or compensation? Predicting reactions to a serious corporate offence. *Australian Journal of Psychology, 53*, 92–102.
Festinger, L. (1980). Looking back. In L. Festinger (Ed.), *Retrospections on social psychology* (pp. 236–254). New York: Holt, Rinehart & Winston.
Fiendler, E., & Becker, J. (1994). Interventions in family violence involving children and adolescents. In L. Eron, J. Gentry, & P. Schlegel (Eds.), *Reasons to hope: A psychosocial perspective on violence and youth* (pp. 405–433). Washington, DC: American Psychological Association.
Fincham, D. F. (2000). The kiss of the porcupines: From attributing responsibility to forgiving. *Personal Relationships. 7*, 1–23.
Fincham, D. F. (2002). Forgiveness in marriage: The role of relationship quality, attributions, and empathy. *Personal Relationships, 9*, 27–37.
Fincham, F. D., & Jaspers, J. M. (1980). Attribution of responsibility: From man the scientist to man as lawyer. In L. Berkowitz (Ed.), *Advances in experimental social psychology* (Vol. 13, pp. 82–139). New York: Academic Press.
Folkes, V. S. (1984). Consumer reactions to product failure: An attributional approach. *Journal of Consumer Research, 10*, 398–409.
Forsterling, F., & Rudolph, U. (1988). Situations, attributions, and evaluation of reactions. *Journal of Personality and Social Psychology, 54*, 225–232.
Frankfurt, H. G. (1988). *The importance of what we care about: Philosophical essays.* Cambridge, England: Cambridge University Press.
French, J. R., Jr., & Raven, B. H. (1959). The bases of social power. In D. Cartwright (Ed.), *Studies in social psychology* (pp. 150–167). Ann Arbor, MI: Institute for Social Research.
Freud, S. (1948). Instincts and their vicissitudes. In *Collected papers* (Vol. 4). London: Hogard Press and the Institute of Psychoanalysis. (Original work published 1915)
Freud, S. (1959). The question of lay analysis: Conversations with an impartial person. In L. Strachey (Ed.), *The standard edition of the complete psychological works of Sigmund Freud* (Vol. 20, pp. 177–258). London: Hogarth. (Original work published 1926)
Frijda, N. H. (1986). *The emotions.* Cambridge, England: Cambridge University Press.
Frijda, N. H., Kuipers, P., & Ter Schure, E. (1989). Relations among emotion, appraisal, and emotional action readiness. *Journal of Personality and Social Psychology, 57*, 212–228.
Gawronski, B. (2003). Implicational schemata and the correspondence bias: On the diagnostic value of situationally constrained behavior. *Journal of Personality and Social Psychology, 84*, 1154–1171.
George, D. M. (1997). *An attribution–affect–efficacy model of helping behavior.* Unpublished manuscript, University of California, Los Angeles.
George, D. M., Carroll, P., Kersnick, R., & Calderon, K. (1998). Gender-related patterns of helping among friends. *Psychology of Women Quarterly, 22*, 685–704.

George, D. M., Harris, S., & Price, I. (1998). *Determinants of helping behavior: An attributional perspective.* Unpublished manuscript, University of California, Los Angeles.

Gerber, J., & Engelhardt-Greer, S. (1996). Just and painful: Attitudes toward sentencing criminals. In T. Flanagan & D. Longmire (Eds.), *Americans view crime and justice.* Thousand Oaks, CA: Sage.

Gert, B. (1988). *Morality: A new justification of moral rules.* New York: Oxford University Press.

Goffman, E. (1971). *Relations in public: Micro studies of the public order.* New York: Basic.

Gold, J. G., & Weiner, B. (2000). Remorse, confession, group identity, and expectancies about repeating a transgression. *Basic and Applied Social Psychology, 22,* 291–300.

Golub, J. (1984). *Abusive and nonabusive parents' perceptions of their children's behavior: An attributional analysis.* Unpublished doctoral dissertation, University of California, Los Angeles.

Graham, S. (1984). Communicated sympathy and anger to black and white children: The cognitive (attributional) consequences of affective cues. *Journal of Personality and Social Psychology, 47,* 40–54.

Graham, S. (1990). Communicating low ability in the classroom: Bad things good teachers sometimes do. In S. Graham & V. S. Folkes (Eds.), *Attribution theory: Applications to achievement, mental health, and interpersonal conflict* (pp. 17–36). Hillsdale, NJ: Lawrence Erlbaum Associates.

Graham, S., & Barker, G. (1990). The downside of help: An attributional–developmental analysis of helping behavior as a low ability cue. *Journal of Educational Psychology, 82,* 7–14.

Graham, S., & Hoehn, S. (1995). Children's understanding of aggression and withdrawal as social stigmas: An attributional analysis. *Child Development, 66,* 1143–1161.

Graham, S., & Hudley, C. (1991). An attributional approach to aggression in African-American children. In D. Schunk & J. Meece (Eds.), *Student perceptions in the classroom: Causes and consequences* (pp. 75–94). Hillsdale, NJ: Lawrence Erlbaum Associates.

Graham, S., & Hudley, C. (1994). Attributions of aggressive and nonaggressive African-American male early adolescents: A study of construct accessibility. *Developmental Psychology, 30,* 365–373.

Graham, S., Hudley, C., & Williams, E. (1992). Attributional and emotional determinants of aggression among African-American and Latino young adolescents. *Developmental Psychology, 28,* 731–740.

Graham, S., & Weiner, B. (1991). Testing judgments about attribution-emotion-act linkages: A lifespan approach. *Social Cognition, 9,* 254–276.

Graham, S., Weiner, B., & Benesh-Weiner, M. (1995). An attributional analysis of the development of excuse giving in aggressive and nonaggressive African-American boys. *Developmental Psychology, 31,* 274–284.

Graham, S., Weiner, B., Cobb, M., & Henderson, T. (2001). An attributional analysis of child abuse among low-income African American mothers. *Journal of Social and Clinical Psychology, 20,* 233–257.

Graham, S., Weiner, B., & Zucker, G. S. (1997). An attributional analysis of punishment goals and public reactions to O. J. Simpson. *Personality and Social Psychology Bulletin, 23.* 331–346.

Greitemeyer, T., & Rudolph, U. (2003). Help giving and aggression from an attributional perspective: Why and when we help or retaliate. *Journal of Applied Social Psychology,*

3, 1058–1068.
Greitemeyer, T., Rudolph, U., & Weiner, B. (2003). Whom would you rather help: An acquaintance not responsible for her plight or a responsible sibling? *Journal of Social Psychology, 14*, 331–340.
Greitemeyer, T., & Weiner, B. (2003). The asymmetrical consequences of reward and punishment on attributional judgments. *Personality and Social Psychology Bulletin, 29*, 1371–1382,
Guralnik, D. B. (1971). Webster's *New World Dictionary*. Nashville, TN: Southwestern Co.
Hareli, S., & Weiner, B. (2000). Accounts for success as determinants of perceived arrogance and modesty. *Motivation and Emotion, 24*, 215–236.
Hareli, S., & Weiner, B. (2002). Dislike and envy as antecedents of pleasure at another's misfortune. *Motivation and Emotion, 26*, 257–277.
Hareli, S., Weiner, B., & Yee, J. (2004). *Honesty doesn't always pay—The role of honesty accounts for success in inferences of modesty and arrogance*. Unpublished manuscript, University of California, Los Angeles.
Hart, H. L. A., & Honoré, A. M. (1959). *Causation in the law*. Oxford: Clarendon Press.
Hartup, W. W. (1983). Peer relations. In E. W. Hetherington (Ed.), *Handbook of child psychology* (Vol. 4, pp. 104–196). New York: Wiley.
Haslam, N. (2003). Folk psychiatry: Lay thinking about mental disorder. *Social Research, 7*, 621–644.
Heider, F. (1944). Social perception and phenomenal causality. *Psychological Review, 51*, 358–374.
Heider, F. (1958). *The psychology of interpersonal relations*. New York: Wiley.
Henderson, M., & Hewstone, M. R. (1984). Prison inmate's explanations for interpersonal violence: Accounts and attributions. *Journal of Consulting and Clinical Psychology, 52*, 789–794.
Henry, P. J., Reyna, C., & Weiner, B. (2004). Hate welfare but help the poor: How the attributional content of stereotypes explains the paradox of reactions to the destitute in America. *Journal of Applied Social Psychology, 34*, 34–58.
Higgins, N. C., & Watson, C. E. (1995). *Negative life experiences predict attributional and emotional determinants of aggression*. Paper presented at the annual meeting of the American Association for the Advancement of Science, Pacific Division. University of British Columbia, Vancouver, Canada.
Ho, R., & Venus, M. (1995). Reactions to a battered woman who kills her abusive spouse: An attributional analysis. *Australian Journal of Psychology, 47*, 153–159.
Holtgraves, T. (1989). The function and form of remedial moves: Reported use, psychological reality and perceived effectiveness. *Journal of Language and Social Psychology, 14*, 363–378.
Hooley, J. M. (1985). Expressed emotion: A review of the critical literature. *Clinical Psychology Review, 5*, 119–139.
Hooley, J. M. (1987). The nature and origins of expressed emotion. In K. Hahlweg & M. J. Goldstein (Eds.), *Understanding major mental disorder: The contribution of family interaction research* (pp. 176–194). New York: Family Process Press.
Hudley, C. (1991). *An attribution retraining program to reduce peer-directed aggression among African-American male elementary students*. Unpublished doctoral dissertation, University of California, Los Angeles.
Hudley, C., & Graham, S. (1993). An attributional intervention to reduce peer-directed aggression among African American boys. *Child Development, 64*, 124–138.

Hull, C. L. (1943). *Principles of behavior.* New York: Appleton-Century-Crofts.
Ickes, W. (1996). On the deep structure of attribution-affect-behavior sequences. *Psychological Inquiry, 7,* 236–240.
Izard, C. E. (1977). *Human emotions.* New York: Plenum.
Johnson, T. E., & Rule, B. G. (1986). Mitigating circumstance information, censure, and aggression. *Journal of Personality and Social Psychology, 50,* 537–542.
Jones, E. E., & Davis, K. E. (1965). From acts to dispositions: The attribution process in person perception. In L. Berkowitz (Ed.), *Advances in experimental social psychology* (Vol. 2, pp. 219–266). New York: Academic.
Jones, E. E., Davis, K. E., & Gergen, K. J. (1961). Role playing variations and their informational value for person perception. *Journal of Abnormal and Social Psychology, 63,* 302–310.
Jones, E. E., Farina, A., Hastorf, A. H., Markus, H., Miller, D. T., & Scott, R. A. (1984). *Social stigma.* San Francisco: Freeman.
Jung, C. G. (1933). *Modern man in search of a soul.* New York: Harvest Books.
Juvonen, J. (1991). Deviance, perceived responsibility, and negative peer reactions. *Developmental Psychology, 27,* 672–681.
Juvonen, J. (2000). The social functions of attributional face-saving tactics among early adolescents. *Educational Psychology Review, 12,* 15–32.
Juvonen, J., & Murdock, T. B. (1993). How to promote social approval: The effects of audience and outcome on publicly communicated attributions. *Journal of Educational Psychology, 85,* 672–681.
Kahneman, D., & Tversky, A. (1979). Prospect theory: An analysis of decision underrisk. *Econometrical, 47,* 263–291.
Karasawa, K. (1991). The effects of onset and offset responsibility on affects and helping judgments. *Journal of Applied Social Psychology, 21,* 482–499.
Karney, B. R., & Bradbury, T. N. (2000). Attributions in marriage: State or trait? A growth curve analysis. *Journal of Personality and Social Psychology, 78,* 295–309.
Katz, L. (1987). *Bad acts and guilty minds.* Chicago: University of Chicago Press.
Kelley, H. H. (1967). Attribution theory in social psychology. In D. Levine (Ed.), *Nebraska symposium on motivation* (Vol. 15, pp. 192–238). Lincoln: University of Nebraska Press.
Kelley, H. H. (1992). Common-sense psychology and scientific psychology. *Annual Review of Psychology, 43,* 1–23.
Kelly, G. A. (1955). *The psychology of personal constructs.* New York: Norton.
Kim, S., & Shanahan, J. (2003). Stigmatizing smokers: Public sentiment toward cigarette smoking and its relationship to smoking behaviors. *Journal of Health Communications, 8,* 343–367.
Klein, R. J., Newman, I., Weis, D. M., & Bobner, R. F. (1982). The Continuum of Criminal Offenses instrument: Further development and modification of Selling and Wolfgang's original criminal index. *Journal of Offender Counseling, Services and Rehabilitation, 7,* 33–53.
Kleinke, C. L., Wallis, R., & Stadler, K. (1992). Evaluation of a rapist as a function of expressed intent and remorse. *Journal of Social Psychology, 132,* 525–537.
Kluegel, J. R. (1990). Trends in Whites explanations of the Black–White gap in socioeconomic status, 1977–1989. *American Sociological Review, 55,* 512–525.
Kluegel, J. R., & Smith, E. R. (1986). *Beliefs about inequality.* New York: Aldine.
Kojima, M. (1992). An analysis of attributional processes in helping behavior. *Bulletin of the Tamagawa Guken Junior College for Women, 17,* 57–83.

Kun, A., & Weiner, B. (1973). Necessary versus sufficient causal schemata for success and failure. *Journal of Research in Personality, 7,* 197–207.
LaFave, F. W., & Scott, A. W., Jr. (1986). *Criminal law* (2nd ed.). St. Paul, MN: West.
Lakoff, G. (1996). *Moral politics: What conservatives know that liberals don't.* Chicago: University of Chicago Press.
Lane, R. (1962). *Political ideology: Why the American common man believes what he does.* New York: Macmillan.
Lee, F., & Robinson, R. (2000). An attributional analysis of social accounts: Implications of playing the blame game. *Journal of Applied Social Psychology, 30,* 1853–1879.
Lerner, J. S., Goldberg, J. H., & Tetlock, P. E. (1998). Sober second thoughts: The effects of accountability, anger, and authoritarianism on attributions of responsibility. *Personality and Social Psychology Bulletin, 24,* 563–574.
Lerner, M. J. (2003). The justice motive: Where social psychologists found it, how they lost it, and why they may not find it again. *Personality and Social Psychology Review, 7,* 388–399.
Lerner, M. J., & Miller, D. T. (1978). Just world research and the attribution process: Looking back and ahead. *Psychological Bulletin, 85,* 1030–1051.
Lewin, K. (1935). *A dynamic theory of personality.* New York: McGraw-Hill.
Lewin, K. (1938). *The conceptual representation and the measurement of psychological forces.* Durham, NC: Duke University Press.
Lopez, S. R., Nelson, K. A., Snyder, K. S., & Mintz, J. (1999). Attributions and affective reactions of family members and the course of schizophrenia. *Journal of Abnormal Psychology, 108,* 307–314.
MacGeorge, E. L. (2003). Gender differences in attributions and emotions. *Sex Roles, 48,* 175–182.
Major, B., Kaiser, C. R., & McCoy, S. K. (2003). It's not my fault: When and why attributions to prejudice protect self-esteem. *Personality and Social Psychology, 29,* 772–781.
Malle, B. F. (1999). How people explain behavior: A new theoretical framework. *Personality and Social Psychology Review, 3,* 23–48.
Malle, B. F. (2004). *How the mind explains behavior: Folk explanations, meaning, and social interaction.* Cambridge, MA: MIT Press.
Malle, B. F., & Knobe, J. (1997). The folk concept of intentionality. *Journal of Experimental Social Psychology, 33,* 101–121.
Malle, B. F., Knobe, J., O'Laughlin, M. J., Pearce, G. E., & Nelson, S. E. (2000). Conceptual structure and social functions of behavior explanations: Beyond person–situation attributions. *Journal of Personality and Social Psychology, 79,* 309–326.
Margolin, G., & Weiss, R. L. (1978). Comparative evaluation of therapeutic components associated with behavioral marital treatments. *Journal of Consulting and Clinical Psychology, 46,* 1476–1484.
Matsui, T., & Matsuda, Y. (1992). *Testing for the robustness of Weiner's attribution-affect model of helping judgments for exogenous impact.* Unpublished manuscript, Rikkyo University, Tokyo, Japan.
McCullough, M. E. (2000). Forgiveness as human strength: Theory, measurement, and links to well-being. *Journal of Social and Clinical Psychology, 1,* 43–55.
McLaughlin, M. L., Cody, M. J., & O'Hair, H. D. (1983). The management of failure events: Some contextual determinants of accounting behavior. *Human Communication Research, 9,* 208–224.
Menec, V. H., & Perry, R. P. (1995). Reactions to stigmas: The effects of target's age and controllability of stigmas. *Journal of Aging and Health, 7,* 365–383.

Mence, V. H., & Perry, R. P. (1998). Reactions to stigmas among Canadien students: testing an attribution-affect-help judgment model. *Journal of Social Psychology*, *138*, 443–454.

Meyer, J. P., & Mulherin, A. (1980). From attribution to helping: An analysis of the mediating effects of affect and expectancy. *Journal of Personality and Social Psychology*, *39*, 201–210.

Meyer, W., Bachmann, M., Biermann, U., Hempelmann, M., Ploeger, F., & Spiller, H. (1979). The informational value of evaluative behavior: Influence of praise and blame on perceptions of ability. *Journal of Educational Psychology*, *71*, 259–268.

Mikulincer, M., Bizman, A., & Aizenberg, R. (1989). An attributional analysis of social-comparison jealousy. *Motivation and Emotion*, *13*, 235–258.

Milner, J. S. (1993). Social information processing and physical child abuse. *Clinical Psychology Review*, *13*, 275–294.

Milner, J. S., & Foody, R. (1994). The impact of mitigating information on attributions for positive and negative child behavior by adults at low and high risk for child-abusive behavior. *Journal of Social and Clinical Psychology*, *13*, 335–351.

Moore, M. (1987). The moral worth of retribution. In F. Schoeman (Ed.), *Responsibility, character, and the emotions* (pp. 179–219). New York: Cambridge University Press.

Morse, S. J. (1978). Crazy behavior, morals, and science: An analysis of mental health law. *Southern California Law Review*, *51*, 527–654.

Morse, S. J. (1985). Excusing the crazy: The insanity defense reconsidered. *Southern California Law Review*, *58*, 777–837.

Murphy, J. G., & Coleman, L. J. (1990). *Philosophy of law: An introduction to jurisprudence.* Boulder, CO: Westview Press.

National Research Council. (1993). *Understanding child abuse and neglect.* Washington, DC: National Academy Press.

Neff, J. A., & Husaini, B. A. (1985). Lay images of mental health: Social knowledge and tolerance of the mentally ill. *Journal of Community Psychology*, *13*, 3–12.

Neff, L. A., & Karney, B. R. (2004). How does context affect intimate relationships? Linking external stress and cognitive processes within marriage. *Personality and Social Psychology Bulletin*, *30*, 134–148.

Nickel, T. W. (1974). The attribution of intention as a critical factor in the relation between frustration and aggression. *Journal of Personality*, *42*, 484–492.

Nozick, R. (1981). *Philosophical explanations.* Cambridge, MA: Harvard University Press.

Ohbuchi, K., Agarie, N., & Kameda, M. (1989). Apology as aggression control: Its role in mediating appraisal of and response to harm. *Journal of Social Psychology*, *134*, 5–17.

Orth, U. (2003). Punishment goals of crime victims. *Law and Human Behavior*, *27*, 173–186.

Ortony, A., Clore, G. L., & Collins, A. (1988). *The cognitive structure of emotions.* Cambridge, England: Cambridge University Press.

Overholser, J. C., & Moll, S. H. (1990). Who's to blame: Attributions regarding causality in spouse abuse. *Behavioral Sciences and the Law*, *8*, 107–120.

Pandey, J., Sinha, Y., Prakash, A., & Tripathi, R. C. (1982). Right–left political ideologies and attribution of the causes of poverty. *European Journal of Social Psychology*, *12*, 327–331.

Peterson, C. (1991). The meaning and measurement of explanatory style. *Psychological Inquiry*, *2*, 1–10.

Petrucci, J. C. (2002). Apology in the criminal justice setting: Evidence for including apology as an additional component in the legal system. *Behavioral Sciences and the Law, 20*, 337–362.

Pintrich, P. R., & Schunk, D. H. (2002). *Motivation in education*. Englewood Cliffs, NJ: Prentice Hall.

Pitschel-Waltz, G., Leucht, S., Bauml, J., Kissling, W., & Engel, R. R. (2001). The effect of family interventions on relapse and rehospitalization in schizophrenia—meta-analysis. *Schizophrenia Bulletin, 27*, 73–92.

Rabiner, D., & Gordon, L. (1993). The relation between children's social concerns and their social interaction strategies: Differences between rejected and accepted boys. *Social Development, 2*, 83–95.

Raven, B. H. (1965). Social influence and power. In I. D. Steiner & M. Fishbein (Eds.), *Current studies in social psychology* (pp. 371–381). New York: Holt.

Rawls, J. (1955). Concepts of rules. *Philosophical Review, 64*, 4–5.

Reeder, G. L., & Spores, J. M. (1983). The attribution of morality. *Journal of Personality and Social Psychology, 44*, 736–745.

Reisenzein, R. (1986). A structural equation analysis of Weiner's attribution–affect model of helping behavior. *Journal of Personality and Social Psychology, 50*, 1123–1133.

Reisenzein, R., & Hoffman, T. (1990). An investigation of the dimensions of cognitive appraisal in emotion using the repertory grid technique. *Motivation and Emotion, 14*, 1–26.

Reyna, C., & Weiner, B. (2001). Justice and utility in the classroom: An attributional analysis of the goals of teachers' punishment and intervention strategies. *Journal of Educational Psychology, 93*, 309–319.

Richardson, S. A., Hastorf, A. H., Goodman, N., & Dornbusch, S. M. (1961). Cultural uniformity in reaction to physical disabilities. *American Sociological Review, 26*, 241–247.

Roberts, J., & Stalans, L. (1997). *Public opinion, crime, and criminal justice*. Boulder, CO: Westview Press.

Robinson, P. H., & Darley, J. M. (1995). *Justice, liability, & blame: Community views of the criminal law*. Boulder, CO: Westview Press.

Rodrigues, A. (1995). Attribution and social influence. *Journal of Applied Social Psychology, 25*, 1567–1577.

Rodrigues, A., & Lloyd, K. L. (1998). Reexamining bases of power from an attributional perspective. *Journal of Applied Social Psychology, 28*, 973–997.

Roseman, I. (1991). Appraisal determinants of discrete emotions. *Cognition and Emotion, 5*, 161–200.

Rosenberg, M., & Reppucci, D. (1983). Abusive mothers: Perceptions of their own and their children's behavior. *Journal of Consulting and Clinical Psychology, 51*, 647–682.

Rosenfeld, P., Giacalone, R. A., & Riordan, C. A. (1995). *Impression management in organizations: Theory, measurement, practice*. New York: Routledge.

Rotter, J. B. (1954). *Social learning and clinical psychology*. Englewood Cliffs, NJ: Prentice-Hall.

Rotter, J. B. (1966). Generalized expectancies for internal versus external control of reinforcement. *Psychological Monograph, 80*(1, Whole No. 609).

Rozin, P., Lowery, L., Imada, S., & Haidt, J. (1999). The CAD Triad Hypothesis: A mapping between three moral emotions (contempt, anger, disgust) and three moral codes (community, autonomy, divinity). *Journal of Personality and Social Psychology, 76*, 574–586.

Rudolph, U., & Greitemeyer, T. (2001). *Autobiographical recollections of pro- and anti-social behavior: Evidence for Weiner's theory of responsibility.* Unpublished manuscript, University of Chemnitz, Germany.

Rudolph, U., Roesch, S. C., Greitemeyer, T., & Weiner, B. (2004). A meta-analytic review of help giving and aggression from an attributional perspective. *Cognition and Emotion, 18,* 815–848.

Scher, S. J., & Darley, J. M (1997). How effective are the things people say to apologize? Effects of the realization of the apology speech act. *Journal of Psycholinguistic Research, 26,* 127–140.

Schlenker, B. R. (1975). Group members' attributions of responsibility for prior group performance. *Representative Research in Social Psychology, 6,* 96–108.

Schlenker, B. R. (1980). *Impression management.* Monterey, CA: Brooks/Cole.

Schlenker, B. R. (1982). Translating actions into attitudes: An identity-analytic approach to the explanation of social conduct. In L. Berkowitz (Ed.), *Advances in Experimental Social Psychology* (pp. 1930–1947). New York: Academic.

Schlenker, B. R. (1997). Personal responsibility: Applications of the triangle mode. In L. Cummings & B. Staw (Eds.), *Research in Organizational Behavior,* 241–301.

Schlenker, B. R., & Leary, M. R. (1982). Audiences' reactions to self-enhancing, self-denigrating, and accurate self presentations. *Journal of Experimental Social Psychology, 18,* 89–104.

Schlenker, B., Pontari, B., & Christopher, A. (2001). Excuses and character: Personal and social implications of excuses. *Personality and Social Psychology Review, 5,* 15–32.

Schmidt, G., & Weiner, B. (1988). An attribution–affect–action theory of behavior: Replications of judgments of help giving. *Personality and Social Psychology Bulletin, 14,* 610–621.

Scott, M. B., & Lyman, S. M. (1968). Accounts. *American Sociological Review, 5,* 46–62.

Scully, D., & Marolla, J. (1984). Convicted rapist' vocabulary of motive: Excuses and justifications. *Social Problems, 31,* 530–544

Shadish, W. R. (1996). Meta-analysis and the exploration of causal mediating processes: A primer of examples, methods, and issues. *Psychological Methods, 1,* 47–65.

Sharrock, R., Day, A., Qazi, F., & Brewin, C. (1990). Explanation by professional care staff, optimism and helping behavior: An application of attribution theory. *Psychological Medicine, 20,* 849–855.

Shaver, K. G. (1985). *The attribution of blame: Causality, responsibility, and blameworthiness.* New York: Springer-Verlag.

Sigelman, C. K., & Begley, N. L. (1987). The early development of reactions to peers with controllable and uncontrollable problems. *Journal of Pediatric Psychology, 12,* 99–115.

Skitka, L. J. (1999). Ideological and attributional boundaries on public compassion: Reactions to individuals and communities affected by a natural disaster. *Personality and Social Psychology Bulletin, 25,* 793–808.

Skitka, L. J., Mullen, E., Griffin, T., Hutchinson, S., & Chamberlin, B. (2002). Dispositions, scripts or motivated correction? Understanding ideological differences in explanations for social problems. *Journal of Personality and Social Psychology, 83,* 470–487.

Skitka, L. J., & Tetlock, P. E. (1993a). On ants and grasshoppers: The political psychology of allocating public assistance. In B. Mellers & J. Baron (Eds.), *Psychological perspectives on justice* (pp. 205–233). New York: Cambridge University Press.

Skitka, L. J., & Tetlock, P. E. (1993b). Providing public assistance: Cognitive and motivational processes underlying liberal and conservative policy preferences. *Journal of Personality and Social Psychology, 65,* 1205–1223.

Smith, R., Parrott, W., Diener, E., Hoyle, R., & Kim, S. H. (1999). Dispositional envy. *Personality and Social Psychology Builetin, 25*, 1007–1020.
Sniderman, P. M., Piazza, T., Tetlock, P. E., & Kendrick, A. (1991). The new racism. *American Journal of Political Science, 35*, 423–447.
Sniderman, P. M., & Tetlock, P. E. (1986). Interrelationships of political ideology and public opinion. In M. Hermann (Ed.), *Handbook of political psychology* (2nd ed., pp. 62–96). San Francisco, CA: Jossey-Bass.
Snyder, C. R., Higgins, R. L., & Stucky, R. J. (1983). *Excuses: Masquerades in search of grace*. New York, NY: Wiley/Interscience.
Spence, K. W. (1956). *Behavior theory and conditioning*. New Haven, CT: Yale University Press.
Spinetta, J., & Rigler, D. (1972). The child-abusing parent: A psychological review. *Psychological Bulletin, 77*, 296–304.
Steins, G., & Weiner, B. (1999). The influence of perceived responsibility and personality characteristics on the emotional and behavioral reactions to persons with AIDS. *Journal of Applied Social Psychology, 139*, 487–495.
Stiensmeyer-Pelster, J., & Gerlach, H. (1997). Aggressive behavior among children and adolescents from an attribution theoretical point of view. [Aggressives Verhalten bei Kindern und Jugendlichen aus attributionstheoretischer Sicht]. *German Journal of Educational Psychology, 11*, 203–209.
Strickland, L. H. (1958). Surveillance and trust. *Journal of Personality, 26*, 200–215.
Sunmola, A. (1994). Perceived controllability, affective reactions of sympathy and anger as determinants of subjects' tendency to offer help to government. *IFE-Psychologia: An International Journal, 2*, 113–122.
Takaku, S. (2000). Culture and status as influences on account giving: A comparison between the United States and Japan. *Journal of Applied Social Psychology, 30*, 371–388.
Tangney, J. P., & Fischer, K. W. (1995). *Self-conscious emotions*. New York: Guilford.
Tedeschi, J. T., & Riess, M. (1981). Verbal tactics of impression management. In C. Antaki (Ed.), *Ordinary language explanations of social behavior* (pp. 3–22). London: Academic.
Tesser, A., & Beach, S. R. H. (1998). Life events, relationship quality, and depression: An investigation of judgment discontinuity in vivo. *Journal of Personality and Social Psychology, 74*, 36–52.
Tesser, A., Gatewood, R., & Driver, M. (1968). Some determinants of gratitude. *Journal of Personality and Social Psychology, 9*, 233–236.
Thompson, S. C., Medvene, L. J., & Freedman, D. (1995). Care-giving in the close relationships of cardiac patients: Exchange, power, and attributional perspectives on caregiver resentment. *Personal Relationships, 2*, 125–142.
Thorndike, E. L. (1911). *Animal intelligence*. New York: Macmillan.
Tollefson, N., Hsia, S., & Townsend, J. (1991). Teachers' perceptions of students' excuses for academic difficulties. *Psychology in the Schools, 28*, 146–155.
Tsang, J., & McCullough, M. E. (2004). Annotated bibliography of research on gratitude. In R. A. Emmons & M. E. McCullough (Eds.), *The psychology of gratitude* (pp. 291–341). New York: Oxford University Press.
Turillo, C. J., Folger, R., Lavelle, J. J., Umphress, E. E., & Gee, J. O. (2002). Is virtue its own reward? Self-sacrificial decisions for the sake of fairness. *Organizational Behavior and Human Decision Processes, 89*, 839–865.
Tversky, A., & Kahneman, D. (1992). Advances in prospect theory: Cumulative representation of uncertainty. *Journal of Risk and Uncertainty, 5*, 297–323.

Twentyman, C., & Plotkin, R. (1982). Unrealistic expectations of parents who maltreat their children: An educational deficit that pertains to child development. *Journal of Clinical Psychology, 38,* 497–503.

Vala, J., Monteiro, M., & Leyens, J. P. (1988). Perception of observer's ideology and actor's group membership. *British Journal of Social Psychology, 27,* 231–237.

Van Dijk, W. W., & Zeelenberg, M. (2002). Investigating the appraisal patterns of regret and disappointment. *Motivation and Emotion, 26,* 321–331.

Van Dijk, W. W., Zeelenberg, M., & van der Pligt, J. (1999). Not having what you want versus having what you don't want: The impact of negative outcome on the experience of disappointment and related emotions. *Cognition and Emotion, 13,* 129–148.

Van Overwalle, F., Mervielde, I., & DeSchuyter, J. (1995). Structural modeling of the relationships between attributional dimension, emotions, and performance of college freshman. *Cognition and Emotion, 9,* 59–85.

Vidmar, N. (2000). Retribution and revenge. In J. Sanders & V. L. Hamilton (Eds.), *Handbook of justice and research in the law* (pp. 31–63). New York: Kluwer.

Vidmar, N., & Miller, D. (1980). Social psychological processes underlying attitudes toward legal punishment. *Law & Psychology Review, 14,* 565–602.

Waldron, J. (2003). Who is my neighbor? Humanity and proximity. *The Monist, 86,* 333–354.

Watkins, P. C., Woodward, K., Stone, T., & Kolts, R. L. (2003). Gratitude and happiness: Development of a measure of gratitude, and relationships with subjective well-being. *Social Behavior and Personality, 31,* 431–452.

Watson, J. E., & Higgins, N. C. (1999). *A test of Weiner's (1995) responsibility judgment model: Does the judgment target matter?* Unpublished manuscript, University of British Columbia, Vancouver, Canada.

Wearden, A. J., Tarrier, A., Barrowclough, C., Zastowny, T. R., & Rahill, A. A. (2000). A review of expressed emotion research in health care. *Clinical Psychology Review, 20,* 633–666.

Weber, M. (1958). *The Protestant ethic and the spirit of capitalism.* Now York: Scribner's Sons. (Original work published in 1904)

Weiner, B. (1980a). A cognitive (attribution)–emotion–action model of motivated behavior: An analysis of judgments of help giving. *Journal of Personality and Social Psychology, 39,* 186–200.

Weiner, B. (1980b). May I borrow your class-notes? An attributional analysis of judgments of help giving. *Journal of Educational Psychology, 72,* 676–681.

Weiner, B. (1985a). An attributional theory of achievement-related emotion and motivation. *Psychological Review, 29,* 548–573.

Weiner, B. (1985b). "Spontaneous" causal thinking. *Psychological Bulletin, 97,* 74–84.

Weiner, B. (1986). *An attributional theory of motivation and emotion.* New York: Springer-Verlag.

Weiner, B. (1990). Searching for the roots of applied attribution theory. In S. Graham & V. S. Folkes (Eds.), *Attribution theory: Applications to achievement, mental health, and interpersonal conflict* (pp. 1–13). Hillsdale, NJ: Lawrence Erlbaum Associates.

Weiner, B. (1992a). Excuses in everyday interaction. In M. L. McLaughlin, M. J. Cody, & S. R. Reed (Eds.), *Explaining one's self to others* (pp. 131–146). Hillsdale, NJ: Lawrence Erlbaum Associates.

Weiner, B. (1992b). *Human motivation: Metaphors, theories, and research.* Newbury Park, CA: Sage.

Weiner, B. (1995). *Judgments of responsibility: A foundation for a theory of social conduct.* New York: Guilford.

Weiner, B. (2000a). Attribution thoughts about consumer behavior. *Journal of Consumer Research, 27,* 382–387.

Weiner, B. (2000b). Intrapersonal and interpersonal theories of motivation from an attributional perspective. *Educational Psychology Review, 12,* 1–14.

Weiner, B., Amirkhan, J., Folkes, V. S., & Verette, J. A. (1987). An attributional analysis of excuse giving: Studies of a naïve theory of emotion. *Journal of Personality and Social Psychology, 52,* 316–324.

Weiner, B., & Graham, S. (1989). Understanding the motivational role of affect: Life-span research from an attributional perspective. *Cognition and Emotion, 3,* 401–419.

Weiner, B., Graham, S., & Chandler, C. C. (1982). Pity, anger, and guilt: An attributional analysis. *Personality and Social Psychology Bulletin, 8,* 226–232.

Weiner, B., Graham, S., Peter, O., & Zmuidinas, M. (1991). Public confession and forgiveness. *Journal of Personality, 59,* 281–312.

Weiner, B., Graham, S., & Reyna, C. (1997). An attributional examination of retributive versus utilitarian philosophies of punishment. *Social Justice Research, 10,* 431–452.

Weiner, B., Graham, S., Stern, P., & Lawson, M. (1982). Using affective cues to infer causal thoughts. *Developmental Psychology, 18,* 278–286.

Weiner, B., & Kukla, A. (1970). An attribution analysis of achievement motivation. *Journal of Personality and Social Psychology, 15,* 1–20.

Weiner, B., Perry, R. P., & Magnusson, J. (1988). An attributional analysis of reactions to stigmas. *Journal of Personality and Social Psychology, 55,* 738–748.

Weiner, B., & Peter, N. (1973). A cognitive-developmental analysis of achievement and moral judgments. *Developmental Psychology, 9,* 290–309.

Weisman, A. G., & Lopez, S. R. (1996). Family values, religiosity, and emotional reactions to schizophrenia in Mexican and Anglo-American cultures. *Family Process, 35,* 227–237.

Weisman, A., G., Lopez, S. R., Karno, M., & Jenkins, J. (1993). An attributional analysis of expressed emotion in Mexican American families with schizophrenia. *Journal of Abnormal Psychology, 102,* 601–606.

Wells, G. (1980). Asymmetric attributions for compliance: Reward vs. punishment. *Journal of Experimental Social Psychology, 16,* 47–60.

Williams, S. (1984). Left–right ideological differences in blaming victims. *Political Psychology, 5,* 573–581.

Wingrove, J., & Bond, A. J. (1998). Angry reactions to failure on a cooperative computer game: The effect of hostility, behavioral inhibition, and behavioral activation. *Aggressive Behavior, 24,* 27–36.

Wispé, L. (1991). *The psychology of sympathy.* New York: Plenum Press.

Yamauchi, H., & Lee, K. (1999). An attribution–emotion model of helping behavior. *Psychological Reports, 84,* 1073–1074.

Yang, L. H., Phillips, M. R., Licht, D. M., & Hooley, J. M. (2003). *Causal attributions about schizophrenia in families in China: Expressed emotion and patient relapse.* Unpublished manuscript.

Zhang, A. Y., & Siminoff, L. A. (2003). Silence and cancer: Why do families and patients fail to communicate? *Health Communication, 15,* 415–429.

Zimbardo, P. G. (2004). Does psychology make a significant difference in our lives? *American Psychologist, 59,* 339–351.

Zucker, G. S. (1999). Attributional and symbolic predictors of abortion attitudes. *Journal of Applied Social Psychology, 29,* 1218–1256.
Zucker, G. S., & Weiner, B. (1993). Conservatism and perception of poverty: An attributional analysis. *Journal of Applied Social Psychology, 23,* 925–943.
Zumkley, H. (1981). The influence of different kinds of intentionality attributions on aggressive behavior and activation. [Der Einfluß unterschiedlicher Absichtsattributionen auf das Aggressionsverhalten und die Aktivierung.] *Psychologische Beiträge, 23,* 115–128.

◆ 事項索引 ◆

● あ
安定性　11-13

● い
言い訳　110-116, 126, 194-196
怒り　16, 23-25, 35, 37, 51, 56, 57, 88, 95
憤り　88, 90, 96
意図性　32, 33
違反行為　8
因果信念　xiii-xv
印象管理方略　91, 100, 122, 172

● え
援助提供　22, 25, 26, 48, 50, 51, 56, 57, 61-63

● か
外的原因　10, 11
介入　157, 191, 194
快楽主義　131, 145, 146
科学的理論　205, 207
癌　18, 179-181
感謝　88, 90, 95
感情　35, 37, 38, 40, 42

● き
帰属−感情−行為　99, 189
帰属理論　xiii, xv, xvi, 9, 10
基本的帰属の誤り　xiii, 10
強制　27-29

● け
軽減事由　14, 34, 37, 111
傾性的原因　xiii, xiv
軽蔑　88, 90, 91, 93, 94

結婚生活の満足度　181-184
決定主義　40, 41
原因　xvi, xvii
原因帰属　xiv, xv
原因推論　135, 138-141
嫌悪感　90
謙虚　101-106, 108, 109
顕型　10, 68, 99
元型　10, 68, 99

● こ
後悔　88-90, 96, 121-123, 126
攻撃　30
攻撃行動　48, 50, 51, 58, 60-63
更生　154, 155
公正世界仮説　69, 70
行動の起源　19
公平さ　14, 15
傲慢　101-106, 108, 109
功利目標　132, 144, 145, 147-149, 151-158, 167
告白　117, 118, 121-126
個人差　45, 68-70, 79-81

● さ
罪悪感　88-90, 95
裁判官　4 - 6, 8, 16, 26, 175, 179, 181, 184
参照　27-29

● し
思考　38, 40, 42
思考実験　58
嫉妬　88, 90, 96
実用性　170, 172

225

社会的規範　160, 161, 163
社会的正義　79, 83, 85
社会的動機づけ　4 , 5 , 42, 43, 79, 83, 85
自由意志　40, 41
自由主義者　70, 73, 74, 76, 79
状況の原因　xiii, xiv
称賛　88, 90, 94
情報　27-29
所在　11, 12
深層構造　40, 65, 82, 99
身体的虐待　188, 189, 191

●す
スティグマ　16-22
ストレス　114, 181, 183, 189, 190, 205

●せ
正義　4 , 5
政治的イデオロギー　70, 71, 74, 75, 78
精神疾患　174-176, 179
正当化　117, 126
正当性　27-29
生物学的起源　19
責任性　17, 18, 33-37, 40
全体性　11
専門性　27-29

●そ
素朴心理学　132, 203, 206
素朴理論　205-207

●た
他者の不幸に対する喜び　88, 90, 97
達成場面　14, 16, 101, 155, 156
達成評価　6 , 7 , 16, 22, 23, 26

●ち
調整変数　49, 51, 58, 60, 68, 69, 78, 79, 81

●つ
罪　5 , 8 , 21, 33, 44, 88, 90, 94, 116-118, 124, 125

●て
デモグラフィック変数　64, 65, 68, 69, 72

●と
統合失調症　175-177, 179
同情　16, 23-25, 37, 38, 51, 56, 57, 88, 92
統制可能　11-13, 20, 21
統制可能性　11-13, 21, 22
統制不可能　11-13, 20, 21
道徳的感情　38, 87-91, 93, 97, 98
努力　6 , 7 , 9 , 12
努力不足　13, 14, 21, 25

●な
内的原因　10, 11

●ね
妬み　88, 90, 91, 93, 94

●の
能力　6 , 7 , 9 , 12
能力不足　14, 21, 25

●は
媒介変数　48, 49, 79
恥　88-90, 92-94
罰　13, 27, 29, 131-134, 137, 158-160, 163, 166, 167
犯意　8 , 22, 143, 171

●ひ
非難　19, 20, 22
否認　111-123, 126
肥満　66, 67, 180
比喩　3 - 6 , 8 , 16, 22, 26

表出された感情（EE）　175-178
非歴史的なアプローチ　81
貧困　70-72

●ふ
服従　26, 27, 30, 159, 161, 163, 164, 167
復讐　144
プロスペクト理論　165, 167
文化差　45, 64, 65, 68, 79

●ほ
報酬　14, 27-29, 131-133, 137, 158-160, 163, 166, 167
法廷　4, 5, 8, 26, 170-175, 179, 181, 184, 185
報復　30-32
報復目標　132, 143, 144, 147, 149, 151-158, 167
法理論　164

保護　154, 155
保守主義者　70, 73, 74, 76, 79

●め
メタ分析　49, 61, 78

●ゆ
誘因　160, 161, 163-165
許し　125, 126

●よ
抑止　154, 155

●り
理由　xvi, xvii

●れ
歴史的なアプローチ　81

◆ 人名索引 ◆

● あ
アイゼンク（Eysenck, H.）　83
アヴァリル（Averill, J. R.）　36
アトキンソン（Atkinson, J. W.）　xii, 1, 82, 84

● う
ウィリアムズ（Williams, S.）　74
ウェーバー（Weber, M.）　16

● え
エイベル（Abel, R.）　117

● か
カーネマン（Kahneman, D.）　165
カールストン（Carlston, D. E.）　102
カールスミス（Carlsmith, K. M.）　145
カプララ（Caprara, G. V.）　139

● く
ククラ（Kukla, A.）　6, 9, 12
クック（Cook, T. D.）　48
グライトマイヤー（Greitemeyer, T.）　160
グラハム（Graham, S.）　32, 139, 142, 190, 192, 194, 195
クランドール（Crandall, C. S.）　66

● け
ケリー（Kelley, H. H.）　xiii, 199, 205

● こ
ゴールド（Gold, J. G.）　125
ゴフマン（Goffman, E.）　123

● し
ジェームズ（James, W.）　131
シャディッシュ（Shadish, W. R.）　48, 49
ジャニス（Janis, I. L.）　169
シュレンカー（Schlenker, B. R.）　112, 115
ジョーンズ（Jones, E. E.）　xiii, 199
ジンバルドー（Zimbardo, P. G.）　169

● す
スキトカ（Skitka, L. J.）　70, 71, 75
スキナー（Skinner, B. F.）　166
ズッカー（Zucker, G. S.）　76
ストリックランド（Strickland, L. H.）　159
スペンス（Spence, K. W.）　xii, 82

● そ
ソーンダイク（Thorndike, E. L.）　131, 132, 166

● た
タカク（Takaku, S.）　126

● て
デイビス（Davis, K. E.）　199
ディロン（Dillon, K. M.）　112

● と
トールマン（Tolman, E.）　xii
ドッジ（Dodge, K. A.）　31, 192

● ね
ネフ（Neff, J. A.）　175

● は
バーコヴィッツ（Berkowitz, L.）　1

228

バーライン(Berlyne, D. E.) 80
ハーレリ(Hareli, S.) 103
バーロクロフ(Barrowclough, C.) 176, 177
ハイダー(Heider, F.) xiii, 199, 204
ハドリー(Hudley, C.) 192-194
ハル(Hull, C. L.) xii, 1, 82, 84
パンディ(Pandey, J.) 74

●ふ
フィーギン(Feagin, J.) 72, 76
フィンチャム(Fincham, D. F.) 126
フーリー(Hooley, J. M.) 176
フェアウェル(Farwell, L.) 14
フェザー(Feather, N. T.) 16, 97
フェスティンガー(Festinger, L.) 80
フォースターリング(Forsterling, F.) 205
ブラッドバリー(Bradbury, T. N.) 182
ブルームシュタイン(Blumstein, P. W.) 123
フロイト(Freud, S.) 1, 4

●ま
マーゴリン(Margolin, G.) 184
マル(Malle, B. F.) 32

●め
メイヤー(Meyer, J. P.) 135, 137

●ゆ
ユブネン(Juvonen, J.) 100
ユング(Jung, C. G.) 117

●ら
レーン(Lane, R.) 72
ラコフ(Lakoff, G.) 73

●れ
レヴィン(Lewin, K.) xii, 1, 60, 82, 84, 164, 169

●ろ
ロッター(Rotter, J. B.) xii, 82, 84
ロドリゲス(Rodrigues, A.) 28, 29, 159

●わ
ワイスマン(Weisman, A. G.) 178
ワイナー(Weiner, B.) 6, 9, 12, 14, 114, 137

◆ 監訳者あとがき ◆

　本書は Bernard Weiner の "*Social Motivation, Justice, and the Moral Emotion An Attributional Approach*"（Lawrence Erlbaum Associates, Inc., 2006）の全訳である。
　現在，わが国で専門家として心理学に携わる人や心理学を志す人のなかでワイナー博士の名前を知らない人は少ない。筆者の名がわが国だけでなく世界中に知れ渡ったのは，30年以上も前に提案されたいわゆる「達成動機づけの原因帰属理論」である。大学院時代にこの理論に出会った速水は大きな衝撃を受け，動機づけ研究に足を踏み入れる契機となった。
　しかし，ワイナー博士は名声を得て安住の地に留まるような人ではなかった。その後も理論をさらに磨きをかけ進化させ，何冊もの著作を著してきた。そして，人間の動機づけの一般理論の飽くなき追求の結果，最後に到達した理論が本書に示されたものである。
　本書には，原因帰属の理論が達成場面だけでなく，スティグマ，援助，違反や攻撃といった人間の幅広い心理現象，行動に適用されている点，称賛，妬み，感謝，嫉妬，後悔，軽蔑などの広範な道徳的感情が導入され理論が展開されている点など，他に類をみないユニークな視点が散りばめられている。
　特筆すべきは，人を裁判官に，人生を法廷にたとえてこの理論が構成されていることであるが，そこにはワイナー博士の，努力を重視し怠惰を疎まれる研究者としての厳しい姿勢が反映されているように思われる。この比喩はあまりに厳格，あるいは硬すぎるとみるむきもあるかもしれない。しかし，さまざまな規制が個人の自由の名のもとに崩壊しつつある現代において，この種の比喩が用いられたことは21世紀の人間社会の幸福や生き方を考えるためにも意義があるように思われる。
　この翻訳はわれわれ2人の他に社会心理学を専攻する大学院生6名を加えて行なわれた。しかし，最終的な判断は2人がしたので全体の責はすべてわれわれにある。
　ワイナー博士の意図を十分に汲み取れた訳になったかどうかは読者の皆さんの

判断に任せたいが，われわれ，監訳者2人は博士の最後の著作の翻訳にかかわらせていただいたことに深い感謝の念を抱き，かつ光栄に思っている。速水は1989年から1990年にかけての在外研究の折，懇切丁寧な指導を受けた。唐沢は1987年から1991年までの4年半にわたって，ワイナー博士の指導を受け博士号を取得し，研究者としての基礎を築くことができた。そして，日常的な交流のなかで，2人ともすぐれた研究者は厳しい裁判官であるだけでなく，内側には優しい教育者の顔をもつことも知った。

　監訳を終えた今，勝手ながらワイナー博士から受けた多大なご恩の何分の1かはお返しできたのではないかという自己満足感に浸っている。

　本書は社会心理学だけでなく，教育心理学や臨床心理学を専攻する専門家，大学院生に読んでいただきたいと願っている。また，ワイナー博士の独自の手法で具体例や実験をとおして理論を理解するように構成されているので，学部学生の授業にも参考書として十分に利用できる。さらには学問の専攻を問わず，人間に関心のある多くの方々にも紐解いていただくと，これまでに見えなかった視界が開けると自負している。

平成19年1月吉日

速水　敏彦
唐沢かおり

訳者一覧 (執筆順)　＊は監訳者

速水　敏彦＊（名古屋大学大学院教育発達科学研究科教授）　　　　　序文，プロローグ，第1章
岡田　　涼（名古屋大学大学院教育発達科学研究科博士後期課程1年）　第2章
中島奈保子（名古屋大学大学院教育発達科学研究科博士後期課程2年）　第2章
杉本　英晴（名古屋大学大学院教育発達科学研究科博士後期課程2年）　第3章
三谷　信広（名古屋大学大学院環境学研究科博士後期課程2年）　　　　第3章
野寺　　綾（名古屋大学大学院環境学研究科博士後期課程3年）　　　　第4章
竹橋　洋毅（名古屋大学大学院環境学研究科博士後期課程3年）　　　　第4章
唐沢かおり＊（東京大学大学院人文社会系研究科助教授）　　　　　　　第5章，エピローグ

■ 監訳者紹介

速水敏彦（はやみず・としひこ）
- 1947年　愛知県に生まれる
- 1975年　名古屋大学大学院教育学研究科博士課程単位取得満了
- 現　在　名古屋大学大学院教育発達科学研究科教授（教育学博士）
- 主　著　わかる授業の心理学（共著）有斐閣　1986年
  - 動機づけの発達心理学（共著）　有斐閣　1995年
  - 自己形成の心理―自律的動機づけ―　金子書房　1998年
  - レジャーの社会心理学（監訳）　世界思想社　2004年
  - 他人を見下す若者たち　講談社　2006年

唐沢かおり（からさわ・かおり）
- 1960年　京都府に生まれる
- 1992年　カリフォルニア大学心理学部大学院博士課程卒業
- 現　在　東京大学大学院人文社会系研究科助教授（Ph.D）
- 主　著　社会的認知の心理学（共著）　ナカニシヤ出版　2001年
  - 社会心理学の新しいかたち（分担執筆）　誠信書房　2004年
  - 社会心理学（編著）　朝倉書店　2006年

社会的動機づけの心理学
―他者を裁く心と道徳的感情―

| 2007年2月15日　初版第1刷印刷 | 定価はカバーに表示 |
| 2007年3月　1日　初版第1刷発行 | してあります。 |

　　　　　　　　著　　者　　B. ワイナー
　　　　　　　　監訳者　　速　水　敏　彦
　　　　　　　　　　　　　　唐　沢　かおり
　　　　　　　　発行所　　㈱北大路書房
　　　　　〒603-8303　京都市北区紫野十二坊町12-8
　　　　　　　　　　　電　話　(075) 431-0361㈹
　　　　　　　　　　　FAX　(075) 431-9393
　　　　　　　　　　　振　替　01050-4-2083

©2007

制作／見聞社　印刷・製本／シナノ㈱
検印省略　落丁・乱丁本はお取り替えいたします。
ISBN978-4-7628-2541-5　　Printed in Japan